Mediterrane
Gärten gestalten

OLIVER KIPP

Mediterrane Gärten gestalten

INHALT

INHALT

DER TRAUM
VOM SÜDEN

Mediterranes Flair

Toskana, Südspanien oder Griechenland: Rund um das Mittelmeer liegen die Urlaubsparadiese Europas. Aber warum in die Ferne schweifen, wenn Sie das auch zu Hause genießen können?

Die Gärten des Mittelmeerraumes üben seit Jahrhunderten eine ganz besondere Anziehungskraft auf die Menschen Nord- und Mitteleuropas aus. Der Weg über die Alpen in den Süden war wegen der reichen Kunst und Kultur – auch der Gartenkultur – ein Muss für Bildungsreisende. Italien, Frankreich, Portugal und Spanien faszinierten mit ihrer jeweils unverwechselbaren stilistischen Vielfalt, die sich in den Gärten, Parks und in der Landschaft spiegelt. Das Licht unter dem südlichen Himmel, die flirrende Hitze über der Ebene und das Azurblau des Meeres sind atemberaubende Eindrücke, die damals wie heute ein lebendiges Bild der mediterranen Landschaft und ihrer Gärten zeichnen.

EINE URLAUBSERINNERUNG WAHR WERDEN LASSEN

Heute rücken diese Paradiese auch in unseren Breitengraden in greifbare Nähe. Der Klimawandel ist nicht mehr zu leugnen und in vielen Gegenden Deutschlands sind die Winter, deren Tiefsttemperaturen das größte Hindernis auf dem Weg zum mediterranen Gartenparadies darstellen, deutlich milder geworden. Das Klima ist jedoch nur ein Aspekt, der die Verbreitung von südländischen Paradiesen bei uns fördert; auch der Wunsch nach Gärten, die authentische Urlaubsatmosphäre vermitteln, wird in den letzten Jahren zunehmend stärker.

Mediterrane Gärten zu gestalten ist angesichts der Vielfalt der zur Verfügung stehenden Materialien leichter und vor allem erschwinglich geworden. Das Angebot an Naturstein, Accessoires und vor allem an geeigneten winterharten Pflanzen wächst ständig und hält für jeden Gartenbesitzer das Passende bereit. Viel wichtiger als die Frage, wie denn nun mediterrane Gärten zu gestalten seien, ist aber zunächst die Frage: Warum wollen Sie einen solchen Garten Ihr Eigen nennen? Darum ist es wichtig, sich gleich zu Beginn damit zu beschäftigen, was einen mediterranen Garten ausmacht. Das ist deshalb so entscheidend, weil der Trend zu solchen Anlagen bei uns noch relativ neu ist und sehr viele Spielarten hervorbringt. Der mediterrane Garten in mitteleuropäischem Klima entsteht auch in Ihrer Fantasie!

Um es gleich vorwegzunehmen: Die in diesem Buch vorgestellten Anregungen und Gestaltungsbeispiele erschöpfen sich nicht in der Pflanzung schlanker Zypressen und alter Ölbäume oder im Aufstellen von Terrakotta. Der mediterrane Garten wird erst definiert, damit Sie Ideen für seine Gestaltung finden können. Dabei spielt nicht nur die Anwendung selbstverständlicher Regeln von Flächenbehandlung und Proportionen eine Rolle. Pflanzenkombinationen, die bei uns dauerhaft haltbar sind, werden entwickelt, damit Ihnen zuverlässige Angaben für die praktische Umsetzung zur Verfügung stehen.

Südliches Flair durch Düfte: Rosmarin gehört einfach dazu.

Ein Kapitel der Gartengeschichte

Sie halten dieses Buch in den Händen, weil Sie sich ernsthaft mit dem Gedanken beschäftigen, ein Stück mediterranes Flair nach Hause zu holen. Vielleicht planen Sie die Neuanlage eines kompletten Gartens; oder Sie wollen nur einen Teilbereich – etwa die Terrasse – gestalten; möglicherweise haben Sie in einzelnen Aspekten, zum Beispiel der Pflanzenauswahl, Interesse an mediterran wirkenden Gärten. In jedem Fall suchen Sie aber Orientierung. Aus diesem Grund habe ich mich entschlossen, bei der Gestaltung von Gärten im mediterranen Stil – diese werde ich später genauer erläutern – drei Gestaltungslinien zu formulieren: den klassischen mediterranen Garten, den modernen Garten und den Liebhabergarten. Sie sollen Ihnen helfen, das komplexe Thema ganz praktisch angehen zu können.

Komplex ist das Thema nämlich, weil es den typischen mediterranen Gartenstil und erst recht den typischen mediterranen Mustergarten schlicht und einfach nicht gibt. Weil diese Typologie fehlt, haben viele Gestaltungsideen Verbreitung gefunden, die im Grunde nur ansatzweise Ausdruck einer vagen Ahnung sind.

Bevor es also losgeht und Sie mit der Planung beginnen können oder aber einen professionellen Gartengestalter Ihres Vertrauens damit beauftragen, sollten Sie ein paar Dinge über die Entstehung von Gärten im Mittelmeerraum wissen. Eines haben alle Vorschläge in diesem Buch gemeinsam: Sie basieren auf den Vorbildern, die aus der Geschichte und der jüngeren Vergangenheit Italiens, Spaniens, Portugals, Frankreichs und Griechenlands bekannt sind, ganz gleich, ob sie tatsächlich in England, den Niederlanden oder in Deutschland geplant und gebaut wurden. Viele der vorgestellten Gärten sind noch so neu, dass es sich um Prototypen handelt, die zum Beispiel für eine Gartenausstellung wie die weltberühmte Chelsea Flower Show

gebaut wurden. Lassen Sie sich überraschen. Und seien Sie sich immer der Tatsache bewusst, dass Sie mit einem mediterranen Garten echtes Neuland betreten – im wahrsten Wortsinn. Sie werden sehen, dass für moderne mediterrane Gärten zwei Dinge wichtig sind: die eigene Fantasie und der Blick in die Gartengeschichte. Mit den Gärten des Mittelmeerraumes ist es wie mit der Kunst der klassischen Antike: Die bedeutenden Vorbilder haben bis heute ihre Spuren hinterlassen. Allerdings waren es weniger die Griechen, deren Vorreiterrolle in Architektur und Skulptur bis heute so bewundert wird, sondern vor allem die Römer, die schufen, was heute bei der Gestaltung mediterraner Gärten als mustergültig gelten kann.

GARTENIDYLLEN FÜR ALLE JAHRESZEITEN SCHAFFEN

Im alten Rom wie in Griechenland waren Gartenanlagen stark landwirtschaftlich geprägt. Anders als in unseren Breitengraden ermöglicht das milde Klima im Süden eine ständige Fruchtfolge ohne eigentliche Ruhezeit wie in mitteleuropäischen Wintern. Im Vergleich zu heute wuchsen dort wenige Zierpflanzen, dafür umso mehr Gewächse, deren essbare Früchte man genießen konnte. Pflanzen prägen einen Garten. Doch interessanterweise sind die meisten der Gewächse, die heute als Inbegriff südlicher Atmosphäre bekannt sind, nicht in Italien heimisch gewesen. Oleander und Palmen zum Beispiel stammen aus dem Orient. Die Römer kannten Ölbäume, Weinreben, Mandelbäume und Granatapfelbäume aus den griechischen Kolonien in Süditalien. Erst mit dieser neuen Vielfalt war es möglich, attraktive Ziergärten anzulegen, die für Augen und Nase – und für den Gaumen – eine Freude waren. Wie so oft hängt die Keimzelle eines Ziergartens eng mit der Architektur des Hauses zusammen: In der Antike besaßen die besseren Wohnhäuser in der Stadt einen Innenhof, das

Die intensive Farbe der Bougainvillea ist ein Inbegriff der südländischen Exotik.

sogenannte Peristyl. Dieser echte Freiraum ist schon recht nah an dem, was wir heute als Wohnraum Garten bezeichnen. Als Innenhof war er Mittelpunkt des häuslichen Lebens, da er von allen wichtigen Räumen aus zu erreichen war. Seine windgeschützte Lage machte ihn auch während der kühlen Jahreszeit nutzbar, während man ihn bei starker Sommerhitze mit Schatten spendendem Tuch – ähnlich einem modernen Sonnensegel – überspannen konnte. Hier gab es Rasenflächen mit Zierpflanzen, die rund um ein zentrales Wasserbecken angelegt waren. Prächtig waren die Landhäuser des römischen Altertums angelegt. Dort konnte Garten-gestaltung einen größeren Raum einnehmen. Angeregt durch die

Links: Die Toskana ist neben der Provence und Südspanien einer jener Lebensräume, die Urlauber wegen des Lokalkolorits anziehen.

STIMMUNG MACHEN

Vor jeder Gartengestaltung sollten Sie überlegen, welche Atmosphäre Sie schaffen wollen. Wenn Sie sich diese Frage stellen, ist bereits viel gewonnen. Denken Sie nicht gleich an die Umsetzung, sondern formulieren Sie erst Ihre Wünsche. Was dann wie umgesetzt werden kann, ermitteln Sie später – auch im Hinblick auf das dafür veranschlagte Budget. Kreativität und detaillierte Vorüberlegungen bringen Sie zum Ziel.

Kenntnis orientalischer Sitte, sich in weitläufigen Gärten zu ergehen, gab es damals Anlagen, die durch Formgehölze und niedrige Hecken kunstvoll in Gartenräume gegliedert wurden. Geschmückt waren sie mit Skulpturen, Sitzgelegenheiten, Wasserbecken und Springbrunnen. Der Weg von der landwirtschaftlichen Gartennutzung zum repräsentativen Ziergarten mit dem alles beherrschenden Ordnungsprinzip ist gar nicht so weit und hat viel mit der damaligen Auffassung von Architektur zu tun.

Das ist bei einem mediterranen Hausgarten in unserem Klima in der Regel anders: Die wenigsten Gartenbesitzer werden über ein Haus im toskanischen Villenstil verfügen. Stattdessen ist Originalität gefragt und Sie müssen sich die Frage stellen: Möchten Sie Haus und Garten praktisch und stilistisch zu einer Einheit zusammenfassen oder betonen Sie die Unterschiede, weil eine Verbindung aus standortbedingten

Klassische Terrakotta und Olivenbäume sind ganz typische Gestaltungselemente.

Gründen nicht möglich ist. Auch wenn das sehr theoretisch klingt, ist es vor der Planung gut, sich mit dieser für die meisten professionellen Gestalter so wichtigen Frage zu befassen. Sie müssen es weder wie die alten Römer machen noch wie ein Profi – aber Sie sollten die bestmögliche, individuelle Lösung für den mediterranen Gartentraum finden. Deshalb lohnt es sich, noch etwas tiefer in die spannende Gartengeschichte einzutauchen.

Im frühen Mittelalter brachten die Araber und Mauren wesentliche und ganz neuartige Dinge und Informationen nach Europa. Durch die Eroberung eines Großteils des alten Römischen Reiches dehnte sich der Einfluss des Orients bis nach Südspanien und Sizilien aus. Lange bis ins 14. Jahrhundert prägte die islamische Kultur so die europäische Wissenschaft und Kunst. Mithilfe christlicher und jüdischer Gelehrter und Übersetzer in den Übersetzerschulen von Sizilien und Cordoba in Andalusien machten die Araber das Wissen des Altertums verfügbar. So entstand eine Brücke zwischen der Antike und der Neuzeit, die man heute mit dem Begriff der Renaissance, der neuzeitlichen Wiedergeburt der klassischen Antike, bezeichnet.

WASSER IST DAS ELIXIER DES LEBENS – AUCH IM GARTEN

Für die Geschichte der mediterranen Gärten ist eine Anlage besonders wichtig: die Gärten der Alhambra. Der Name allein hat schon etwas Geheimnisvolles an sich. Die Alhambra ist eine alte maurische Burganlage, die auf den Hügeln von Granada in Spanien liegt. Im Inneren der alten Festungsmauer liegt das Ensemble mit der eigentlichen Zitadelle (Alcazaba), den Nasridenpalästen, dem Palast Kaiser Karls V. und weiteren Gebäuden. Ebenso berühmt sind aber auch die Gartenanlagen, der Generalife. Beispielhaft war vor allem die hoch entwickelte Technik der Bewässerung. In einem der berühmtesten Gärten des Orients in Südeuropa, dem Garten des Palacio de Generalife, des Sommerpalastes der maurischen Nasridensultane, ist das noch heute sehr gut zu sehen. Ein marmorgefasster Kanal führt das Wasser aus großer Entfernung vom Gebirge aus in Kaskaden in den Garten, wo es in einem Springbrunnen endet. In diesem Patio de la Acequia, dem Hof des Wasserkanals mit seinem langen Wasserbecken, das von Zierbeeten, Säulengängen und Pavillons umgeben ist, sehen

Rechts: Die weitläufigen Gärten der Alhambra sind noch nach Jahrhunderten mustergültige Beispiele der mediterranen Gartenkunst. Eine Inspirationsquelle!

Eine formale Wasserachse mit kleinen Fontänen hat im Hausgarten eine dekorative Wirkung.

Gärten des Islam bestanden in der Regel aus einem oder einer Reihe von geschlossenen Innenhöfen, die von Bogengängen begleitet wurden und mit Gehölzen sparsam bepflanzt waren. Die damals verwendeten Ausstattungs- und Gestaltungselemente sind heute noch wichtig, um einen mediterranen Garten klassischer Prägung zu gestalten. Farbige Mosaike und Fliesen, Brunnen und andere Wasseranwendungen machen aus einer Idee erst eine belebte Szene. Diese Lebendigkeit ist typisch: Das Geräusch bewegten Wassers und das Spiel von Licht und Schatten sorgen für eine angenehme Atmosphäre. Was die Mauren lange vor dem Ende des 15. Jahrhunderts schufen – die Herrschaft der Nasridensultane ging 1492 zu Ende – ist nicht nur in dieser Hinsicht mustergültig.

viele den Inbegriff eines mediterranen Gartens – selbst wenn der heutige Garten in weiten Teilen auf eine Gestaltung zurückgeht, die zwischen 1930 und 1950 entstanden ist. In diesen Gärten, so luxuriös sie sein mögen, zeigte sich die schon im römischen Haus unübersehbare Hinwendung zum privaten Leben, das man abseits der Außenwelt in einem wahrhaft paradiesischen Garten führen konnte. Um den Hof herum spielte sich das häusliche Geschehen ab. Direkt unterhalb der Generalife-Gärten liegt das Schloss der maurischen Herrscher, die Alhambra selbst. Dort wurde das Prinzip der aneinandergereihten Innenhöfe vervollkommnet. Einer der berühmtesten dieser Höfe ist der Löwenhof mit einer Alabasterschale, die von einem Dutzend steinerner Löwen getragen wird.

DEN ALTEN SPUREN DES ORIENTS FOLGT AUCH EUROPA

Wer sich für mediterrane Gärten zu Hause interessiert, kann vieles aus dieser Anlage lernen. Sogar die Aufteilung in einzelne Gartenräume ist zu einem klassischen Typ geworden, der später in ganz Westeuropa bis weit in das 18. Jahrhundert hinein in den formalen Anlagen von Renaissance und Barock lebendig blieb und auch heute wieder großen Anklang findet – selbst in ganz modernem Designgewand.

EIN MUSTER FÜR DEN REST DER GARTENWELT

Erstmals in der europäischen Gartengeschichte entstand hier echte Landschaftsarchitektur, die Bauten, gestaltete Gärten und die Umgebung malerisch und sinnvoll miteinander verbindet. Die Tradition des Orients hat sich teilweise in den Renaissance- und Frühbarockgärten Italiens erhalten. Diese Villengärten sind für viele Reisende seit Jahrhunderten weitere Höhepunkte mediterraner Gartenkunst. In der Regel nach einem streng geometrischen Plan angelegt, vereinen sie die klassische, antik inspirierte Architektur mit der neuzeitlichen Linienführung. Das lag auch daran, dass die Architekten jener Epoche Universalkünstler waren. Wer ein Haus entwarf – nach den strengen Regeln der Symmetrie und klassischer Proportionen – gestaltete auch den Garten, der nach wie vor in enger Beziehung zum Haus stand und demzufolge ebenfalls streng gestaltet war. Das heißt aber nicht, dass wir heute auf diese strengen Prinzipien zurückgreifen müssen, um authentische Gärten in diesem oder jenem mediterra-

Rechts: An die Idylle einer griechischen Insel erinnert die Sonnenterrasse direkt am Haus. Gut zu sehen ist, wie wichtig der Einsatz von Farbe sein kann!

nen Stil anzulegen. Denn die Gartenkünstler des 15. und 16. Jahrhunderts hatten bereits etwas entdeckt, was heute für jeden Urlauber mindestens ebenso wichtig wie die Kultur eines Landes ist: die Landschaft!

Für den Bau einer Villa war damals wie heute beim Bau eines Einfamilienhauses die geografische Lage entscheidend. Und da Italien und andere Mittelmeerländer voll von Hügeln und Gebirgszügen sind, gab es reichlich Plätze mit einer schönen Aussicht. Natürlich können Sie einen mediterran wirkenden Garten auch in der Stadt oder auf dem Land gestalten. Aber die Entwicklung der Gartengeschichte zeigt, wie wichtig die Stimmung ist – in einem Garten und im Park – und vor allem, wie Sie sie durch die geschickte Einbeziehung natürlicher Ele-

mente betonen können. Vielleicht ist das in Ihrem Garten das Geräusch von Wind in der Pappel des Nachbargartens oder aber der morgendliche Vogelgesang. Hier wie bei allen anderen Gartenideen ist es so, dass sich einzelne Faktoren zu einem Stimmungsbild ergänzen können. Machen Sie sich deshalb vor der Planung ruhig Notizen darüber, was für Sie an mediterraner Stimmung so wichtig ist. Vielleicht haben Sie auch Urlaubsbilder, die Sie sich anschauen können, und schließlich bietet das Internet unendliche Möglichkeiten. Am besten sammeln Sie diese Bilder und sortieren sie nach Prioritäten. Vielleicht gefällt Ihnen hier nur ein Detail und dort die vorherrschende Stimmung. Finden Sie an Gartenbeispielen heraus, was Ihnen am besten gefällt …

Ein Hauch Orient: der maurische Stil

Sie haben schon viel über die fantastische Gartenkunst der Mauren gehört. Was aber macht den maurischen Stil aus? Und welche seiner Elemente können Sie heute noch stilvoll im Garten einsetzen? Wenn wir heute vom maurischen Stil sprechen, dann denken wir in der Regel tatsächlich an Andalusien. Dieser berühmte Schmelztiegel der drei großen Religionen – des Islam, des Judentums und des Christentums – sorgte für reichlich kulturelle und künstlerische Nahrung in Europa. Was diese Religionen aus ihren Ursprungsländern an Riten und Kulturen mitbrachten, vermischte sich zu einer absolut eigenständigen Kultur. In der Kunstgeschichte und Architektur gebraucht man dafür den Begriff „Mudéjar". Damit ist ein Dekorationsstil gemeint, der seit dem 11. Jahrhundert n. Chr. zu finden ist. Geheimnisvoll wie seine Elemente ist auch seine Entstehungszeit. Man kann ihn keiner bestimmten Epoche zuordnen. Der Begriff selber heißt „die, die bleiben durften". Gemeint sind die ersten Mauren in Südspanien, die von den christlichen Eroberern unterworfen wurden, aber nicht gezwungen wurden, den christlichen Glauben anzunehmen. Ihnen gestanden die Besatzer neben der freien Religionsausübung auch die unveränderte Ausübung ihrer Sitten und Gebräuche zu. Das war

Kleine Details wie dieser Wasserspeier beleben die orientalisch beeinflussten Gärten des maurischen Stils mit dem Geräusch fließenden Wassers.

nicht uneigennützig, denn die arabische Wissenschaft und vor die allem Handwerkskunst war bei den Herrschern des Westens sehr gefragt und wurde hoch bezahlt. Die Mauren stellten so zum Beispiel auch Architekten für Paläste sowie christliche Klöster und Kirchen. Wenn Sie darauf im Garten stilsicher verweisen möchten, sollten Sie sich einen kurzen Einblick in die Architektur verschaffen, aus der alle Dekorationselemente entstammen. Sie ist als „Backsteinromanik" in die Geschichte eingegangen, denn in Andalusien treffen sich Gotik und Romanik. Typisch dafür ist die Verwendung sehr einfacher und leichter Baustoffe. Neben Ziegeln zählen Holz, Stuck und Gips dazu, ebenso die heute oft kopierten bunten Kacheln aus Keramik. Letztere gehen auf die islamische Baukunst zurück, in der die Ornamente oft mit Mosaiken aus gebrochenen Kacheln ausgeführt sind. Auch das ist also eine Variante des facettenreichen mediterranen Gartengestaltens: Farbe zeigen in der Dekoration. Sie müssen sich im mediterranen Garten keineswegs auf eine gewisse toskanische Kargheit beschränken, sondern dürfen ruhig aus dem Vollen schöpfen und opulent werden. Das gilt

Typisch maurische Elemente im Garten

Element	Verwendung
Rundbögen	geeignet für Gartenhäuser, Eingänge und Gartentore. Effektvoll aus Holz und Ziegeln.
Kachelmosaiken	schöner Wandschmuck, aber auch als Tischplatte oder Bodenbelag (frostfest!). Lässt sich aus gebrochenen alten Keramikfliesen selber herstellen.
Steinfriese	als Kopie erhältlich. Gut als Mauerdeko.

Rundbögen und Kachelmosaike machen einen kleinen Innenhof zu einem Ort aus Tausendundeiner Nacht. In Töpfe gepflanzte Lilien und Pelargonien runden das Bild ab.

Eine andalusische Steinarbeit zeigt klassische Motive des Orients. Die typische Sternform kontrastiert wirkungsvoll mit den floralen Dekorationen. Die Anordnung ist symmetrisch.

auch für den Einsatz von plastischer Dekoration. Moderne Kopien von maurischen Friesen können als Zierde an Gartenmauern, steinernen Bänken oder am Haus eine wertvolle Bereicherung sein. Die prächtigen, farbenfrohen Mosaike maurischer Paläste und Gärten liefern die Vorlage für Sitzplätze, Brunnenanlagen oder die Dekoration von Wänden und Mauern.

ZWISCHEN PALÄSTEN UND MODERNEN HOTELANLAGEN

Wer es maurisch mag, sollte darüber nachdenken, ob er die typischen Hufeisenbögen nicht für Gartentore oder Hauszugänge – etwa von der Terrasse aus – verwendet. Auch die maurischen Fenstergitter aus Holz machen sich an einem Gartenhaus oder Pavillon besonders gut. Leider werden Sie bei solchen Bauelementen nur in Ausnahmefällen auf serienmäßig hergestellte und vorgefertigte Modelle zurückgreifen können. Aber eigenes handwerkliches Geschick oder ein findiger Handwerker können manchen Wunsch Wirklichkeit werden lassen. Übrigens muss man gar nicht unbedingt in die Geschichte

schauen oder Architekturführer wälzen, um sich über den maurischen Stil zu informieren. Er wird in verschiedener Ausprägung und Qualität heute vor allem bei touristischen Bauten wieder stark genutzt und zum Teil auch modern umgesetzt. Gerade Hotels und Ferienanlagen bieten viele interessante Beispiele für Dekorationselemente, die man gut zu Hause kopieren kann. Übrigens sind auch die Farben entscheidend für eine originale Wirkung. Typisch maurisch ist der Farbdreiklang von Gelb und Grün mit leuchtendem Blau. Besonders der Einsatz der blauen Farbe, etwa bei Kacheln, aber auch bei Möbeln, sorgt für einen starken Kontrast zu den sonst eher erdigen Tönen des mediterranen Raumes. Dieser Kontrast ist ein Erbe des Orients, wo Blau anders als in Europa durch einen aufwendigen Gärungsprozess aus Indigo gewonnen wurde und damit sehr teuer war. Tatsächlich wirken blautonige Mosaike auch als ungewöhnlicher Gartenschmuck besonders edel.

Historische Impressionen

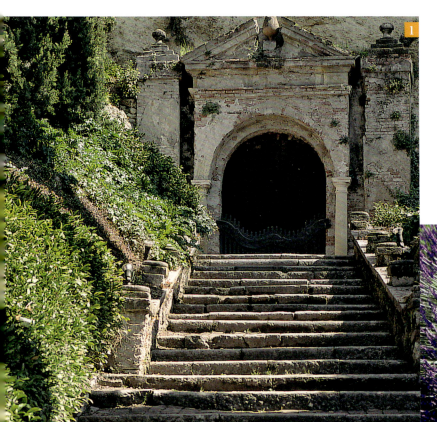

1 Treppenaufgänge sind besonders in den italienischen Villengärten des 16. und frühen 17. Jahrhunderts zu finden. Sie führen häufig in künstlich geschaffene Grotten und zu anderen geheimen Winkeln. Mit Naturstein verleihen sie auch modernen Gärten eine extravagante Note.

2 Einfassungen aus Lavendel und anderen Kräutern oder aus Gamander (Teucrium chamedrys) und Buchs gehören in jeden formalen Garten. Ihre Tradition ist jahrhundertealt. Alle diese Pflanzen sind bei uns winterhart und vielseitig einsetzbar.

3 Skulpturen sind in historischen Gärten immer sehr wichtig gewesen. Meistens verfolgten die Gestalter der Gärten mit dem Skulpturenprogramm eine besondere Aussage. Heute sind Figuren aus Stein oder Terrakotta meistens nur noch Dekoration.

4 Laubengänge und Alleen machen Wege zu einem Erlebnis. Sie können von Pergolen oder Hecken gesäumt sein oder aber wie hier aus ungewöhnlich schief gezogenen Zypressen bestehen.

5 Terrassen mit Balustraden schaffen eine gekonnte Verbindung zwischen Haus und Garten. In historischen Anlagen wurden sie gerne repräsentativ gestaltet. Tatsächlich nehmen sie den Trend zum Wohnraum im Freien schon vorweg.

6 Kleine Highlights wie Wandfresken und Zierbrunnen gehören in unübersehbarer Vielfalt zu den fotogenen Bereichen alter Gartenparadiese. Aus dieser Fülle können Sie zahlreiche Inspirationen gewinnen; so wie hier ein Brunnenbecken (hinter den Aloen verborgen) mit gekachelter Rückwand.
Eine typisch maurische Situation!

Auf in die Zukunft!

Während im Süden Spaniens und auf den Balearen der orientalische Einfluss nie ganz abriss und bis heute fortwirkt, haben sich die Gartengestalter in Frankreich und Italien bereits ab dem 14. und 15. Jahrhundert stärker den Ideen und der Formensprache des Abendlandes zugewandt. Mit der Renaissance begann die Rückbesinnung auf die Kultur der griechischen und römischen Antike. Die zu dieser Zeit einsetzende Wiedergeburt der klassisch-antiken Traditionen führte zu einem gesteigerten Interesse an den griechischen und römischen Altertümern und einer Welle der Sammelleiden-

Solche Pavillons mit Aussicht nennt man in der Fachsprache Gazebos. Hier ein schönes Beispiel aus den Giardini Hanbury.

schaft antiker Kunstgegenstände. Gerade in der Architektur der Renaissancevillen in Italien und den dazugehörigen mediterranen Gärten finden sich Zitate antiker Vorbilder.

Ab Mitte des 16. Jahrhunderts begannen Gelehrte mit der Erfassung antiker Bauten. Dies ist die Zeit des beginnenden Barock. Die Gartenkunst des Barock baut in ihrer Formensprache und der formalen Struktur des Gartens auf den Entwürfen der Renaissance auf. Anders als die klassischen französischen Barockgärten, die durch ihre enorme Ausdehnung und konsequente Linienführung beeindrucken, zeichnen sich die mediterranen Barockgärten durch schlichte Eleganz aus. Während sich nördlich der Alpen mit der Aufklärung auch die Kunst der Gartengestaltung noch einmal grundlegend wandelte, blieb der Mittelmeerraum den Traditionen der Renaissance verhaftet.

Vielleicht liegt es an der Landschaft des Mittelmeerraums, der großen Zahl antiker Denkmäler und der starken Bindung von Haus und Garten, dass sich die Idee des englischen Landschaftsgartens im Mittelmeerraum nie durchsetzen konnte. Wohl gibt es die im Kapitel über mediterrane Liebhabergärten beschriebenen Sammlergärten, die den Anlagen des späten 18. und 19. Jahrhunderts in England gleichen. Sie sind aber keine echten Landschaftsgärten, in denen der Eindruck erweckt wird, es handele sich um eine natürlich gewachsene Natur – obwohl alles bis hin zur Position einzelner Bäume geplant ist.

DER WEG IN DIE MODERNE ALS NÄCHSTER SCHRITT

Im 20. Jahrhundert hat sich der klassische mediterrane Garten modernen Tendenzen geöffnet. Modernes Design, Kubismus und klare Formen sind logische Entwicklungen aus der jahrhundertealten Geschichte der Gartenkunst im Mittelmeerraum. Deshalb existieren heute auch zahlreiche verschiedene Stile und Strömungen gleichberechtigt nebeneinander: Für dieses Buch habe ich drei Typen zusammengefasst, um Ihnen die Entscheidung für eine bestimmte Richtung leichter zu machen. Gärten in klassischer Formensprache, ideenreiche Liebhabergärten und moderne Anlagen warten auf Sie! Dabei ist die Übertragbarkeit auf unsere Klima- und Platzverhältnisse eine Herausforderung, die Sie leicht bewältigen können.

Rechts: Steif aufragende Zypressensäulen und ein klassisches Skulpturenprogramm kennzeichnen Italiens Renaissancegärten.

Moderne Kiesgärten sind etwas für Pflanzenliebhaber. Sie imitieren typische mediterrane Lebensräume und eignen sich daher für eine Vielzahl trockenheitsliebender Gewächse.

Drei Typen mediterraner Gärten …

Der Rückblick hat es gezeigt: Den mediterranen Garten gibt es nicht. Der mediterrane Garten ist ein Schmelztiegel unterschiedlicher Epochen und Kulturen, von der Antike über die orientalischen Einflüsse, den Renaissancegarten bis zur Moderne. Trotz seiner wechselvollen Geschichte zeigt sich im mediterranen Garten eine große Kontinuität in der Formensprache, den Elementen, Materialien und Farben. Wenn es jetzt darum geht, die Idee des mediterranen Gartens auf unsere Klimaverhältnisse zu übertragen, lassen sich drei verschiedene Gestaltungslinien formulieren: der klassische mediterrane Garten, der moderne Garten und der Liebhabergarten. Diese Einteilung folgt – wie wir gesehen haben – den Strömungen, die sich in der Geschichte des mediterranen Gartens zeigen. Gärten sind in erster Linie dem Geschmack ihrer Besitzer unterworfen. Für wen eignet sich also welcher Typ?

DER KLASSISCHE GARTEN

Wer in seinem Garten eine klassische Formensprache schätzt, ist hier genau richtig. Edle Zurückhaltung in den Farben ist hier ebenso angesagt wie eine konsequente Gliederung durch streng geometrische Flächen. Für Ordnung sorgen geschnittene Hecken, niedrige Einfassungen und Formgehölze. Auch Gestaltungselemente

TIPP

Die Übertragung mediterraner Gartenideen auf unsere Klimazonen ist relativ einfach. Wenn Sie sich an den charakteristischen Materialien und Farben orientieren, ist die Grundstimmung leicht erreicht. Die Bepflanzung ist dann nur ein weiterer Schritt auf dem Weg zu einem stimmigen Gesamtkonzept.

Immer mehr Menschen wünschen sich den Garten als Erweiterung des Wohnraumes. Moderne Gestaltungsideen nehmen das mediterrane Lebensgefühl auf und entwickeln häufig auch eine ganz individuelle Formensprache.

Reduzierte Bepflanzung, klassische Dekorationselemente und eine schlichte Farbgebung kennzeichnen den zeitgemäßen klassischen Garten im mediterranen Stil.

wie Pergolen, Sichtschutzmauern und Treppengänge spielen eine wichtige Rolle. Solche repräsentativen Gärten eignen sich für ganz unterschiedliche Zwecke: Hier können Sie ebenso gut Ruhe finden wie stilvolle Gartenfeste feiern. Bei der Dekoration kann man sich an den historischen Vorbildern orientieren und Skulpturen, Terrakotta und andere Klassiker wählen.

DER MODERNE GARTEN

Ebenso wie der klassisch inspirierte mediterrane Garten ist auch der moderne mediterrane Garten an einer konsequenten Formensprache orientiert. Aber man kann hier auch mit asymmetrischen Flächen spielen. Modernes Design kann zwar alte Traditionen wie den raumbildenden Einsatz von Formgehölzen und Hecken wieder aufnehmen, aber historische Formen wie in den Buchsgärten der großen Schlösser werden nicht verwendet. Eine klare Linie ist unerlässlich für den stimmigen Gesamteindruck. Besonders prägend ist der Einsatz von modernen Materialien wie Edelstahl, Beton und Glas. Was Farben

betrifft, können Sie hier mutig sein: Sichtschutzwände in kräftigen Tönen und Möbel in ultramodernem Design und leuchtenden Materialoberflächen können verwendet werden. Insgesamt ein Gartentyp für Trendsetter und Individualisten, die das Besondere schätzen. Auch bei der Bepflanzung sind Extreme gefragt: Dekorative, straffe und organische Formen können wirkungsvoll kontrastieren.

DER LIEBHABERGARTEN

Alles, was Freude macht, können Sie auf unkonventionelle versammeln: Pflanzen und Kunst oder andere originelle Dinge sind der wichtigste Faktor dieser Gestaltungslinie. Deshalb ordnet sich die Flächenaufteilung diesem Zweck unter. Der Liebhabergarten kann atemberaubend schön oder skurril sein – er ist immer ein Einzelstück, geschaffen von der Leidenschaft seiner Besitzer.

Klassische mediterrane Gärten

Klare Linien, warme Farben und eine geordnete Bepflanzung:
So stellt man sich den ursprünglichen Typ des mediterranen
Gartens vor. Zeitlose Schönheit und Eleganz sind garantiert.

Allein das Wort mediterran ruft typische Bilder wach. Bilder von prächtigen lichtdurchfluteten Villengärten in der Provence oder der Toskana, Bilder von grandiosen, streng achsensymmetrisch angelegten Gartenanlagen mit Blick auf das azurblaue Meer. Dessen uralter lateinischer Name „Mare Mediterraneum" ist nicht nur sprachliche Wurzel für eine Stilrichtung der Gartengestaltung, sondern wurde zum Synonym für Leichtigkeit und Lebensfreude. Das kann in unseren Gärten ganz unterschiedlich aussehen: ein kleiner, von hohen, in warmen Erdtönen gestrichenen Mauern geschützter Innenhof, von üppig blühendem Blauregen eingerahmt, eine steinerne Sitzbank am Rande eines runden Wasserbeckens oder ein repräsentativer Gartentraum im großen Stil.

DIE WEITE WELT IN DEN EIGENEN GARTEN HOLEN

Was aber verstehen wir unter einem klassisch mediterranen Garten? An dieser Stelle können wir den Blick noch einmal auf die Mittelmeerregion, die Heimat des klassischen Altertums, werfen. Weil die Gärten dieses Kapitels im Grunde auf historische Vorbilder zurückgehen, können wir sie auch als klassisch bezeichnen. Auch ihre Herkunft ist weit verstreut: Über tausend Kilometer misst die Küstenlinie von Griechenland bis Spanien, von Nordafrika im Süden bis zu den Alpenausläufern in Italien und

Frankreich. Das Mittelmeer verbindet Europa, Asien und Afrika, Norden und Süden, Osten und Westen miteinander. Die Region zeigt aber trotz ihrer enormen Ausdehnung große klimatische, geologische und kulturelle Gemeinsamkeiten. An den Küsten trifft man auf ähnliche Landschaftsformationen mit schroffen, vielfach rötlich schimmernden Felsen. Von der ligurischen bis zur andalusischen Küste erfreuen sich die Gärtner desselben milden Klimas, sie beklagen sich aber auch über die gleichen heißen Wüstenstürme und die für manche Pflanzen gefährlichen, kalten Nordwinde wie den französischen Mistral oder den italienischen Tramontana. Kalkhaltige, nährstoffarme Lehmböden lassen entlang der gesamten Mittelmeerküste eine nahezu identische Vegetation gedeihen. Zu den prägenden Kulturpflanzen des Mittelmeerraums gehören wie bereits erwähnt Weinstock und Ölbaum. Über die Seewege konnten sich die im Laufe der Geschichte mehrfach wechselnden Kultureinflüsse schnell in Kolonien verbreiten. Das gilt auch für die Gartenkultur. So finden sich in der gesamten Mittelmeerregion Einflüsse der griechischen, römischen und arabischen Kultur, von der Landbewirtschaftung über die Architektur bis zur Gartenkunst. Insbesondere in der Kunst der Gartengestaltung sind im Laufe der Jahrhunderte die verschiedenen Ursprungskulturen mit ihren besonderen Elementen zu einem für den Mittelmeerraum spezifischen mediterranen Gartenstil verschmolzen,

Schopf-Lavendel (Lavandula stoechas) gehört zu den beliebtesten Vertretern der klassischen Mittelmeerflora.

den man heute von der Toskana bis zur französischen Côte d'Azur, von den Balearen bis nach Andalusien antrifft und den wir hier als den klassisch mediterranen Gartenstil bezeichnen.

VOM OLIVENHAIN ZUM MEDITERRANEN WOHNGARTEN

Zu den ursprünglichsten und auch auffallendsten Merkmalen des klassischen mediterranen Gartens zählt auch die Terrassierung. Der größte Teil der Küstenregionen des Mittelmeeres wird schließlich durch Hügellandschaften geprägt. Wie vor mehr als zweitausend Jahren stufen Bauern und Gärtner in der Provence, der Toskana und auf der Peloponnes noch heute ihre Grundstücke mit Natursteinmauern zu verschiedenen Ebenen ab, um hier Oliven, Zitrusfrüchte oder Wein anzubauen. Die Gliederung in einzelne, geometrisch geformte Terrassen erleichtert zum einen die Bearbeitung der Hänge, zum anderen kann das im Mittelmeerraum so kostbare Regenwasser besser versickern – am unveränderten Hang würde ein großer Teil ungenutzt ablaufen. Aufgrund der klimatischen Bedingungen war und ist die Anlage eines Gartens ohne eine künstliche Bewässerung kaum möglich. Zu diesem Zweck wurden schon in römischer Zeit Kanäle gebaut und Brunnen errichtet. Während der maurischen Herrschaft in Spanien und der Zeit der italienischen und französischen Renaissance wurden diese Elemente zu den noch heute in zahllosen Gärten zu bewundernden Formen verfeinert. Kunstvoll gestaltete Brunnenbecken und reich verzierte steinerne Wasserspeier gehören seither ebenso zum Ausstattungsrepertoire wie Kanäle, Wasserrinnen, Kaskaden und Wassertreppen. Als Kunstelement eingesetzt dienen Wasserspiele nicht mehr praktischen Gesichtspunkten wie der Bewässerung oder der Kühlung, vielmehr sorgen sie für optische Effekte und akustische Untermalung. Durch die Anlage von Kanälen wird die geometrische Gliederung noch unterstrichen. Dies gilt sowohl für den mediterranen Hanggarten wie auch für Gärten

in der Ebene. Nicht die Größe steht im Mittelpunkt, sondern die Ausgewogenheit der Proportionen, das harmonische Ineinandergreifen der verschiedenen Elemente wie Pflanzen, Mauern, Treppen, Skulpturen, Wasserbecken, Wege und Plätze. Bauliche Elemente wie Treppenanlagen, Stützmauern, Balustraden oder Pergolen und Laubengänge sind ebenfalls typisch und werden noch heute in vielen Hausgärten geschätzt. Wenn möglich korrespondieren sie in Formensprache, Farbigkeit und Material mit denen des Wohnhauses. Sie sehen: Eigentlich ist der klassische mediterrane Garten gar nicht so weit von unseren Bedürfnissen und Vorstellungen nach einem modernen Garten entfernt.

ORTE DER SEHNSUCHT PRIVAT ERLEBEN UND GENIESSEN

Die strenge Grundform des klassischen mediterranen Gartens wird immer wieder gebrochen, beispielsweise durch die Gestaltung einzelner liebevoll gestalteter Details wie Wand- und Bodenmosaike, verzierte Wasserspeier oder eine üppige Ausstattung mit wenigen, aber dafür farbenprächtigen Blütenpflanzen. Sie können saisonal Akzente setzen und so dem schlichten Grundkonzept immer wieder ein anderes Gesicht geben. Der Einsatz von Farben spielt eine wichtige Rolle. Im gesamten Mittelmeerraum dominieren warme Orange- und Rottöne. Sie beherrschen das Bild der Landschaft und finden sich oft in Hauswänden und Bodenbelägen wieder. In schönem Kontrast dazu steht das dunkle Grün immergrüner Pflanzen, der weiße Anstrich von Häusern und Wänden und kräftige Farbtöne wie Azurblau, Magenta oder Gelb. Gerade in der Wahrung der Proportionen, dem ausbalancierten Verhältnis zwischen Form und Ausgestaltung, liegt ein Grund für die große Faszination, die Gärten des Mittelmeerraums auf uns ausüben. Denn nichts anderes macht auch moderne Gärten so attraktiv. Es sind Gärten, die

Links: Der Kanal (spanisch canaleta) ist ein beliebtes Element des klassischen mediterranen Gartens. Er markiert die Hauptachse in einem Garten.

dem Wunsch nach einem Wohnraum im Freien stärker entsprechen als andere: Sie erinnern an Urlaub und an Aufenthalte an der frischen Luft. In ihrer Farbigkeit erzählen sie von Genuss und Lebensfreude. In dem Wunsch, ein Stück mediterraner Lebensfreude im eigenen Garten Wirklichkeit werden zu lassen, befinden Sie sich in guter Gesellschaft: Künstler wie Leonardo da Vinci, Pieter Paul Rubens, Pablo Picasso, Henri Matisse oder Paul Cézanne versuchten das Licht, das Lebensgefühl, die Stimmung und die Farben des Mittelmeerraums in ihren Werken einzufangen. Wie gut, dass man dazu nicht unbedingt Künstler sein muss!

Die Gliederung in einzelne mit Buchshecken eingefasste Beete erinnert an die Aufteilung der italienischen und französischen Renaissancegärten. Ein schönes Beispiel für kleine Hausgärten.

TIPP

Sammeln Sie zunächst Ihre Wünsche und Ideen, von Details wie einem Brunnen oder einer Pergola über Lieblingsfarben bis hin zu bevorzugten Pflanzen. Auch Fotos vom Urlaub im Süden, von Plätzen und Gassen gehören dazu. Sie werden sehen: Nach und nach entsteht ein erstes Bild Ihres mediterranen Gartens.

Die klassische Raumaufteilung

Wenn man der spannenden Frage nachgehen will, was den klassischen mediterranen Garten ausmacht, stößt man immer wieder auf die besondere Art der Raumaufteilung und der Flächenbehandlung. Eigentlich ist es ganz simpel: Das gestalterische Grundgerüst basiert auf der Kombination von verschiedenen geometrischen Figuren wie Rechteck, Quadrat und Kreis. Hinzu kommen symbolträchtige Formen wie Muschel, Stern oder Sonne, die in der griechisch-römischen und maurischen Kultur eine große Bedeutung haben und heute auch wieder im Kleinen verwendet werden. Betrachtet man den Grundriss der berühmten Villengärten in Südspanien, der Provence oder der Toskana, zeigt sich, dass hier mehrere geometrisch angelegte Gartenräume aufeinanderfolgen. Häufig sind sie durch eine zentrale Achse miteinander

Solitärgehölzes. Da es sich bei den Vorbildern oft um Hanggrundstücke handelt, ist die Mittelachse nicht selten in Form einer zentralen Treppenanlage in Kombination mit Wasserspielen gestaltet. Die Ausgestaltung der Gartenräume ist oft achsensymmetrisch. Beete und Wege folgen geometrischen Formen, wie man es aus Klostergärten oder Bauerngärten kennt.

Nach außen wird der klassische mediterrane Garten durch Mauern oder immergrüne Hecken begrenzt. Das macht ihn für uns heute besonders reizvoll, weil er als intimer, abgeschlossener Gartenraum unserem Bedürfnis nach der privaten Welt im eigenen Garten entspricht. Vor Winden schützende Zypressen- und Lorbeerwände haben sich hier regelrecht zu einer Kunstform entwickelt. Bei uns können Sie sehr gut Lebensbäume (*Thuja*) und Kirschlorbeer-Sorten (*Prunus laurocerasus*) verwenden, in nicht zu kalten Gegenden auch echte Zypressen (*Cupressus sempervirens*) und Portugiesische Lorbeer-Kirschen (*Prunus lusitanica*).

Bieten Hecken und Mauern im Mittelmeerraum vor allem Schutz vor den kalten Nordwinden und heißen Wüstenstürmen und zugleich willkommenen Schatten, übernehmen sie in unseren Breiten vor allem die Funktion des Sichtschutzes. Mit ihrer Hilfe lassen sich Räume schaffen, die sich bei sorgsamer Ausstattung schnell in einen mediterranen Wohnraum im Freien verwandeln. Lassen Sie die Umgebung zurücktreten und schaffen Sie sich eine Oase mit südlichem Flair. Urlaubsgefühle sind garantiert!

KEINE ANGST VOR WENIG RAUM

Anders als die Erbauer der berühmten Vorbilder verfügen wir meist nicht über so großzügige Gärten mit einer derart grandiosen Aussicht. Aber diese Tatsache sollte Sie nicht abhalten, Ihren Traum vom mediterranen Garten weiter zu verfolgen. Auch auf kleiner Fläche lassen sich Gartenräume nach klassischem Vorbild anlegen. Vorbild kann der Innenhof eines Wohnhauses im

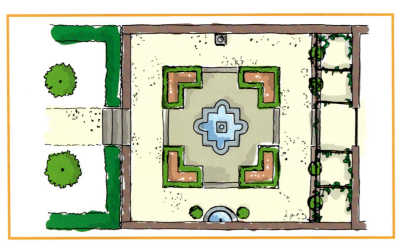

So könnte die streng symmetrische Flächenaufteilung in einem klassischen Garten aussehen.

verbunden. Diese Achse kann sowohl als Sicht-, Wege- oder als Wasserachse ausgebildet sein, das heißt, man kann sie mit einem Wasserlauf oder einem geraden Weg markieren oder aber am Ende des Gartens einen zentralen optischen Bezugspunkt setzen, auf den sich der Blick konzentriert. Letzteres können Sie ganz einfach umsetzen durch die sorgfältige Platzierung einer Skulptur, eines Sitzplatzes oder eines schönen

Rechts: Im kleinen Innenhof markiert ein Wandbrunnen die Blickrichtung auf formal gestaltete Beete.

Ein schönes Beispiel für einen mittelgroßen Gartenraum. Das zentrale Wasserbecken hat ein modernes Wasserspiel in der Mitte.

durch Skulpturen und große Bodenvasen, Gartenmöbel sowie Kübelpflanzen in Terrakottagefäßen. Diese Elemente lassen sich leicht umstellen und ermöglichen es, den Raum wechselnden Nutzungsansprüchen anzupassen. Planen Sie zum Beispiel ein Gartenfest, lässt sich mit wenigen Handgriffen Platz für eine große Tafel schaffen. Das ist sehr praktisch.

WEGE ZU EINEM SCHLÜSSIGEN GRUNDGERÜST

Wichtig für die Planung eines klassischen mediterranen Gartens ist die genaue Betrachtung des Grundstücks. Lage und Größe des Grundstücks haben große Bedeutung für den Entwurf.

❀ Handelt es sich bei Ihrem Garten um ein Hanggrundstück oder ein ebenes Gelände? Der klassische mediterrane Garten kennt keine sanften Geländemodellierungen. Höhenunterschiede werden durch Stützmauern ausgeglichen, sodass einzelne Terrassen entstehen. Diese Gliederung lässt separate Gartenräume entstehen, was die strukturelle Vielfalt des Gartens bereichert. Unterschiedliche Höhenstufen lassen sich auch künstlich, beispielsweise in Form eines vertieften Sitzplatzes, anlegen.

❀ Entscheidend für die Gliederung des klassischen mediterranen Gartens ist seine Größe, die Lage des Wohnhauses auf dem Grundstück und die spätere Nutzung. Danach entscheidet sich, ob der Garten in mehrere Räume gegliedert werden kann. Bereits zu Beginn der Planung empfiehlt es sich, die zentralen Achsen und Sichtbezüge festzulegen, die Haus und Garten sowie die Einzelräume miteinander verbinden.

❀ Zu den prägenden Elementen des klassischen mediterranen Gartens gehören Mauern. Bevor Sie mit dem Bau beginnen, sollten Sie abklären, ob dies auf Ihrem Grundstück erlaubt ist. Gute Alternativen sind neben immergrünen Hecken auch berankte Pergolen. Nicht selten gibt es auch Nebengebäude, die sich in den Garten integrieren lassen und die mit einem farbigen Anstrich mediterranes Flair in den Garten bringen.

Mittelmeerraum sein. An allen Seiten von Gebäudeteilen oder Mauern umgeben, ist es der Mittelpunkt des häuslichen Lebens. Derartige Hofsituationen lassen sich auch mit frei stehenden Mauern gestalten. Sie brauchen anders als übliche Sichtschutzzäune immer ein sehr stabiles Fundament, vermitteln dafür aber ein echtes Wohngefühl. Bietet das Grundstück mehr Raum, lässt sich dieser durch raumgliedernde Mauern, Hecken oder Pergolen in mehrere Gartenzimmer unterteilen. Die einzelnen Räume können einzelnen Themen wie Wasser, Duft oder einer Farbe gewidmet werden.

Die Gliederung der Fläche im Inneren der Räume gestaltet man wie in der Inneneinrichtung einer Wohnung. Freiflächen, mit Naturmaterialien wie hellem Kies, Natursteinplatten oder auch kunstvoll verlegten Bodenmosaiken aus farbigen Bodenfliesen bedeckt, lassen viel Raum zum Verweilen und Genießen. Unterbrechen kann man sie durch formal gestaltete Beetflächen, Wasserbecken und Wasserrinnen. Der Fantasie sind im klassischen mediterranen Garten keine Grenzen gesetzt. Weitere Möglichkeiten ergeben sich oft durch den Wechsel der Bodenbeläge. Ergänzt wird die Einrichtung

Rechts: So einen klassischen Laubengang kann man auch in kleineren Dimensionen zu Hause nachbauen.

Pflanzenauswahl: klassisch mediterran

Die Wirkung eines Gartens wird besonders durch die Bepflanzung geprägt. Sie ist – weil sie aus lebendigen Pflanzen besteht – auch die emotionalste, uns direkt ansprechende Gestaltungsebene. Die Übereinstimmungen in den Bereichen Klima und Geologie setzen sich auch bei der natürlichen Vegetation der Mittelmeerregion fort. Ein paar Erinnerungen helfen zur Inspiration: Im Frühjahr erstrahlen die Hänge im leuchtenden Gelb der Ginstersträucher, später erfreuen die Blüten von Schwertlilien, Oleander und Lavendel die Gartenbesucher von Italien bis Spanien. Ölbaum und Weinreben werden in den Gärten rund ums Mittelmeer seit über zweitausend Jahren kultiviert und gedeihen auch bei uns gut, wobei Ölbäume in kalten Gegenden vor strengen Frösten im Winterquartier bewahrt werden müssen. Ebenfalls zu den originären Pflanzen des Mittelmeerraums gehören zahllose immergrüne Sträucher wie Lorbeer und Buchs. Mit ihren ledrigen Blättern minimieren sie die Verdunstung, damit sie die heißen Sommermonate gut überdauern können. Andere Pflanzen schützen sich durch eine dichte, weißliche Behaarung, die die Sonnenstrahlen reflektiert und die Pflanzen so vor Überhitzung schützt. Viele Pflanzen dieser Region legen in den Sommermonaten, ähnlich wie viele Pflanzen bei uns im Winter, eine Ruhezeit und Wachstumspause ein. Wollziest (*Stachys byzantina*) und Eselsdistel (*Onopordon*) sind zwei in unseren Gärten bekannte Gäste, die sich den Trick der Natur zunutze gemacht haben.

WILLKOMMENE GARTENGÄSTE

Durch die im Laufe der Geschichte immer wieder wechselnden Kultureinflüsse wurde auch die Pflanzenwelt der mediterranen Gärten stark beeinflusst. So wurden Pflanzen wie beispielsweise die Steineiche (*Quercus ilex*) oder die

Zypresse (*Cupressus sempervirens*), die heute zum festen Bestandteil klassischer mediterraner Gärten zählen, von den Römern aus Persien eingeführt. Orangenbäume (*Citrus aurantium*) und Feigenbäume (*Ficus carica*) erlangten ähnlich wie die Dattelpalme (*Phoenix dactylifera* und die im Mittelmeerraum verbreitete *Phoenix canariensis*) erst durch die Araber große Popularität. Europäische Seefahrer bereicherten die mediterrane Vegetation mit exotischen Pflanzen wie Bougainvilleen (*Bougainvillea*), Agaven (*Agave*), Palmfarn (*Cycas*) und *Eucalyptus*. Was wir in Bezug auf die Pflanzenzusammensetzung heute als typisch mediterran bezeichnen, vom Lavendel bis zur bunten Tropenpflanze, ist also in Wirklichkeit ein Sortiment von Pflanzen, die im Laufe der Jahrhunderte auf den verschiedenen Wegen in den Mittelmeerraum gekommen sind und dort heimisch wurden.

DER STANDORT ZÄHLT

Um auch bei uns eine mediterrane Stimmung im Garten zu schaffen, steht die Auswahl der geeigneten Pflanzen an erster Stelle. Viele Pflanzen des Mittelmeerraums sind in unseren Gärten nicht winterhart. Dazu zählen die verschiedenen Zitruspflanzen wie Orangen und Zitronen, Oleander (*Nerium oleander*) und Echter Lorbeer (*Laurus nobilis*) sowie die im Mittelmeerraum heimischen Palmen wie Dattelpalme

(*Phoenix canariensis*) oder Zwergpalme (*Chamaerops humilis*). Andere typisch mediterrane Pflanzen wie Lavendel, Buchs, Ginster (*Cytisus* und *Genista*) oder Goldregen (*Laburnum*), Königskerze (*Verbascum*), Fetthenne (*Sedum*), Kugeldistel (*Echinops ritro*), Wolfsmilch-Arten (*Euphorbia*) und viele duftende Kräuter wie Thymian oder Salbei gedeihen hingegen auch in unseren Breiten. Der Großteil dieser Pflanzen benötigt sonnige Standorte und kalkreiche, nährstoffarme und gut durchlässige Böden. Im klassisch inspirierten Garten bilden Immergrüne oft das Gerüst. Die meisten bei uns winterharten Arten kommen auch mit schwereren Böden zurecht, wie es sie in vielen Gegenden Deutschlands gibt. Als Beetbegrenzung, raumbildende Hecken oder Solitärgehölze prägen sie das Bild des Gartens. Die schon genannten mediterranen Stauden und Gehölze können durch unkomplizierte Pflanzen wie Bartblume

TIPP

Die Auswahl an Pflanzen für den klassischen mediterranen Garten ist riesig. Weniger ist aber auch hier mehr! Beschränken Sie sich auf ein Pflanzthema, sei es eine Blütenfarbe, eine Farbgruppe oder bestimmte Farbkontraste, auf spezielle Duftpflanzen oder auf exotisch wirkende Gehölze und Stauden.

Dieser Garten ist eine ungewöhnliche Variante des klassischen Gartens. Innerhalb der formal aufgeteilen Beete wachsen die Pflanzen in naturhafter Harmonie.

(*Caryopteris* x *clandonensis*), Sommerflieder (*Buddleia alternifolia* und *Buddleia davidii*), Bart-Iris (*Iris* x *barbata*), Spornblume (*Centranthus ruber*), Witwenblumen (*Knautia macedonica*) oder Wollziest (*Stachys byzantina*) ergänzt werden. In geschützten Lagen gedeihen auch bei uns Feigen, Esskastanien (*Castanea sativa*), Zypressen und winterharte Palmen. Dazu mehr im Kapitel „Boten des Südens" ab Seite 202!

DEN DUFT DES SÜDENS ERLEBEN

Ein weiterer fester Bestandteil des klassischen mediterranen Gartens sind die mit Wein, Blauregen oder Bougainvilleen berankten Pergolen und Lauben. Während Bougainvilleen in unseren Gärten nicht winterhart sind, lässt sich mit echtem Wein (*Vitis vinifera*), der exotischen Trompetenblume (*Campsis radicans*) oder süß und schwer duftendem Blauregen (*Wisteria*) mediter-

ranes Flair erzeugen. Ergänzt wird die Bepflanzung natürlich durch eine Auswahl an Kübelpflanzen. In Kübeln und Töpfen aus Holz, Kunststoff, Blei oder Terrakotta lassen sich in unseren Breiten auch nicht winterharte mediterrane Pflanzen kultivieren. Mit ihren kräftigen Blütenfarben, Früchten und exotischen Blattformen bereichern sie das Bild. Für die Überwinterung benötigt man helle Räume mit einer Temperatur zwischen 5 und 10 Grad Celsius. Viele Gärtnereien bieten einen speziellen Überwinterungsservice für Kübelpflanzen an, der viel Aufwand erspart. Arten wie Ölbäume (*Olea europaea*), Neuseeländer Flachs (*Phormium tenax*), Palmlilie (*Yucca*) und verschiedene Palmenarten vetragen aber auch leichte Fröste.

Klassisches Mobiliar

Was gibt es Schöneres, als einen neuen Wohnraum einzurichten. Das Mobiliar des klassischen mediterranen Gartens lässt hier viel Spielraum. Ob kleiner Innenhof oder großzügiger Terrassengarten, in der Einrichtung des Gartens zeigt sich die gesamte Lebensfreude und der Kulturreichtum des Mittelmeerraums. Die große Zahl an herausragenden historischen Bauwerken von der Antike bis zur Renaissance hat die Gartenkunst im Mittelmeerraum beeinflusst. In diesen Gärten finden sich historische Bauelemente wie Brunnen, Torbögen und Wasserspeier, Säulen oder historische Pflanzgefäße. Viele dieser Elemente lassen sich auch bei uns verwenden. Neben hochwertigen Nachbildungen aus Naturstein, Metall oder Terrakotta ist es auch möglich, einzelne Elemente wie einen Torbogen oder eine gemauerte Sitzbank aus hier erhältlichen historischen Baustoffen individuell anzufertigen. Ein gutes Beispiel sind alte Klinker oder Fliesen, aus denen sich Boden- oder Wandmosaike gestalten lassen, die an die maurischen Gärten in Spanien erinnern. Mithilfe von solchen ausgefallenen Materialien wird zugleich der gewachsene Charakter mediterraner Gärten unterstrichen. Sie können einer neuen Anlage so regelrecht Patina verleihen. Wichtig ist gerade hier eine sorgfältige Auswahl. Nur so wird der Garten zu einer stilistischen Einheit. Einzelelemente wie beispielsweise Sonnenuhren, Skulpturen, kunstvoll gestaltete schmiedeeiserne Fenster- und Türgitter oder Blumenbänke ergänzen die individuelle Ausstattung.

IN DEN FARBEN DES SÜDENS

Neben der Auswahl der Einrichtungsgegenstände spielt das Thema Farbe nicht nur bei der Bepflanzung eine wichtige Rolle. Kleine Nebengebäude oder Mauern, die Ihren Garten begrenzen, lassen sich mit ein wenig Fantasie in mediterrane Kulissen verwandeln. Es ist erstaunlich, was Farbe bewirkt. Eine Wand, in orangeroten

Tönen gestrichen schafft sofort eine warme, sonnige Atmosphäre. Neben den klassischen Erdtönen finden sich aber auch kräftige Farbtöne wie Azurblau oder Magenta, meist in Kombination mit Weiß und warmen Erdtönen. Kräftige Farben lassen sich aber punktuell sehr wirkungsvoll einsetzen, beispielsweise in Form von farbig gestrichenen Gartenmöbeln oder bunten Kissen. Neben leichten Metallmöbeln wird die Möblierung durch gemauerte Sitzbänke oder rustikale Bänke aus Holz ergänzt. Die Sitzplätze des klassischen mediterranen Gartens finden sich meist im Schatten einer berankten Pergola oder eines großzügigen Dachüberstandes. Leichte Pavillons aus Metall sind Highlights, ebenso wie gemauerte Varianten mit einem Dachstuhl aus alten Holzbalken. Während man im Süden vor allem den Schutz vor der Sonne sucht, bieten die überdachten Lauben in unseren Breiten zugleich einen willkommenen Rückzugsraum an regnerischen Tagen. Solche gewichtigen Bauten muss man natürlich von vornherein einplanen.

VIELE IDEEN FÜR WASSER

Einen großen Schatz an Einrichtungsgegenständen bietet das Thema Wasser. Wie schon beschrieben gehört Wasser zu den wichtigsten Elementen des klassischen mediterranen Gartens. Deshalb haben wir ihm in diesem Buch auch ein eigenes Kapitel gewidmet, in dem Sie ab Seite 150 inspirierende Gestaltungsvorschläge finden. Mit seinem sanften Plätschern spricht Wasser all unsere Sinne an, wirkt zugleich beruhigend, erfrischend und belebend. An heißen Tagen wirkt die Luft im Umkreis von Wasserbecken frisch und kühl. Zu den klassischen Elementen gehören steinerne Brunnen und formale Wasserbecken. Inspiriert von arabischen und antiken Gärten bilden sie zumeist das Zentrum eines kleinen Gartenraums. Erhöhte formale Wasserbecken am Rande eines Sitzplatzes sind eine gute Lösung für kleine

Wie ein antikes Relikt wirkt dieses malerische Becken, das von einer kleinen Wasserrinne gespeist wird.

Gartenräume. Wenn das Wasserbecken vor einer Mauer liegt, lässt es sich gut mit einem Wasserspeier kombinieren. Eine gute Alternative dazu sind kleinere Wandbrunnen. Der Übergang zwischen dem formalen Wasserbecken und dem Kanal ist fließend. Ursprünglich zur Bewässerung der arabischen Gärten genutzt, hat sich der Kanal als eigenständiges Gestaltungselement des mediterranen Gartens etabliert. Heute findet man ihn in vielfältigen Formen, vom schlichten Wasserlauf bis hin zu prächtigen Kaskaden und Wassertreppen. Bereichert werden Wasserbecken, Kanäle und Brunnen durch kunstvoll geformte, aus Metall oder Stein gefertigte Wasserspeier und Wasserspiele.

ORIGINELL STATT ORIGINAL

Träumen Sie schon lange von Ihrem ganz individuellen Gartenparadies? Dann ist der klasssich mediterrane Garten mit seinem Reichtum an Ausstattungsmöglichkeiten die ideale Lösung. Lassen Sie Ihrer Fantasie freien Lauf. Statt dogmatisch die Vorbilder aus Italien, Spanien, Griechenland oder Frankreich zu imitieren, können Sie hier Ihre eigenen Vorstellungen vom mediterranen Garten umsetzen. Der Fülle von Kombinationsmöglichkeiten sind beim Mobiliar fast keine Grenzen gesetzt.

Links: Die moderne Version des von Blauregen berankten Pavillons ruht auf vier Sandsteinsäulen. Blauregen braucht ein stabiles Gerüst.

Mobiliar für den klassischen Garten

1 Filigrane Stühle in historisierenden Formen wie hier mit einer ionischen Säule an der Lehne passen hervorragend zum Bild mediterraner Gärten.
Mit ihrem grazilen Aussehen vermitteln sie Leichtigkeit und Eleganz.

2 Interessante Details sorgen im Garten für Atmosphäre. Das Blau der Wand steht dabei in schönem Kontrast zu dem weißen schmiedeeisernen Fenstergitter und dem leuchtenden Magenta der Blüten. Kübelpflanzen wie diese Bougainvillea kann man im Sommer so einsetzen, als seien sie am Standort gewachsen.

3 Zweistöckige Brunnen gehören zu den herausragenden Elementen des klassisch mediterranen Gartens. Ideal als Mittelpunkt eines formal gestalteten Gartenraums. Es gibt viele Modelle im Fachhandel.

4 Brunnennischen kann man mit wenig Aufwand sogar an die Wand einer Garage bauen oder sie frei stehend errichten. Hier wurde eine Nische mit Wasserspeier und einem runden Becken mit Wasserlauf kombiniert. Solche Nischen sind aber auch ohne Wasser sehr attraktiv, etwa für eine Skulptur oder ähnliche Dekorationen.

5 Zitronen und Orangen lassen sich problemlos in großen Terrakottatöpfen kultivieren. Wie hier als Wegbegrenzung gliedern sie den Gartenraum. Da die Pflanzen bei uns bedauerlicherweise nicht winterhart sind, müssen sie im Winter in frostfreien Räumen überwintert werden.

Wo beginnt der Garten und wo endet die Wohnung? In mediterranen Gärten ist der Übergang fließend. Hier ist die Stimmung südlich und doch sind alle Elemente bei uns verwendbar!

Haus und Garten: immer eine Einheit?

Puristen würden sagen: Mediterrane Gärten gehören ans Mittelmeer und nicht ins Rheinland, nach Hamburg oder nach Franken. Jedes Land, jede Region in Europa hat ihre eigene Formensprache hervorgebracht, die sie unverwechselbar und einmalig macht. Diese Eigenart einer Region macht sich sowohl in der Architektur bemerkbar, der Anordnung der Gebäude zueinander, der Dachneigung, der Form von Fenstern und Türen, Baumaterialien und Farben wie auch in der Nutzung der Landschaft und der Gestaltung der Gärten. Erwachsen ist sie aus einem Jahrhunderte dauernden Prozess der Auseinandersetzung mit Faktoren wie Klima und Landschaft, Politik und Gesellschaft. Der Reichtum Europas liegt gerade in der großen kulturellen Vielfalt. Es stellt sich also zu Recht die Frage, ob wir im norddeutschen Tiefland mediterrane Gärten anlegen können, zumal sich die Architektur der Wohnhäuser stark von der des Mittel-

meerraumes unterscheidet. Wer nennt schon eine provenzalische Villa sein Eigen? Tragen wir mit dem Bau eines mediterranen Gartens dazu bei, dass die Gartenkultur unserer Region verschwindet und das Nebeneinander von Stilen zur Wahllosigkeit verkommt? Fragen, mit denen sich insbesondere Architekten und Städteplaner beschäftigen, wenn es um Bauvorgaben für Altstädte und Neubaugebiete geht. Auf der anderen Seite zeigt gerade der mediterrane Garten, wie unterschiedliche kulturelle Einflüsse sich gegenseitig bereichern können. Und schließlich leben wir in einer Zeit, die auch Geschichte sein wird. Also sollten wir sie ein wenig beleben!

HAUS UND GARTEN VEREINEN?

Auch im mediterranen Garten stellt sich die Frage, ob er mit dem Wohnhaus eine Einheit bilden muss oder ob beide stilistisch eigenständig nebeneinanderstehen können. Die Antwort ist: Ja, sie können! Der Garten ist einer der letzten Freiräume, in denen wir manche unserer ureigenen Wünsche und Träume ausleben können. Gerade das macht die Faszination des

Die Einheit von Gartenanlage und Architektur zeigt sich in den Gärten der Alhambra von ihrer schönsten Seite. Hier ist die Umgebung einbezogen.

So sieht es aus, wenn man einen kleinen Garten als abgeschlossenen mediterranen Raum gestaltet – eine Welt für sich entsteht!

Gartens aus. Gut geplant wird er zum Spiegelbild unserer Seele. Ob modern, traditionell oder mediterran – hier hat man die Freiheit, selbst zu gestalten. So individuell die Menschen sind, so individuell sind auch ihre Gärten. Es gibt heute keinen allgemeingültigen Stil für den privaten Rückzugsraum Garten. Hier ist erlaubt, was gefällt! Der mediterrane Garten wird bei uns nie an seine großen Vorbilder heranreichen. Dazu fehlt das Licht des Südens und der Blick auf das Meer. Und doch lässt sich etwas von der besonderen Atmosphäre einfangen. Der mediterrane Garten steht in unseren Breitengraden, anders als im Mittelmeerraum, stärker für sich allein. Er ist nicht Teil eines Ganzen, sondern eine Enklave, ein „Fremder" unter den Nachbargärten. Selbstverständlich lassen sich aber auch Bezüge schaffen, indem man beispielsweise Strukturen, Achsen, Farben oder Materialien des Wohnhauses aufnimmt und neu interpretiert. Auch kann ein traditionelles Bauernhaus aus Naturstein oder ein modernes Wohnhaus durch bodentiefe Fenster oder farbige Fensterläden Assoziationen an südliche Baustile wecken. Ist es nicht möglich, Verbindungen oder Brücken zwi-

schen Haus und Garten zu schaffen, sollten beide als eigenständige Bereiche behandelt werden. Pergolen oder Solitärgehölze können den Blick vom Garten zurück zum Wohnhaus teilweise verdecken, so dass sie nicht als Einheit wahrgenommen werden. Ähnliches gilt für frei stehende Mauern, Hecken oder Pavillons, die den Garten in mehrere separate Räume gliedern und so den Blick des Besuchers stärker auf die Details im Inneren des Gartenraums lenken.

ERLEBNISWELT IM KLEINEN

Anders als in den Gärten des Mittelmeerraums, die häufig den Bezug zur Landschaft durch Sichtachsen oder besondere Aussichtspunkte betonen, ist dies nördlich der Alpen nur selten möglich. Zu verschieden ist die Landschaft, der Ausblick auf benachbarte Häuser, Stadtlandschaften, Felder oder Wiesen. Hier ist eine stärkere Abgrenzung des Gartenraumes durch Mauern oder Hecken gefragt. Der Gang in den Garten wird so zur Urlaubsreise. Und mit diesem Ziel sind wir angetreten, um das Erlebnis des mediterranen Gartens kennenzulernen.

Moderne mediterrane Gärten

Aktuelles Design und mediterrane Gestaltungsideen ergänzen sich auf ganz natürliche Weise: Die Klarheit der mediterranen Grundstimmung spiegelt sich in diesen Entwürfen.

Gärten müssen heute ganz verschiedene Anforderungen erfüllen können. Sie sollen nicht nur Wohnraum im Grünen sein oder repräsentatives Vorzeigeobjekt. Sie können auch Träume erfüllen. Gärten sind auch Moden und Zeitströmungen unterworfen. Deshalb spielt Design heute wieder eine große Rolle bei der Gartengestaltung. Nun wird der Begriff „Design" inzwischen fast inflationär verwendet: Design ist heute alles, was irgendwie schick ist. Viele Menschen assoziieren damit eine klare Linienführung und eine gegenüber den meisten gewöhnlichen Alltagsgegenständen deutlich reduzierte Formensprache.

NEUE IDEEN FÜR ALTE GARTENPARADIESE

Modernes Design, das immer am Puls der Zeit entstand, hat im Mittelmeerraum eine lange Geschichte. Stärker als in anderen Regionen wurden hier in der Gartengestaltung immer wieder neue, „moderne" Ideen aufgegriffen. Schon zur Zeit der Mauren kamen brandaktuelle Gartenentwürfe auf. Diese Tradition der Moderne führt also eigentlich vom Mittelalter mit den maurischen Gärten Südspaniens über die modernen Gartenentwürfe der ersten Hälfte des 20. Jahrhunderts bis heute. Ein herausragendes Beispiel der damals revolutionären Gartengestaltung ist noch heute der 1923 entstandene kubistische Garten der Villa Noailles in Hyères

(Var, Provence-Alpes-Côte d'Azur). Der berühmte dreieckige Beton- und Glasgarten von Gabriel Guévrékian besticht bis heute durch seine moderne und richtungweisende Flächen- und Raumauffassung.

Aber diese künstlerischen Architekturgärten haben einen Nachteil: Sie sind nicht bewohnbar. Weil wir heute von einem Garten Wohnqualität verlangen, können sie nicht als nachahmenswertes Beispiel empfohlen werden. Natürlich sind diese Gärten nicht mit dem Anspruch entstanden, ihren Besitzern die Freizeit zu versüßen. Weil ein Entwurf das heute erfüllen muss, sind sie aber als gestalterische Inspiration durchaus wertvoll. Das moderne Wohndesign für den Garten ist im Mittelmeerraum in den letzten Jahrzehnten auch in der Gartengestaltung immer wichtiger geworden. Gründe gibt es dafür genug. Zum einen haben an der Côte d'Azur und anderen Traumküsten viele Reiche ihre Feriendomizile errichtet.

Zum anderen ist das Klima prädestiniert dafür, im Außenbereich die Regeln der Innenraumplanung anzuwenden. Das ist ein wichtiges Merkmal des modernen mediterranen Gartens, das ihn von den klassischen Gärten und den Liebhaberanlagen unterscheidet: Er ist eine sinnvolle Erweiterung des Wohnraums ins Freie, die meistens untrennbar mit der Architektur des Hauses verbunden ist. Menschen, die sich für einen modernen mediterran geprägten Garten entscheiden, sind in doppelter Hinsicht anspruchs-

Modernes Design fängt auch bei den Pflanzen im Garten an: Symmetrie ist natürlich Trumpf.

voll: Sie möchten nicht nur eine exklusive, im Grunde recht exotische Stimmung verwirklichen, sondern legen auch Wert auf topaktuelles, hochwertiges Design. Nur wer auch sehr modern baut, wird auch einen dazu passenden modernen Garten haben wollen. Kubische Wohnhäuser mit Glasflächen haben selten einen Bauerngarten vor der Terrassentür …

Nun sind ganz moderne, durchgestylte Gartenkonzepte nichts Neues. Völlig neu aber ist die mediterrane Ausrichtung.

Seien Sie sich im Klaren, dass Sie einen ganz besonderen Wunsch verwirklichen wollen. Wenn Sie sich auf die Suche nach einem Gartengestalter oder Gartenarchitekten begeben, kann es schwierig werden, Fachleute zu finden, die bereits Erfahrung mit modernen mediterranen Gärten haben. Die Erfahrung und Gespräche mit vielen Gartengestaltern haben gezeigt, dass gerne mit Versatzstücken gearbeitet wird: Hier ein Dekorationselement, dort etwas Terra-

kotta oder eine winterharte Palme – schon ist der mediterrane Garten komplett. Aber wie bereits das Kapitel über klassische mediterrane Gärten gezeigt hat, ist deren Gestaltung ein komplexes Miteinander verschiedener Faktoren; schwierig ist dabei, dass die Stimmung, das südliche Flair, immer im Vordergrund stehen muss.

DIE STIMMUNG IST WICHTIGER ALS PRAKTISCHE ERWÄGUNGEN

Normalerweise kümmert man sich als Gartengestalter nämlich nicht vorrangig um die Stimmung, sondern um ganz praktische Erwägungen: Wie soll der Garten aufgeteilt werden? Wo liegt die Terrasse am günstigsten? Wie verbindet man einzelne Gartenbereiche miteinander? Diese und viele andere Fragen tragen dazu bei, ein schlüssiges Gesamtkonzept zu finden. Die für den mediterranen Garten entscheidende Frage nach dem Ausdruck des Gartens muss

man sich aber vorher stellen. Das unterscheidet den mediterranen Garten auch von anderen Gartenstilen, etwa vom japanischen Garten. In der japanischen Gartenkunst gibt es nämlich genau festgelegte Regeln. Sie helfen dabei, die Gestaltungselemente auf den Geist des Ortes abzustimmen, und beschreiben, wie man eine bestimmte Wirkung erzielen kann. Je nach Typ – es gibt nämlich nicht nur einen japanischen Stil, sondern mehrere – geht das bis ins Detail und regelt sogar die Platzierung von Felsen, den Schnitt von Gehölzen und das Muster des Kieses. Mediterrane Gärten haben diese strengen Regeln nicht. Denn es gab dort keine durchgehende Gestaltungstradition, sondern eine Vielzahl unterschiedlicher Strömungen, etwa aus dem Orient oder dem alten Rom, später aus England und dem Frankreich der klassischen Moderne. Dieses Fehlen eines verbindlichen Regelkanons hat zu einer Vielzahl von Stilrichtungen geführt; letztlich ermöglichte es uns, die so grundlegend verschiedenen Typen mediterraner Gärten in diesem Buch zu beschreiben, damit Sie sie verwenden können.

DER EIGENEN FANTASIE AM BESTEN FREIEN LAUF LASSEN

Wo Regeln fehlen, hat die Fantasie umso mehr Freiraum. Gerade beim modernen Garten kann man im Grunde genommen alles machen, was gefällt. Eine Entscheidungshilfe für ein modernes Gartenkonzept brauchen die meisten Gartenbesitzer nicht – wie gesagt ist dieser Gestaltungstypus unmittelbarer Ausdruck eines Bedürfnisses nach Klarheit und Ordnung in der Umgebung und im Alltag. Außergewöhnlich ist das schon deshalb, weil ein solcher durchgestalteter Wohnraum im Freien durch die Anwendung eines Ordnungsprinzips einen Teil der Emotionalität vermissen lässt, die andere Menschen an einem Garten so schätzen. Man ist beeindruckt von modernen Gärten, aber wer es

Links: Großformatige Natursteinplatten „erden" die fast körperlosen Konturen der strahlend weißen Sichtschutzwand mit integrierter Sitzfläche.

Schon mit kleinen Mitteln können Staudenbeete modernes Flair erhalten – hier durch die skulpturale Form einer gelb gerandeten Agave.

lieber gemütlich hat, wird sich in ihnen nicht wohlfühlen. Gemütlichkeit ist eben nicht der wichtigste Aspekt von modernem Design. Aber es ist auch nicht unwirtlich. Im Gegenteil: Es folgt in seiner Form in der Regel der Funktion. Deswegen sind gute Designersitzmöbel auch wirklich sehr bequem. Wie Sie sehen, kann ein moderner Garten also alle Vorzüge eines echten Wohnraumes im Freien haben.

CHECKLISTE MACHEN

Bei einem modernen Gartenkonzept empfiehlt sich die strenge Gliederung der Fläche. Folgende Fragen sollten Sie mit „Ja" beantworten können, wenn Sie mit dem Gedanken spielen, einen solchen Garten anzulegen: Können Sie mit einer strengen Struktur leben und sich darin wohlfühlen? Lieben Sie klare Formen ohne jede unpassende Dekoration? Wollen Sie den Garten als Wohnraum im Freien nutzen? Sind Sie fasziniert von modernen Farbkombinationen und Materialien?

Besondere Flächenbehandlung

Die Flächenaufteilung des modernen mediterranen Gartens ist eine klare Sache. Sie weist viele Parallelen zum klassischen Typ auf. So kann man wie in den großen Vorbildern der Renaissance und des Barock eine achsensymmetrische Grundanlage planen, das heißt, eine Mittellinie gliedert den Garten in zwei Hälften. In unserer Zeit kann man diese Symmetrie aber auch wieder brechen. Geschickt eingesetzte Kreissegmente oder kreisrunde Flächen können die Ordnung spannungsvoll unterbrechen. Ornamentale Zierformen des klassischen Gartens – die typisch barocke halbrunde Muschelform und florale Ornamente gibt es aber nicht. Hier können Sie das kraft-

strenge Flächenaufteilung. Anders als in klassischen mediterranen Gärten, in denen auch althergebrachte Elemente wie eine strenge Mittelachse oder strenge Symmetrie wichtig sind, gehen Sie hier besser so vor wie auch in der Architektur: Sie planen bedarfsgerecht. Bedarfsgerecht heißt in der Fachsprache nichts anderes, als dass Sie sich in Ihrer Rolle als Gartenbesitzer fragen müssen, was Sie vom Garten eigentlich erwarten, oder besser noch, was Sie dort tun möchten. Soll er in der warmen Jahreszeit Wohnzimmer und Küche in einem ersetzen? Dann braucht er auf jeden Fall einen geräumigen Sitzplatz, der Tisch und Stühle aufnehmen kann, damit man draußen essen kann. Und er braucht einen Liegeplatz, etwa in Form einer Sonnenterrasse, damit man relaxen kann wie im Urlaub. Schließlich wäre vielleicht ein Grillplatz gut oder sogar eine funktionale Outdoor-Küche. Wege sollten geradewegs auf die wichtigen Orte des Geschehens zuführen.

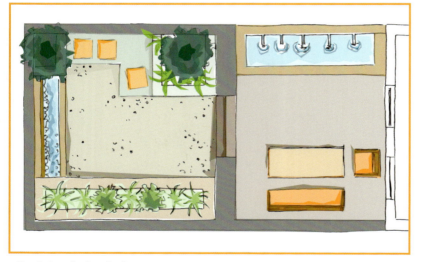

Der Entwurf zeigt: Auch auf einer sehr kleinen Gartenfläche kann ein modernes Raumkonzept umgesetzt werden.

volle Spiel verschiedener geometrischer Grundformen zueinander nutzen. So entstehen eindrucksvolle Gartenbilder. Denkbar wäre es zum Beispiel, schräg über eine rechteckige Kiesfläche ein ovales Holzdeck zu setzen, dessen Enden über die Linien des Rechtecks hinausgehen. Wie beim modernen Haus folgt auch im Garten die Form der Funktion. Deshalb empfiehlt sich für den modernen mediterranen Garten wie für jedes andere moderne Gartenkonzept eine

DIE GRÖSSE MACHT KLEINE GÄRTEN RICHTIG WOHNLICH

Rechte Winkel bringen Ordnung in eine Fläche. Sanfte Schwünge und andere organische Formen sind hier fehl am Platz. Aber es gibt Ausnahmen. So kann ein gut vorgezeichneter Bogen die Strenge der Grundaufteilung abmildern. Wenn Sie sich dafür entscheiden, eine feste Ordnung zu durchbrechen, um die Wirkung zu steigern, müssen Sie das bewusst tun und betonen. Wenn Sie einen Garten mit rechten Winkeln ausstatten, entsteht ein Grundriss, der dem einer Wohnung vergleichbar ist. Das sorgt für eine angenehme Atmosphäre. Ein Wort zur Größe des Gartens: Sie bestimmt den Entwurf; aber wenn Sie bedenken, wie viel Platz in einer 120 Quadratmeter großen Wohnung ist und dass viele Gärten deutlich größer sind, sehen Sie die Dinge sicher anders. Behandeln Sie den Garten wie eine Wohnung, schaffen Sie ein Raumgefühl!

Rechts: Mit vergleichsweise einfachen Mitteln können aus Innenhöfen und Reihenhausgärten intime, künstlerisch wirkende Räume werden.

Neuartige Bepflanzung

Das Flair eleganter klassischer Gartenparadiese nimmt der moderne Gartentyp auch in der Bepflanzung auf. Sie verbinden sich individuell und am persönlichen Geschmack ausgerichtet mit ursprünglichen mediterranen Ideen und Bildern. So können niedrige formale Buchshecken ebenso bestimmend sein wie mediterran wirkende Solitärgehölze wie Säulen-Zypressen oder nach Pinienart schirmförmig gezogene Kiefern und Schirmplatanen.

Dass alle diese Pflanzen durch Schnitt künstlich in Form gebracht werden, zeigt, wie wichtig die Form ist. Das hat gute Gründe: Farbe ist sehr emotional. Wir alle wissen, dass Rot als Farbe sehr leidenschaftlich und intensiv wirkt. Aber es polarisiert deshalb auch stark – entweder wir mögen rote Blumen oder wir würden sie niemals in unserem Garten verwenden. Gleiches

gilt für die Wahrnehmung von Blau, das als edel, aber auch kühl empfunden wird. Im modernen mediterranen Garten ist die Farbe als Betonung der Form denkbar. Stellen sie sich vor, Sie haben eine Fläche mit Kies belegt. Wie viel intensiver wäre der Eindruck, wenn Sie statt naturfarbenen Kieses leuchtend blaue Steine verwenden?

ERST DIE FORM UND DANN DIE FARBE – SO EINFACH IST ES!

Bei der Bepflanzung ist die Farbe ebenfalls zweitrangig. Da alle Beetflächen, Wege und Terrassen in erster Linie regelmäßige geometrische Formen haben, wirken Blüten so wie die Blumen in einer Vase: Die Farbe wird zwar je nach Farbton und Intensität wahrgenommen, aber sie ist in ihrer Wirkung nicht so direkt wie in einem zwanglos gestalteten Naturgarten oder in einem Liebhabergarten. Bei diesem Gartentyp spielen Pflanzen als raumbildende Faktoren eine viel größere Rolle. Eines der bekanntesten Beispiele aus südlichen Gartenanlagen sind die wie Blei-

Formgehölze wie Buchs spielen im modernen mediterranen Garten eine Hauptrolle. Hier wurden stark unregelmäßige Formen mit Lavendel kombiniert.

Wie abgerundete Felsen wirken die immergrünen Formen in diesem Garten. Kontrastreich: die steilen Zypressensäulen.

stifte steil senkrecht in den Himmel aufragenden Zypressen. Es ist meistens die schmal wachsende Form 'Stricta' der Art *Cupressus sempervirens*. Diese Pflanzen schaffen auch in kleineren Gärten durch die Betonung der Senkrechten eine geradezu überwältigende Öffnung des Raumes nach oben hin. Sie verbinden gleichsam Himmel und Erde miteinander. Vielleicht kostet es Sie etwas Mut, in einem kleinen Reihenhausgarten entlang der Seiten eines Weges eine Doppelreihe von schmal säulenförmigen Gehölzen zu pflanzen, weil Sie denken, dass große Bäume einengend wirken. Aber das ist wirklich ein Vorurteil.

DIE RICHTIGE WIRKUNG

Natürlich wirken große Bäume unter Umständen bedrückend auf einer kleinen Fläche. Die Wirkung hängt stark von der Wuchsform, in zweiter Linie dann auch von der Laubfarbe ab. Wenn es um die Raumbildung geht, müssen Sie nicht unbedingt so hoch hinaus. Hecken aus Buchs sorgen ebenso wie Eiben (*Taxus*) für immergrüne Rahmen. Sie lassen sich je nach Sorte in ganz unterschiedlichen Höhen von 20

Links: Ein modern wirkendes Wasserbassin bildet das Zentrum dieses ummauerten Gartens. Die Bepflanzung besteht aus kompakt geschnittenen Formen.

Zentimetern bis zu mehreren Metern erziehen. Anders als in klassischen Gärten sind flächige Pflanzungen aus einer Art ein wesentliches Gestaltungsmerkmal moderner Gestaltungsideen. Dabei können die Pflanzen geschnitten werden oder frei wachsen. So wirkt eine Fläche des filigran eisgrau belaubten Heiligenkrautes (*Santolina chamaecyparissus*) in einem Karree aus niedrigem Buchs wie eine Schäfchenwolke in einem Bilderrahmen. Natürlich können eingefasste Beete mit knallbunten Pflanzenkollektionen bestückt werden – eine effektvolle Lösung für einige Wochen. Mit wechselnder Saisonbepflanzung können Sie Farbe ins Spiel bringen.

> ### TIPP
>
> Die Wuchsform einer Pflanze gliedert den Garten, ihre Farbe aber bestimmt seine Stimmung. Diesen Grundatz sollten Sie bei der Pflanzenauswahl bedenken. Entscheiden Sie sich lieber für Einzelpflanzen mit klaren Konturen und verwenden Sie Pflanzen mit weichen Konturen eher als flächige Pflanzung.

Pflanzen und Materialien gekonnt kombinieren

1 Schwertlilien sind mit ihren straff aufrechten blaugrünen Blättern und den bunten Blüten sehr geeignet für moderne mediterrane Gärten. Sie mögen trockenere Böden und geben hier im Zusammenspiel mit hellgrauem Schotter und der Natursteinwand den Ton an.

2 Gräser sind aus modernen Gestaltungskonzepten nicht mehr wegzudenken. Sie kontrastieren mit ihrer filigranen Wuchsform wirkungsvoll zu Cortenstahl und Holz in der Sichtschutzwand.

3 Dornige Exoten wie Agaven und die süd-amerikanische Bromelie Dyckia verbringen die Sommer bei uns gerne im Freien. In einem Schotterbeet entsteht so ganz unaufwendig eine sehr exotisch-karge Grundstimmung.

4 Strand und Meer assoziiert man mit diesem kreisrunden Platz. Die wassergebundene Decke wurde mit Kieseln verziert. Diese setzt man in ein Sand-Zement-Gemisch. Die Klinkerbordüre schließt den Platz ab. Umgeben ist er von winterharten Gartenstauden wie Wolfs-milch, Frauenmantel und Woll-Ziest.

5 Kieswege sind in allen mediterranen Gartenthemen wichtig. Besonders schön wirken sie, wenn sich typische Pflanzen wie das sich immer wieder aussäende Mexikanische Gänseblümchen (Erigeron karvinskianus) und Blauschwingelgras (Koeleria glauca) an ihren Rändern ansiedeln können. Das passt auch zu modernen Konzepten.

Materialien für moderne Gärten

Die in einem Garten verwendeten Baumaterialien darf man im Hinblick auf ihre Gesamtwirkung nicht unterschätzen. Zwar wird dieser Bereich in den meisten Gärten noch immer sehr stiefmütterlich behandelt; aber Sie wollen es schließlich besser machen. Denn Ihr erklärtes Ziel ist es, einen modernen Garten zu gestalten, der es zumindest im Sommer an Wohnraumqualität mit Ihrer Wohnung aufnehmen kann. Machen Sie es sich einfach und betrachten Sie zunächst alle Elemente, die in den eigenen vier Wänden unmittelbar Einfluss auf die Wirkung und damit auch auf Ihre Stimmung haben: Da sind zunächst die Wände selber, dann der Fußboden; natürlich auch Trep-

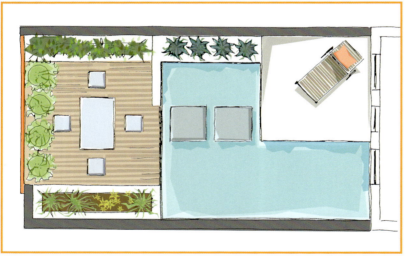

Die Umsetzung eines solchen Wohngartens sehen Sie auf der gegenüberliegenden Seite.

pen und Durchgänge. Alle diese Dinge finden Sie auch im Garten wieder. Wände sind hier – wo es mit Ausnahme überdachter Bereiche wie Loggia oder Pavillon kein Dach über dem Kopf gibt – besonders wichtig. Sie tragen zur Bildung des Gartenraumes entweder als Abgrenzung und Sichtschutz zum Nachbargrundstück bei. Oder sie gliedern den Garten in verschiedene einzelne Gartenräume. Heute werden nicht nur Hecken eingesetzt, um diese Zwecke zu erfüllen.

Gerade der Bau frei stehender Mauern ist in modernen Gartenentwürfen sehr beliebt geworden. Als Materialien empfehlen sich besonders Cortenstahl, der mit seiner rostroten, unbehandelten Oberfläche ausgesprochen gut in mediterrane Farbwelten passt. Aber auch Klinker und vor allem Naturstein sind hervorragend geeignet. Beides gibt es in vielen Farb- und Materialvarianten, sodass Sie eine wirklich riesige Auswahl für Ihr individuelles Gartenprojekt zur Verfügung haben.

NATURSTEIN, METALL, GLAS UND BETON SIND VIELSEITIG

Bei Natursteinen gibt es grundsätzlich zwei empfehlenswerte Verarbeitungsformen, mit denen man wunderschöne Bodenbeläge herstellen kann: Gegenüber den natürlich wirkenden Steinen mit unebenen Oberflächen und polygonalen Formen mit bruchrau verarbeiteten Kanten wirkt im modernen Garten Naturstein mit geschliffener, polierter Oberfläche besonders edel. Damit sind Sie auch schon beim Fußboden angekommen. Neben Naturstein ist Kies in verschiedenen Farben und Kornstärken aus dem mediterranen Garten nicht mehr wegzudenken. Wenn Sie die Fläche häufig begehen, sollten Sie Feinkies wählen, da man auf gröberen Steinen nur schlecht laufen kann. Zur Zierde dienen gebrochenes Glas und Muschelschalen. Auch Edelstahl, Glas und Kunststoff sind Materialien, die heute Verwendung finden. Edelstahl passt gut zum Element Wasser, etwa als Wasserrinne oder als flaches Wasserbecken, der sogenannte Reflecting-Pool. Sichtbeton wird häufig noch unterschätzt. Bodenbeläge und Mauern gewinnen als Gestaltungselemente durch dekorative Materialien an Selbstständigkeit und erfüllen nicht nur praktische Zwecke. Denken Sie daran: Wer sich für einen modernen Garten entscheidet, ist meistens auch dort dem Grundsatz „weniger ist mehr" verbunden.

Rechts: Klassische Elemente wie die Terrakotta mit Agaven korrespondieren mit edlen Materialien und einer stimmungsvoll farbigen Sichtschutzmauer.

Modern in der Umsetzung des Pflanzthemas ist der Kiesgarten. Eine Sonderform für Liebhaber vieler Pflanzen.

Die Rolle des Mobiliars

Wer ganz modern baut und wohnt, hat einen besonderen Geschmack. Dabei spielt die eigene Kreativität oder die des beauftragten Gartengestalters im modernen mediterranen Garten eine große Rolle. Wie Sie gesehen haben, können Sie hier in der Ideenfindung ganz frei und ungebunden sein, losgelöst von allem Regelwerk und gartenhistorischen Traditionen. Einer der bekanntesten Gestalter moderner, fast könnte man sagen avantgardistischer Gärten ist der Ire Diarmuid Gavin. Er kommt zu seinen Ideen über Inspirationen aus dem Alltag und will mit seinen Gärten Emotionen wecken. Aber er hat auch die Werke großer Gestalter der Gartengeschichte studiert – und zwar nicht wegen ihres historischen Wertes, sondern um zu sehen, was sie als Erneuerer und Revolutionäre der Gartenkultur taten.

Es ist im Grunde paradox: Was wir heute für klassisch halten, etwa die Entwürfe von Gertrude Jekyll oder des großen Landschaftsarchitekten John „Capability" Brown, war zu Zeiten ihrer Entstehung neu und teilweise auch unglaublich mutig. Diesen Mut sollte man auch als Gartenbesitzer haben. Ich kann jedem nur empfehlen, absolut eigenständig zu handeln – wenn er es denn will und kann. Es gibt Menschen, die sich eine Gartenplanung nicht zutrauen, weil sie glauben, zu wenig über die Materie zu wissen. Sie können sich bei einem Fachmann, einem Gartengestalter oder einem studierten Gartenarchitekten Hilfe holen. Aber aus Erfahrung kann ich nur sagen, dass es sicher ebenso viele begabte Laien gibt wie untalentierte Profis. Wenn Sie einmal Ihre Wünsche und Ansprüche an Ihren künftigen Garten formuliert haben, sollten Sie bei der Umsetzung selbstbewusst vorgehen. Bleiben Sie dabei und machen Sie sich weitere Gedanken, wie Sie sie in die Tat umsetzen können. Lesen Sie Bücher – Sie tun es ja gerade, also sind Sie auf dem richtigen Weg – und Zeitschriften.

Das Mobiliar, die Ausstattung, kann ein Schlüssel zum Erfolg sein. Vielleicht haben Sie Ihr Herz an ein Bild gehängt, auf dem eine Wasserrinne, eingefasst mit warmtonigen Sandsteinplatten, einen Garten teilt. Sie sind begeistert, denken an den Klang des sanft fließenden Wassers. Sie ver-

Rechts: Den Garten als Outdoor-Küche zu nutzen, ist eine Segnung der Technik. Gerade im mediterranen Garten machen sich solche Lösungen gut.

schwenden noch keinen Gedanken daran, wo es hinfließt und wie es in Bewegung gehalten wird. Diese technischen Fragen kann man mit einem Fachmann besprechen. Aber Sie haben die Grundidee zu Ihrem modernen Garten schon gefunden: Es soll ein formaler Garten mit strenger Achse sein, die durch Wasser markiert wird! Es ist keine Hexerei, zu diesem Schluss zu kommen. Ein Profi würde sagen: Eine Wasserrinne ist eine Achse, eine Achse bedingt eine bestimmte Vorgehensweise in der Flächenaufteilung.

UNKONVENTIONELLE WEGE

Das klingt alles sehr logisch, werden Sie sagen, aber wie sieht das in der Praxis aus? Ich habe häufig mit künftigen Gartenbesitzern zu tun gehabt, die Wunschbilder hatten, ausgeschnitten aus einem Gartenmagazin und manchmal in ganzen Ordnern zusammengetragen. Meistens konnten sie auf die Frage, warum ihnen eine Situation so gut gefiel, nichts Genaues sagen. „Es gefällt uns eben einfach", war die Antwort. Das

finde ich genau richtig: Als Laie muss man keineswegs alles wissen und erklären können. Aber Sie sollten Wünsche entwickeln. Das ist der Anfang jeder Form von Kreativität. In diesem Punkt gleicht die Gartengestaltung anderen Bereichen künstlerischer Betätigung. „Anything goes!" ist ein beliebtes Motto: In der Mode bezeichnet es unter anderem die Möglichkeiten, unbegrenzt miteinander kombinieren zu können oder auch zu einem bestimmten Anlass so zu erscheinen, wie man möchte. Im modernen mediterranen Garten ist es genauso. Alles ist möglich. Wie in der Wohnung tun wir uns oft leichter, Möbel auszusuchen als Wandfarben festzulegen. Wenn Sie Schwierigkeiten haben, zäumen Sie das Pferd von hinten auf, was die Ideenfindung betrifft. Und zwar nur diese – denn den ganzen Garten um einen Lieblingsstuhl herum zu gestalten und sich dabei um die Lage, Größe und den Zuschnitt des Grundstückes nicht zu kümmern wäre falsch. Aber Sie haben zumindest den Anfang gefunden. Das bringt Sie einen großen Schritt weiter!

Gutes Design ist individuell

Sie haben sich für einen mediterranen Garten entschieden. Es spielt keine Rolle, welche Gründe Sie dazu gebracht haben: Ganz gleich, ob Sie die Stimmung aus den Urlaubsländern zu Hause erleben wollen oder diesen Gartenstil einfach sehr dekorativ finden – Sie haben sich für ein Gestaltungsthema entschieden, das in Mitteleuropa noch nicht sehr verbreitet ist. Sie betreten also im wahrsten Sinn des Wortes echtes Neuland. Das wird in den meisten Fällen auch für den Gartengestalter gelten – falls Sie sich dazu entschließen, professionelle Hilfe in Anspruch zu nehmen. Deshalb gibt es für mediterran wirkende Gärten noch keine verbindlichen Qualitätsstandards. Geschmacklich ist erlaubt, was gefällt. Aber in puncto Gestaltungsqualität gibt es schon einige Merkmale, die wirklich wichtig für die spätere Wirkung sind. Möglicherweise sind Sie jetzt irritiert, wenn es hier um das Thema Qualität geht. Immerhin wird dieser Begriff viel bemüht.

DIE QUALITÄT DES ENTWURFS GARANTIERT WOHLGEFÜHL

Tatsächlich ist es besonders in Fachkreisen schwierig, über Gestaltungsqualität zu sprechen. Viele Gartengestalter sind der Meinung, dass Qualität ebenso wie Schönheit im Auge des Betrachters liegt. Diese Haltung muss man kritisch sehen, auch wenn man sich als Kunde an einen Fachmann wendet. Es gibt Kriterien der Flächenbehandlung und der Proportionen, die sich auf die klassischen Formeln der Antike zurückführen lassen. Natürlich hat es in den letzten Jahrhunderten immer wieder neue Strömungen gegeben. Einige waren sogar ausgesprochen fremdartig, wie der Kubismus zum Beispiel, der ja sogar in den mediterranen Gärten ein kurzes Gastspiel gab. Aber im Grunde wurde zu den Möglichkeiten der geometrischen Form nichts Neues dazuerfunden. Es gibt eben nur bestimmte Winkel, Kurven und Figuren, die

Die Outdoor-Lounge ist eine besonders trendige Variation moderner Gärten. Hier kann man abends auch einen erfrischenden Cocktail genießen.

sich zwar sehr unterschiedlich kombinieren lassen, aber auf denselben Ursprung, die Regeln der Mathematik zurückgehen.
Gartengestaltung ist wie Architektur einst eine Kunst gewesen. Sie war Malerei, Musik und anderen Künsten ebenbürtig. Heute scheint die Kunst eher darin zu bestehen, alle erdenklichen äußeren Parameter auf das Budget abzustimmen und daraus in vielen Fällen eher eine ästhetische Notlösung zu schaffen. Genau das wollen Sie aber nicht. Auch wenn es schwer zu verstehen ist: Ihre Ansprüche sind entscheidend für die Qualität Ihres Gartens verantwortlich. Wenn Sie selbst ein Geschick für Gestaltung haben, ist es vorteilhaft, Ihre Pläne zu überdenken. Seien sehr kritisch gegenüber Ihren Ideen und gleichen Sie sie ruhig mit Gärten ab, die Sie schon einmal

Wenn man wenige ausdrucksstarke Signale setzt, kann man einem Garten ein ganz anderes, neuartiges Gesicht geben. Dazu muss man nicht unbedingt im Süden wohnen ...

Ein Schaugarten wie dieser kann in die Realität umgesetzt werden. An einer tiefergelegenen Terrasse wurden terrakottafarbene Schafgarbe und Sonnenhut mit Neuseeländer Flachs (Phormium) gepflanzt.

besucht haben oder die Sie aus Büchern und Zeitschriften kennen. Von einem Planer diese Offenheit gegenüber dem Kunden zu fordern ist ein zweischneidiges Schwert. Vielleicht wird er versuchen, es Ihnen recht zu mache und geht mit Ihren Plänen unkritisch um. Die besten Planer sind jene, die Ihnen genau erklären, warum etwas nicht funktionieren wird, und dann eine bessere Lösung vorschlagen. Natürlich spielt das Budget hier auch eine Rolle. Gerade modernes Design lehrt uns aber, dass eine gute Ästhetik nicht unerschwinglich sein muss. Denken Sie an all die vielen Dinge, die sich aus funktionellem Industriedesign entwickelt haben.

UNERSCHWINGLICH SIND NUR UNPASSENDE IDEEN

Gutes Design ist nicht zwangsläufig unbezahlbarer Luxus. Es gibt viele Privatgärten, die das deutlich zeigen. Auch bei Materialien ist das

Spektrum breit und es gibt oft Alternativen. Individualität im Entwurf macht flexibles Handeln einfacher als eine Standardlösung. Gärten in Serie zu produzieren ist nicht möglich – das Ergebnis würde schlichtweg enttäuschen. Oder wollen Sie gerne möbliert wohnen? Für Ihre Arbeit und die des Fachmanns gilt: Wenn Sie Hilfe und Information suchen, machen Sie sich klar, dass Bücher oder Fernsehsendungen keine Gartengestalter sind. Wenn Ihnen in mehreren Schritten genaue Anleitungen gegeben werden, seien Sie misstrauisch: Es ist unmöglich, aus der bloßen Anschauung heraus zu lernen, wie man einen Garten gestaltet. Eine gute Lösung verbindet Ihre individuellen Anforderungen mit den Gegebenheiten des Grundstückes – im Rahmen Ihres Budgets. Nur so macht das Planen Spaß.

Mediterrane Liebhabergärten

Jenseits von mediterranen Gärten klassischer Prägung und modernen Designs gibt es ein weiteres mediterranes Paradies: Hier faszinieren atemberaubende Pflanzengesellschaften.

Eine weiterer Typ der Gestaltung hat die Gartenkunst des Mittelmeerraumes berühmt gemacht: Liebhabergärten, in denen die Besitzer der Sammelleidenschaft frönen. So gibt es Gärten, in denen nicht nur die Pflanzenkollektion eine besondere Rolle spielt, sondern auch andere Aspekte in den Mittelpunkt gerückt werden, wie zum Beispiel Kunstobjekte. Natürlich sind es für uns besonders die Pflanzen, die die Faszination der Sammler- und Liebhabergärten ausmachen.

Seit Jahren gibt es einen Trend zu exotischen Pflanzengesellschaften: Im Handel sind Kamelien, immergrüne Magnolien und andere Gartenschätze, die sich für unsere Klimaverhältnisse auch wirklich eignen, inzwischen in großer Auswahl zu haben. Weil das Klima des Mittelmeerraumes mild und sonnig ist, bietet es ideale Voraussetzungen für die Kultur von exotischen Gewächsen aus aller Welt.

Hier gedeihen Bäume, Sträucher, Stauden und Zwiebelpflanzen aus Mexiko, den subtropischen Zonen Chinas, aus Südamerika und aus vielen Teilen Afrikas. Viele davon sind in Nord- und Mitteleuropa nur als Zimmer- oder Kübelpflanzen bekannt. Aber die Tatsache, dass unser Klima eine Freilandkultur der meisten Arten nicht zulässt, ist keineswegs ein Hinderungsgrund, exotisch wirkende Pflanzenparadiese in das Reich der Fantasie zu verbannen. Vieles ist möglich, wenn man nur ein wenig umdenkt. Denn die Grundfrage heißt: Was macht diese Gärten aus? Und die Antwort ist denkbar einfach: Eine Fülle von üppig wirkenden Pflanzen, der Kontrast zwischen Laubformen und -farben bestimmen diesen Typus. Und üppig wirkende Pflanzen gibt es auch in unseren Gärtnereien. Es kommt also auf den Gesamteindruck an. Sie werden in diesem Kapitel viele Anregungen für den Garten eines Liebhabers finden, die auch zu Ihrem persönlichen Geschmack und zu den klimatischen Bedingungen Ihres Gartens passen.

DIE BRITEN SCHUFEN DIE ERSTEN SAMMLERGÄRTEN

Die Geschichte der aus Liebe zur Botanik inspirierten Liebhabergärten am Mittelmeer geht wie so oft auf die gartenbegeisterten Briten zurück. Schon 1834 schuf Lord Brougham über der Bucht von Cannes einen inzwischen leider verloren gegangenen Garten – den vermutlich ersten englischen Garten an dieser Sonnenküste. Ihm folgten viele weitere. Besonders empfehlenswert und vor allem als Inspirationsquelle wichtig sind zum Beispiel La Mortola vor Ventimiglia in Italien und die Gärten von Le Val Rahmeh in Menton. Val Rahmeh entstand Ende des 19. Jahrhunderts und erfuhr vor allem ab 1925 wesentliche Erweiterungen des Pflanzenbestandes durch Lord Radcliffe, den Gouverneur von Malta. Seit 1967 gehört der Besitz dem Britischen Naturkundemuseum und ist Besuchern zugänglich. Besonders interessant ist Val Rahmeh

Palmen sind tropische Gehölze. Einige wie diese Zwergpalme sind mit Schutz winterhart.

Wie eine Theaterkulisse umgeben aus historischen Baustoffen geschaffene Mauern diesen Gartenraum. Unter einem winterharten Essigbaum (Rhus typhina) wachsen Sommerblumen und viele Kübelpflanzen.

wegen der selbst für das Mittelmeer außergewöhnlich milden Lage, die die Kultur exotischer Früchte wie Avocados erlaubt. La Mortola schließlich ist der Inbegriff eines mediterranen Sammlergartens: Auf 18 Hektar hat die Familie Hanbury zwischen der alten römischen Via Aurelia und der Küste der Riviera dei Fiori einen Garten angelegt, der den Vergleich mit den Liebhabergärten in Cornwall nicht scheuen muss. Im Besitz der Universität von Genua, wurde der Garten 1867 von Sir Thomas Hanbury begründet. Er ist Pflanzenliebhabern als Stifter des Landes bei London bekannt, auf dem die Royal Horticultural Society die berühmten Wisley Gardens errichtete. Auch wenn man bei uns kaum einen Großteil dieser Pflanzen in einem Garten versammeln kann, begeistert doch vor allem der Eifer, mit dem aus allen Teilen der Welt Pflanzen zusammengetragen wurden. Natürlich sind diese Gärten in ihren Dimensionen nicht als Leitbild für einen Privatgarten angelegt. Aber typisch für die meisten Sammlergärten ist die Tatsache, dass die Grundgestaltung hinter der Bepflanzung zurücktritt. Das hat vor allem mit der Entwick-

lung eines solchen Gartens zu tun. Nach und nach haben die Besitzer den Raum erweitert und immer mehr Platz für die wachsende Sammlung geschaffen. Deshalb überzeugen solche Oasen der Liebhaberei auch im Kleinen.

Diesen Umstand kann man sich für den eigenen Garten zunutze machen. Wenn Sie solche Anlagen im Kleinen gestalten möchten, sollten Sie sich auf jeden Fall mit dem mediterranen Klima und seinen Auswirkungen auf die Flora beschäftigen, damit Sie die Pflanzen am richtigen Standort anordnen.

KLIMAWANDEL FÜR EXPERIMENTIERFREUDIGE GÄRTNER

Detailliertere Hinweise zu einzelnen Pflanzen und Kombinationen finden Sie im dritten Kapitel dieses Buches. An dieser Stelle wollen wir uns zunächst auf die Voraussetzungen der Vorbilder für unsere Gestaltungsvorschläge konzentrieren. Im Grunde hat der Klimawandel eine Annäherung des mediterranen Klimas und unseres Klimas bewirkt. Heute gelten die typischen warmen und trockenen Sommer und feuchten, kühlen

Einfallsreiche Speziallösungen sind wichtig für Pflanzenliebhaber. Selbst an einer Mauer kann man Platz für blühende Lieblinge schaffen.

Der Variantenreichtum mediterraner Liebhabergärten ist groß. Hier sorgen Kübelpflanzen wie Agaven für starke Akzente. Alle anderen Stauden in diesem Garten sind vollkommen winterhart.

Winter des Mittelmeerraumes auch für Teile Mitteleuropas. Die durchschnittlichen Regenmengen im Sommer nehmen ab, es besteht eine Tendenz zu heftigen Schauern und Unwettern, während Regensommer, die es vor Jahrzehnten noch gab, der Vergangenheit angehören.

TROCKENHEIT IST GÜNSTIG

Auch die Winter werden milder, es gibt weniger Schnee und weniger strenge Kahlfröste. Das ist für empfindlichere Gewächse wie Kamelien von Vorteil. Ein Unterschied zwischen der einheimischen und exotischen Mittelmeerflora und unseren Gartenpflanzen besteht darin, dass die Sommer Südeuropas so heiß sind, dass viele Pflanzen mit dem Wachstum sehr zeitig im Jahr beginnen. Solche Gewächse lassen sich nur schwer daran gewöhnen, bei uns bis Anfang April Winterruhe zu halten, um nicht Spätfrösten zum Opfer zu fallen. Die größten Niederschlagsmengen fallen

im Mittelmeerraum zwischen Oktober und April, genau in jener Jahreszeit also, in der bei uns die meisten Pflanzen Pause machen. Weil die Sommer so trocken sind und die Pflanzen an exponierten Standorten – etwa in nach Süden oder Westen gelegenen Hanggärten – direkte Sonneneinstrahlung und Hitze aushalten müssen, werden am Mittelmeer viele Pflanzen verwendet, die an Trockenheit gewöhnt sind. In unseren Gärten sind extrem trockene Standorte selten, sodass ein Großteil geeigneter Pflanzen kaum bekannt ist.

Pflanzenliebhaber, die sich für das mediterrane Lebensgefühl begeistern, haben unterschiedliche Leidenschaften. So kann der eine einen tropisch anmutenden Garten mit winterharten Palmen (dazu in Kapitel „Boten des Südens" auf Seite 230 mehr!) bevorzugen, während der andere einen Kiesgarten mit Sukkulenten (wasserspeichernden Pflanzen) und sogar winterharten Kakteen anlegen möchte.

Klimatisch inspirierte Gärten

An den genannten Beispielen wird bereits deutlich, wie unendlich groß der gestalterische Spielraum bei Liebhabergärten ist – und dass er sich in erster Linie nach der Leidenschaft des Gartenbesitzers richtet. So ist dieser Typ mediterraner Gärten sicher der emotionalste und individuellste Typ. Hier können Sie aber nicht nur Ihren ganz persönlichen gärtnerischen und gestalterischen Vorlieben frönen. Sie können auch aus mancher standortbedingten Not eine echte Tugend machen. Denn es gibt einen wichtigen Grundsatz, der das kreative Gärtnern ebenso auszeichnet wie eine gute Gestaltung: Es gibt keinen schlechten Standort, sondern nur eine ungeeignete Idee! Das klingt mutig, aber es entspricht der Wahrheit.

Ein einfaches Beispiel kennt fast jeder Gartenbesitzer: Rasen im Schatten. Wir träumen von einer sattgrünen Rasenfläche auch unter Bäumen oder im feuchten Klima des Schlagschattens von Gebäuden. Aber die Wirklichkeit sieht anders aus: Auf solchen Flächen gedeiht kein schöner Rasen, sondern die Unkräuter nehmen überhand. Von einer geschlossenen Rasendecke, gar von einem grünen Teppich ist nicht die Rede. Der Grund dafür ist ganz einfach zu ermitteln, wenn man die Bedingungen kennt,

die Rasengräser sich wünschen: Sie sind sonnen- und wärmeliebende Pflanzen, die zwar ausreichend Wasser benötigen, aber am besten auf durchlässigen Böden gedeihen.

Im mediterranen Garten ist es wegen der besonderen Pflanzenauswahl, die nötig ist, um den erwünschten Effekt zu erzielen, unerlässlich, mit realistischem Blick die Standortbedingungen zu ermitteln. Das ist eigentlich ganz einfach. Bodenbeschaffenheit und Lichtverhältnisse sind die wichtigsten Faktoren für das Pflanzenwachstum. Wie die meisten aus dem Mittelmeerraum stammenden Gewächse will auch die bei uns eingesetzte Vegetation einen nahrhaften, aber durchlässigen Boden. Er enthält wasserspeichernde Partikel wie Ton und Lehm, ist aufgelockert durch grobkörnige Bestandteile wie Kies und Lavagrus. Sand spielt eine Rolle bei wasserdurchlässigen Böden, aber er kann kaum Nährstoffe binden.

DER BODEN BESTIMMT DAS GESICHT DES GARTENS

Wer also im Garten bereits einen sandigen Boden hat, der kaum durch organische Bestandteile wie Humus oder reifen Kompost aufgebessert wurde, muss sich in der Regel auf Pflanzen beschränken, die solche Magerstandorte mögen. Hier wird man keine üppigen Rosenbeete anlegen können, aber für einen mediterranen Garten mit vielen Kräutern oder ein blühendes Paradies mit trockenheitsliebenden Gräsern und Blütenstauden sind das geradezu ideale Bedingungen. Gärten mit schweren Lehmböden sind für die meisten mediterran oder auch tropisch üppig wirkenden Pflanzideen weniger geeignet. Lehmböden halten zwar die Feuchtigkeit lange, was in einem „normalen" Garten ja erwünscht ist; es kann hier jedoch bei längeren Regenfällen zu Staunässe kommen, die unter Umständen für empfindliche Pflanzenwurzeln tödlich sein kann. Gute Dränage ist also unerlässlich.

Rechts: Blumenrohr (Canna), winterharte Bananen (Musa basjoo) und kälteverträgliche Hanfpalmen (Trachycarpus) sorgen auch bei uns für Exotik.

INHALT STATT FORM

Bei Liebhabergärten steht die Präsentation an erster Stelle. Das heißt, die Flächenaufteilung ordnet sich zum Beispiel der Pflanzensammlung unter. Das ist für viele Gartengestalter unverständlich, aber schließlich geht es in erster Linie um den Inhalt und nicht um die Form. Zudem kann eine gute Bepflanzung von Schwächen der Gestaltung ablenken. Liebhabergärten sind somit ideal für Gartenbesitzer, die hohe Baukosten und großen Arbeitsaufwand vermeiden wollen.

Leidenschaft ist eine Gärtnertugend

Wenn wir hier von Liebhabergärten für Pflanzenliebhaber sprechen, interessiert natürlich in erster Linie die Frage, was Sie bevorzugen. Drei Schwerpunkte könnte man setzen: an erster Stelle einen Gartenstil, der trockenheitsliebende winterharte Arten präsentiert und diese zum Beispiel mit bedingt winterharten Exoten wie Hanfpalmen (*Trachycarpus*), winterharten Kakteen oder anderen kombiniert. Der Gesamteindruck wäre dann ein Garten, der in seiner lichten hellen Atmosphäre mit klaren Farbakzenten wie ein Stück Landschaft von der Küste des Mittelmeeres wirkt. Zweitens ist ein dschungelartiger Garten denkbar, der in der Tradition der oben beschriebenen großen Sammlergärten steht. Diese Idee lässt sich bei uns denkbar einfach verwirklichen. Der 2007 verstorbene große britische Gärtner Christopher Lloyd hat

es in seinem berühmten Garten Great Dixter vorgemacht: Man kombiniert winterharte Pflanzen, die exotisch wirken, mit echten Exoten, die nur im Sommer draußen bleiben können und im Winter frostfrei überwintert werden müssen. So können Sie riesenblättrige winterharte Gehölze wie den Trompetenbaum (*Catalpa*) und den Blauglockenbaum (*Paulownia*) mit hohem Chinaschilf (*Miscanthus*) einsetzen, dazu Sommergäste wie Blumenrohr (*Canna*) und Ingwerlilien (*Hedychium*) pflanzen. Auch winterharte Stauden wie Palmlilie (*Yucca*), Fackellilie (*Kniphofia*), winterharte Sorten der Schmucklilie (*Agapanthus*) und Eisenkraut (*Verbena bonariensis*) machen sich gut dazu. Highlights für experimentierlustige Gartenfreunde sind sicher winterharte Bananen (*Musa basjoo*) und einige weniger bekannte Gehölzraritäten, die an geschützten Standorten unsere Winter überleben können, zum Beispiel der aus Chile stammende Feuerbusch (*Embothrium coccineum*) und die immergrüne, großblättrige Wollmispel (*Eriobotrya japonica*), deren Früchte essbar sind. Auch die Zimmeraralie (*Fatsia japonica*) – ein mit dem heimischen Efeu verwandtes Gewächs – ist erstaunlich winterhart und trägt immergrüne, mehrfach gelappte Blätter von der Größe eines Speisetellers. Natürlich darf das zuverlässig winterharte Zitrusgewächs, die Bitterorange (*Poncirus trifoliata*), nicht fehlen. Ihre Blüten duften sogar wie echte Orangenblüten. Wer eine stark duftende Kletterpflanze sucht, ist mit dem Echten Jasmin (*Jasminum officinale*) gut bedient. Er ähnelt mit seinen weißen Blütenbüscheln dem bekannten Topf-Jasmin, ist aber vollkommen winterhart.

EINE INTERESSANTE VARIANTE FÜR KUNSTFREUNDE

An dritter Stelle stehen dann Gärten, in denen die Besitzer alles unter ein ganz bestimmtes Sammlerthema gebracht haben. Das könnte zum Beispiel ein Garten mit den schon genannten winterharten Kakteen und Freilandsukkulenten (das sind wasserspeichernde Dickblattgewächse) sein. Oder eben auch ein Garten, in dem anstelle der Pflanzen Kunstobjekte im Mit-

Die exotischen Farben machen dieses Beet mediterran. Kombiniert wurden Heiligenkraut und Sonnenbraut mit Blumenrohr und Sternwinde.

Auch mit Gräsern, die im Mittelmeerraum heimisch sind, lassen sich außergewöhnliche Stimmungen erzielen. Das Pfahlrohr (Arundo donax) kann über drei Meter hoch werden und überlebt mit Winterschutz längere Frostperioden.

Großblättrige Pflanzen sind ideal, um Gartenbilder von dschungelhafter Ausstrahlung zu erreichen. Der große Rizinus (Ricinus communis) lässt sich leicht aus Samen ziehen und ab Mitte Mai auspflanzen.

telpunkt stehen. Hier wie dort wird die Fläche wie ein Ausstellungsraum genutzt. Dabei sind Pflanzensammlergärten gestalterisch oft die schwierigsten Fälle: Hier will man ein Maximum an Pflanzen auf der Fläche unterbringen, was oft genug zu einer wenig attraktiven Präsentation führt. Natürlich ist die Versuchung groß, zunächst nur alles nach Bedürfnissen der Sammelobjekte auszurichten.

DER PASSENDE RAHMEN FÜR EIN SCHÖNES GARTENBILD

Aber wenn Sie sich vor Beginn der Planungsphase einmal überlegen, dass Sie Ihre Pflanzen ja optimal zur Geltung bringen wollen, wird schnell deutlich, dass ein gestalterisches Grundkonzept nur von Vorteil sein kann. Es ist aber nicht die Hauptsache, sondern nur der passende Rahmen. Und wie bei einem Bild kann er die Wirkung desselben unterstreichen; er darf nie zu üppig geraten und so vom eigentlichen Mittelpunkt des Interesses ablenken. Das ist bei der Präsentation von Kunstobjekten noch viel wichtiger als bei einem Pflanzensammlergarten.

Denn im Idealfall können sich Kunst und Gestaltung ergänzen. Diese Ergänzung muss nicht unbedingt geschehen, um das eine dem anderen anzugleichen oder unterzuordnen. Die interessantesten Künstler- und Kunstgärten sind immer jene, in denen die Kunst mit der Umgebung in eine spannungsreiche Beziehung tritt. Ein Garten ist anders als ein Museum ein Raum, der aus vielen verschiedenen lebendigen Wesen und nicht belebten Dingen besteht. Er kann nicht anders, als mit dem Betrachter zu kommunizieren. Sie nehmen einen Garten immer unmittelbar wahr. Man erinnert sich in den meisten Fällen viel eher an emotionale Aspekte wie an eine beruhigende Stimmung, intensive Farben und wohltuende Düfte. Weil das so ist, gibt es überhaupt erst die Sehnsucht nach Gärten, die anders sind als unsere Umwelt. Auch der mediterrane Garten ist der Ausdruck einer solchen Sehnsucht. Er ist eine von Ihnen gestaltete Emotion.

Bepflanzung: exotisch üppig oder karg

1 Exoten wie der Erdbeerbaum (Arbutus) und Hanfpalmen (Trachycarpus takil) gedeihen an einem Bachlauf, der von Gartenstauden wie Bergenien und Hirschzungenfarnen begleitet wird. Die winterharten Palmen dominieren das harmonische Bild.

2 Bananen sind keine Gehölze, sondern riesenhafte Stauden. Die rotblättrige Form Ensete ventricosum 'Maurelii' muss frostfrei überwintert werden, fühlt sich aber im Sommer draußen wohl.

3 Steppenpflanzungen sind ideal für magere Böden. Sie wirken exotisch, sind aber ausschließlich aus winterharten Stauden und Gräsern zusammengesetzt. Hier die südafrikanische Fackellilie (Kniphofia) und das Reiherfedergras (Stipa tenuissima).

4 Echeverien sind bei uns nicht -winterharte Sukkulenten, mit denen man ausgefallene Kiesgärten bepflanzen kann. Sie wurden früher auch bei uns als Beetblumen verwendet, sind aber leider aus der Mode gekommen. In Zimmerpflanzengärtnereien kann man sie bekommen und leicht durch Nebenrosetten und Blattstecklinge vermehren.

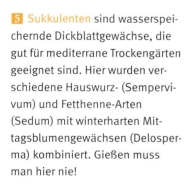

5 Sukkulenten sind wasserspeichernde Dickblattgewächse, die gut für mediterrane Trockengärten geeignet sind. Hier wurden verschiedene Hauswurz- (Sempervivum) und Fetthenne-Arten (Sedum) mit winterharten Mittagsblumengewächsen (Delosperma) kombiniert. Gießen muss man hier nie!

6 Thymian und andere duftende Polsterstauden brauchen volle Sonne und einen sandigen, durchlässigen Boden. Eine kleine Sammlung dieser Kostbarkeiten lässt sich sogar zwischen den Fugen eines Plattenweges unterbringen.

Mediterrane Früchte zu Hause ernten

Liebe geht durch den Magen. Und welcher Ort eignet sich besser, sich solch irdischen Genüssen hinzugeben als der heimische Garten – mit dem Anbau und der Ernte von Obstsorten, die aus dem letzten Sommerurlaub in bester Erinnerung geblieben sind.

Im Grunde knüpfen Sie damit an eine lange Tradition an: Auch die Gärten des Mittelmeerraumes waren zunächst nur zur Versorgung der Hausbewohner mit Obst, Gemüse oder Kräutern bestimmt. Später entwickelten sich opulente Ziergärten, ausgelegt auf Genuss und Repräsentation. Da man aber auch dort weder auf den Zierwert der mediterranen Obstgehölze noch auf deren süße Früchte verzichten mochte, gehören sie noch immer zur „Standardausstattung" eines mediterranen Gartens. Warum sollten Sie also heute darauf verzichten? Schließlich

gedeihen Wein, Feigen, Kiwi und Pfirsich auch in unseren Breiten sehr gut. Und weil so viele vom Leben im sonnigen Süden träumen und sich zu Hause ein mediterranes Paradies gestalten (lassen), gibt es in gut sortierten Gärtnereien immer mehr robuste Obstgehölze, die auch ohne oder mit wenig aufwendigem Winterschutz selbst zweistellige Minustemperaturen überleben. So können Sie nicht nur in klimatisch bevorzugten Lagen Südfrüchte aus dem eigenen Garten genießen.

VON DER HAND IN DEN MUND SCHMECKT ES AM BESTEN

Feigenfrüchte sind süß und wohlschmeckend und gelten wegen ihres verführerisch roten Fruchtfleisches als Symbol für Sinnlichkeit und Verführung. Ihr großes, fünflappiges Laub wird schon in der Schöpfungsgeschichte erwähnt. Im Winter werfen die großen Sträucher (*Ficus carica*) ihre Blätter ab, sodass ihr sparriger Wuchs gut zu sehen ist. Ideal stehen Feigen vor Haus-

wänden, die ihnen sowohl als Stütze wie auch als Wärmelieferant dienen. Ein solcher Standort ist doppelt günstig: Einerseits sind die Feigen dort vor kaltem Wind geschützt, gegen den die Pflanzen besonders empfindlich reagieren. Außerdem sind die bis zu vier Meter hohen Büsche ein attraktiver Wandschmuck. Schneiden sollten Sie sie nur leicht, um das Wachstum von Blättern und Seitentrieben zu fördern. Seit einigen Jahren wird zum Beispiel die Bayernfeige 'Violetta' als wohl frosthärteste und wohlschmeckendste Sorte gehandelt, die für einige Tage sogar Temperaturen bis etwa -20 Grad Celsius ertragen kann. Empfindlichere Sorten erleiden schon bei unter -10 Grad Celsius Frostschäden. In den ersten zwei, drei Jahren ist für Jungpflanzen aller Sorten ein Winterschutz empfehlenswert.

SÜSSE TRAUBEN UND EXOTISCHE GENÜSSE ENTDECKEN

Gourmets, die Fassaden, Rankgerüste oder Pergolen schmücken wollen, können Weinreben (*Vitis vinifera*) wählen. Sie wachsen in allen Lagen Deutschlands, allerdings fällt der Geschmack je nach Region und Sonnenstunden sehr unterschiedlich aus. Essbar sind die Trauben jedoch auf alle Fälle. Aber nicht nur das: Auch als Pflanze hat der Wein viel zu bieten. Schon nach wenigen Jahren können die Triebe mehrere Meter wachsen. Das Laub wechselt nach dem Sommer in eine attraktive gold-rote Herbstfärbung. Für einen optimalen Wuchs ist jedoch ein Gerüst sowie regelmäßiger Schnitt notwendig: Nur der kräftigste Trieb der frisch gepflanzten Jungrebe wird aufgebunden, alle anderen schneidet man ab. Auch die Seitentriebe, die im ersten Sommer wachsen, werden bis auf ein Blatt zurückgeschnitten. Im nächsten Frühjahr kürzt man das junge Stämmchen auf sechs bis acht Knospen ein. Die daraus entspringenden drei obersten Jungtriebe bilden das Grundgerüst des künftigen Spaliers. Je einer

Links: Weinreben finden auch in großen Pflanzgefäßen auf dem Dachgarten Platz. Auch über den Dächern der Stadt kann man mediterrane Plätze finden!

Obstgehölze wie Pfirsichbäume profitieren als Spalierpflanzen von der Strahlungswärme der Mauern.

wird nach rechts beziehungsweise links geführt, den dritten zieht man senkrecht nach oben. Die anderen Triebe werden wiederum auf ein Blatt zurückgeschnitten. Der Rückschnitt der drei Jungtriebe auf sechs bis acht Augen und das Weiterleiten der obersten Triebe im kommenden Frühjahr setzt den Aufbau des Spaliers fort, bis die Wand oder das Rankgerüst ganz bedeckt ist. Andere attraktive Kletterpflanzen mit essbaren Früchten sind Kiwi (*Actinidia*) und Passionsblume (*Passiflora caerulea*). Beide eignen sich wegen ihres schönen Laubs und der ungewöhnlich wohlschmeckenden Früchte für Gärten mit mediterranem Ambiente. Während die echte

SO GEDEIHT WEIN!

Wer Wein (Vitis vinifera) im eigenen Garten auch ernten will, sollte ihm den passenden Boden bereiten. Das ist gar nicht schwer: Wein benötigt immer einen warmen Standort und lockeren, durchlässigen Boden. Magere Böden sind für eingewurzelte Pflanzen kein Problem, denn sie wurzeln mehrere Meter tief. Nur in den ersten beiden Jahren nach der Pflanzung sollte man im Sommer regelmäßig gießen. Die Veredelungsstelle sollte bei der Pflanzung drei bis vier Zentimeter über der Erde sein.

Kiwi *(Actinidia deliciosa)* jedoch nur für Klimate, wie wir sie aus Weinbauregionen kennen, geeignet ist, trägt die Kleine Kiwi *(Actinidia arguta)* kleinere Früchte und wächst etwas schwächer, ist aber extrem frosthart und sehr unkompliziert. Bis zu -30 Grad Celsius soll die Sorte WEIKI® gut vertragen, vorausgesetzt, sie bekommt einen Standort ohne Staunässe und ein stabiles Rankgerüst. Auch die Früchte der Kleinen Kiwi sind ihren großen Verwandten in einigem überlegen. Sie enthalten mehr Vitamin C und sind unbehaart, sodass sie mit Schale verzehrt werden können. Für eine Ernte sind zwei Pflanzen notwendig, da Kiwis zweihäusig sind. Das heißt, dass es männliche und weibliche Pflanzen gibt, die sich gegenseitig zur Befruchtung brauchen. Genau wie Kiwis sind Passionsblumen *(Passiflora)* fleißig wachsende Kletterpflanzen, die mit ihrem tief eingeschnittenen, dunkelgrün glänzenden Laub tropisch-mediterranes Ambiente in den Garten zaubern. Die blau blühende Passionsblume *(Passiflora caerulea)* überwächst selbst große Rankgerüste schnell und wird mit ihren spektakulären Blüten im Juli und August zum aufsehenerregend-exotischen Wandschmuck.

Empfehlenswerte Obstsorten

Botanischer Name	Deutscher Name	Standort	Wuchshöhe
Vitis vinifera 'New York Muscat'	Blaue Tafeltraube	sonnig	bis 7 m
Vitis vinifera 'Lakemont'	Helle Tafeltraube	sonnig	bis 7 m
Ficus carica 'Bornholm's Diamond'	Bayernfeige	sonnig	bis 2 m
Asimina triloba 'Sunflower'	Indianerbanane	sonnig - halbschattig	bis 3 m
Prunus persica 'Kernechter vom Vorgebirge'	Pfirsich	sonnig	bis 3 m
Eriobotrya japonica	Japanische Wollmispel	sonnig, windgeschützt	bis 3 m
Diospyros kaki	Khaki	sonnig, geschützt	bis 4 m
Actinidia WEIKI®	Kiwi	sonnig	bis 5 m
Passiflora caerulea	Passionsblume	sonnig	bis 3 m

Unter den Feigensorten gibt es nur wenige, die bei uns nicht nur zuverlässig winterhart sind, sondern auch noch eine reiche Ernte garantieren. Im Schutz einer Mauer gedeihen sie besser.

Die hellgelben Früchte sind auch als Maracuja bekannt und reifen bis in den Herbst hinein. Sogar länger anhaltende Kälteperioden sollten für ein gesundes Wachstum der Passionsblume kein Problem darstellen, solange man die Wurzeln im Winter mit einer dicken Schicht Laub überdeckt. Dass die oberirdischen Triebe absterben, ist normal und völlig ungefährlich für die Pflanze – ab April treibt sie wieder neu aus.

NASCHEN IST NICHT NUR ERLAUBT, SONDERN ERWÜNSCHT!

Als Fruchtgehölze für den mediterranen Garten eignen sich Pfirsich und die weniger bekannte Japanische Wollmispel. Reiche Ernte erzielt man jedoch bei beiden Pflanzen hauptsächlich in den wärmeren Regionen Deutschlands. Doch selbst wer in Mitteldeutschland lebt, kann an einer nach Süden gelegenen Wand und mit einem leichten Winterschutz aus Bambusmatten und Laub im eigenen Garten ernten. Bei Pfirsichen *(Prunus persica)* sind späte Sorten am erfolgversprechendsten. Sie sind zur Ernte besonders aromatisch. Wichtig ist ein regelmäßiger Schnitt, da

Passionsblumen sind besonders fremdartig wirkende Gartengäste. Einmal eingewachsen, überstehen sie unsere Winter recht problemlos.

Kiwis sind sehr stark wachsende Rankpflanzen, die in einer Saison mehrere Meter wachsen können. Achten Sie beim Kauf auf die Sorte, nur wenige sind zwittrig, sodass eine Pflanze allein Früchte trägt.

sie nur an den im Vorjahr gebildeten Trieben tragen. Gegen die häufig auftretende Kräuselkrankheit, die sich durch die zusammengerollten Blätter zeigt, hilft das Bepflanzen der Baumscheibe mit Knoblauch und nicht rankender Kapuzinerkresse. Die Japanische Wollmispel (*Eriobotrya japonica*) ist ein immergrüner Baum mit großem, dunkelgrünem und an der Unterseite behaartem Laub, der in den Tropen, aber auch am Mittelmeer angebaut wird. Wird der Wurzelbereich gemulcht, überlebt die Wollmispel auch längere Frostperioden unbeschadet. Die orangefarbenen Früchte schmecken sehr frisch und sind manchmal in türkischen Lebensmittelgeschäften zu finden. Aus den Kernen lassen sich Pflänzchen ziehen, die nach ein paar Jahren im Kübelkultur später in den Garten ausgepflanzt werden können. In unserem Klima kommt die Pflanze allerdings nur in äußerst warmen Wintern zur Fruchtbildung, da sie im Nachwinter blüht und die Blüten bei zu starkem Frost zerstört werden.

Die leuchtend orangeroten, tomatenförmigen Khaki-Früchte mit glänzender Schale kennt man als Vitaminlieferanten aus dem Supermarkt. Gut sortierte Gärtnereien bieten inzwischen Jungpflanzen von *Diospyros kaki* an, die Temperaturen bis zu -15 Grad Celsius überstehen sollen, also auch für unsere Gärten geeignet sind. Ähnlich frosthart ist die Indianerbanane (*Asimina triloba*), auch als Paw-Paw bekannt, mit ihren exotischen Früchten. Deren Geschmacksmix aus Banane, Mango, Ananas und Vanille weckt Entdeckerfreuden. Die bohnenförmigen Früchte werden im Laufe des Oktober reif und können zu feinen Desserts und Kuchen verarbeitet werden. Mit schönen Glöckchenblüten im Frühjahr und goldgelber Herbstfärbung schmückt das Gehölz jeden mediterranen Ziergarten. Es ist widerstandsfähig gegen Krankheiten und Schädlinge und damit ideal für deutsche Gärten, in denen die Früchte des Südens reifen sollen. Nur wenige Sorten sind selbstfruchtbar.

Gartenideen der anderen Art

Liebhaber haben alle etwas gemeinsam: Hingabe und haltlose Begeisterung für ihre Objekte der Begierde. Wer Gefallen an mediterran wirkenden Gestaltungsideen hat, findet hier reichlich Gegenstand für seine Begeisterung. Wenn man im Süden Urlaub macht, dann kennt man nicht nur die typische Landschaft, sondern auch die ungewöhnlichen Seiten des Landes. Zum Beispiel gibt im Süden viele Kakteen- und Sukkulentengärten – und ebenso viele Gärten, in denen ungewöhnliche künstlerische Gestaltungsideen in Szene gesetzt werden. Eine bekannte Verbindung von beidem ist zum Beispiel der Majorelle-Garten in Marrakesch, dem der Modeschöpfer Yves Saint-Laurent vor

Alte Sandsteinfiguren oder Terrakotta – der Sammelleidenschaft sind keine Grenzen gesetzt.

mehr als zwei Jahrzehnten neues Leben eingehaucht hat. Dessen leuchtendes Blau, die Wasserbecken und die seltsamen Kakteen geben ihm ein unverwechselbares Gesicht. Solche extravaganten Lösungen sollten Gartenbesitzer hierzulande anspornen, etwas ebenso Aufregendes und Besonderes zu schaffen. Kakteensammler zum Beispiel können aus ihrem Garten im Sommer eine echte Wüstenlandschaft machen. Kakteen wollen hell und kühl überwintert werden, aber

ab dem Frühjahr fühlen sie sich im Freien am wohlsten. Man kann die Töpfe dann in Beete mit Sand einsenken. Als winterharte Pflanzpartner eignen sich zum Beispiel trockenheitsliebende Stauden und Freilandsukkulenten wie Hauswurz (*Sempervivum*) und verschiedene Arten der Fetthenne (*Sedum*). Wer sich für solche „Extremlösungen" begeistern kann, sollte sich klarmachen, dass man die Umgebung entsprechend anpassen muss. Ein Kakteenbeet in einem Garten, der Japanische Fächer-Ahorne oder Obstbäume enthält, wirkt völlig fehl am Platz und wird immer wie ein Fremdkörper wirken. Wenn Sie sich aber entschließen, den ganzen Garten oder aber einen abgeschlossenen Teilbereich in eine ganz andere Welt zu verwandeln, ist die Wirkung überwältigend. Zu viel gefälliges Grün tut den bizarren Kakteengestalten nicht gut, aber mit einer kargen Rahmenbepflanzung und hellen Bodenbelägen, mit Felsen, grobem Kies und Sand kann man ihre Wirkung passend betonen.

ORIGINELLE LÖSUNGEN FÜR MUTIGE GARTENBESITZER

Aber es müssen nicht immer Pflanzen sein. Man kann einen mediterran wirkenden Garten auch nutzen, um Dekorationsgegenstände darin zu versammeln. Natürlich sollten diese auch an den Mittelmeerraum erinnern. Terrakotta in Form von Töpfen und Figuren eignet sich besonders gut. Aber auch typische Bräuche aus mediterranen Gärten und Städten lassen sich kopieren. So wirkt eine weiße Mauer, über und über mit Töpfen behängt, in denen Geranien wachsen, sehr originell. Man darf sich bei der Ideenfindung für den Liebhabergarten nicht an einem herrschenden Geschmack orientieren: Hier kann man wirklich individuell sein und manchen Gartentraum in die Tat umsetzen. Weitere Ideen dazu finden Sie auch im Kapitel „Gärten mediterran gestalten" ab Seite 76.

Rechts: Kiesgärten gehören zu den selteneren Liebhaberthemen. Hier gedeihen verschiedene Arten von Heiligenkraut (Santolina) und Edeldisteln (Eryngium).

Das individuelle Mobiliar

Nicht allein der individuelle Entwurf macht einen Garten unverwechselbar. Wenn es um die Wirkung eines Gartens geht, spielen Pflanzen, Mobiliar und Accessoires eine wesentliche Rolle. Die Anordnung und Ausgestaltung kleinerer baulicher Elemente, die Form von Möbeln, das Material von Bodenbelägen und die Auswahl der Dekorationsgegenstände machen den Garten erst zum Ausdruck der eigenen Persönlichkeit. Während das Repertoire der Ausstattung für den klassischen mediterranen Garten auf Elemente mit einer ebenso klassischen wie zeitlosen Formensprache begrenzt ist und der moderne mediterrane Garten durch die Festlegung auf zeitgenössisches Design ebenfalls klar eingegrenzt ist, bietet der Liebhabergarten unendliche Möglichkeiten. Unter ihnen können natürlich auch extreme und unter Umständen sogar spleenige Lösungen vertreten sein. Für das Mobiliar kann Ihnen folgende Liste eine Anregung sein – eine Liste, auf der Sie auch Ideen finden werden, die Sie in diesem Buch vielleicht nicht erwartet hätten. Aber dem Liebhaber ist das Ungewöhnliche eben besonders nah …

IDEEN FÜR UNGEWÖHNLICHE LIEBHABERGÄRTEN

❧ Der Entdeckergarten: Stellen Sie sich vor, Sie sind am Strand einer tropischen Insel angekommen. Was würde Sie erwarten? Einen warmem Sandstrand, einige wie zufällig angeordnete Felsen und einen üppigen Dschungel aus tropisch wirkenden Gewächsen. In der Umsetzung könnten Sie den Garten als Lichtung inszenieren.

❧ Der Wüstengarten: Sie sammeln Kakteen und möchten sie wie in einem mediterranen Kakteengarten präsentieren? Dann können Sie die Pflanzen in einer naturnah und eher wüstenartig wirkenden Umgebung anordnen.

Kakteen wirken besonders gut mit Lavagestein und schönen Felsbrocken. Aber auch moderne Metallskulpturen aus unbehandeltem Cortenstahl passen gut in das Bild. Was das Mobiliar betrifft, können hier Möbel in Naturfarben mit Weidengeflechtoptik passend sein. Sie lenken nicht von den Pflanzen ab. Wer es etwas moderner mag, kann auch bunte Kiessorten oder Glasbruch für die Abdeckung der Beete verwenden.

❖ Der Kiesgarten: Die Vorteile dieses besonders durch die britische Gärtnerin Beth Chatto propagierten Typs liegen auf der Hand: Weil trockenheitsliebende Pflanzen eingesetzt werden, hat man keine Arbeit mit dem Wässern. Ein weiterer Vorteil ist die Tatsache, dass die dicke Kiesabdeckung das Aufkommen von Unkraut wirkungsvoll unterdrückt.

Kiesgärten sind ideal für Sammler von trockenheitsliebenden Gewächsen – davon gibt es ausreichend winterharte Arten in jeder Staudengärtnerei. Wichtig ist die Farbe des Kieses, da er die Stimmung der Beete dominiert. Für das Mobiliar empfehlen sich Möbel mit klarer Linienführung; einen Kontrapunkt bilden Fundstücke wie Treibholz oder Muschelschalen, die man im Fachhandel als Beetbelag kaufen kann.

❖ Der Kübelpflanzengarten: Hier haben Sie Mobiliar und Garten in einem. Wer sich auf Kübelpflanzen spezialisiert hat, kann ihnen auf ganz verschiedene Arten gestalterisch gerecht werden. Es reicht zum Beispiel schon ein kleiner sonniger Innenhof. Ihn kann man mit einer Sammlung erlesener Gewächse in edler Terrakotta schnell und unkompliziert in ein mediterranes Urlaubsparadies verwandeln.

Kübelpflanzen können aber auch sehr gut als gestalterisches Element im Garten eingesetzt werden. Vor einer passend gelb oder orange gestrichenen Hausmauer aufgestellt wirken sie besonders schön. Sehr ordentlich wirken Reihen von ähnlich gewachsenen Kübelpflanzen in gleich großen Gefäßen, in Reihe aufgestellt.

Links: Inmitten bei uns weitverbreiteter Gartenpflanzen wachsen auch einige Exoten. Der Mosaiktisch unterstreicht die Wirkung eines Dschungels dezent, aber unverkennbar mediterran.

So bunt kann ein Liebhabergarten sein. Bodenbeläge wie Glas oder Farbkies prägen wie der Teppich in der Wohnung.

Wenn Sie Fantasie haben, können Sie diese Liste fast unendlich fortsetzen. Auch wenn Sie keiner Sammelleidenschaft für Kunst oder Pflanzen verfallen sind, können Sie sich vielleicht dafür begeistern, Ihren mediterranen Traumgarten unter ein besonderes Motto zu stellen. Und dann stimmen Sie das Mobiliar darauf ab. Ehrlicherweise geht es auch andersherum: Manchmal sind die besten Gärten jene, für deren Anlage es einen guten Grund gab!

MOBILIAR UND IDEE

Wenn Sie Ihren Garten planen, können Sie auf passende Einrichtungsgegenstände aus dem Fachhandel zurückgreifen. Pavillons, Möbel, Pflanzgefäße und Accessoires, die zu mediterranen Gartenideen passen, sind inzwischen in großer Zahl erhältlich – auch weil die Hersteller zum großen Teil aus Italien stammen. Versuchen Sie, in allen Bereichen und mit jedem Einrichtungsgegenstand die angestrebte Stimmung zu unterstreichen. Helfen kann unter Umständen auch ein versierter Gartenberater.

MEDITERRANE
GÄRTEN GESTALTEN

Sitzplätze und Mobiliar

Alle mediterranen Gärten haben eines gemeinsam: die Liebe ihrer Besitzer zum unbeschwerten Leben im Freien. Da spielen gemütliche und stilvolle Sitzplätze natürlich eine wichtige Rolle.

Ein Sitzplatz ist in der Regel das Zentrum der Aktivität im Garten. Hier kommt man nicht zusammen, um all die üblichen Gartenarbeiten zu erledigen, sondern ausschließlich mit einem Vorhaben: hier die schönsten Stunden des Tages zu verbringen. Ein solcher Sitzplatz muss je nach Ihren Wünschen auch ganz verschiedene Anforderungen erfüllen. Es gibt Plätze zum Relaxen, auf denen Sie bequeme Liegen aufstellen werden. Sie können in der Sonne oder im Schatten liegen, damit man im letzteren Fall auch an heißen Tagen einen angenehmen Aufenthaltsort hat. Aber vielleicht wollen Sie auch einen Essplatz, der Raum für gemeinsame Abende im Kreis Ihrer Freunde und Bekannten bietet. Dann brauchen Sie Platz für einen großen Tisch und viele Stühle. Oder Sie bevorzugen eine ziemlich intime Lösung: eine Lounge mit sehr komfortablen Möbeln, die an Bequemlichkeit auch Ihrer Sofagarnitur im Wohnzimmer in nichts nachstehen. Gerade in diesem Bereich hat sich in der Gartenmöbelindustrie sehr viel getan.

RAUM IMMER OPTIMAL NUTZEN

Wichtig ist bei jedem Sitzplatz, dass er in einem vernünftigen Verhältnis zur Größe des Gartens steht. Wenn Sie einen sehr kleinen Garten haben, kann es durchaus sinnvoll sein, in der Raumausnutzung sozusagen dem Prinzip „Flucht nach vorn" zu folgen. Gerade in Reihen-hausgärten oder kleinen Innenhöfen ist es unmöglich, ausgedehnte Pflanzungen und einen geräumigen Sitzplatz zu haben. Dafür ist aber die vermeintliche Enge der Raumsituation ein unschätzbarer Vorteil. Machen Sie aus dem Garten ein Wohnzimmer, eine Lounge oder ein Esszimmer und verzichten Sie ganz bewusst auf all das, was Sie in einem Garten sonst unterbringen würden. Die Beschränkung auf eine bestimmte Nutzung und ihre konsequente Umsetzung sind sehr selten in privaten Gärten zu finden. Wenn sich aber doch einmal jemand zu diesem als ungewöhnlich empfundenen Weg entschließt, wird er bei Besuchern immer viel Lob für die wunderbare Atmosphäre in seinem Wohnbereich im Grünen ernten.

Das Mobiliar prägt das Gesicht des Gartens, muss aber auch einen praktischen Zweck erfüllen: Überlegen Sie darum zunächst, was Sie zum Beispiel an Ihrem Sitzplatz tun wollen. Wenn Sie eine Lounge einrichten wollen, dann messen Sie einfach die Größe Ihrer Wunschgarnitur ab und bilden Sie deren Maße mit farbigen Seilen oder Klebeband im Garten ab. Bei einem Essplatz könnten Sie auch einfach den Küchentisch und ausreichend viele Stühle ins Freie räumen und sehen, wie viel Platz Sie drum herum brauchen, um es bequem und vor allem praktisch zu haben. So gewinnen Sie wertvolle Anhaltspunkte über die Dimensionen Ihres Platzes. Denn nichts ist schlimmer als eine Terrasse, auf der man beengt sitzen muss.

Heiligenkraut (Santolina) wird wie Lavendel gepflegt und geschnitten. Es duftet herb.

Ein geschützter Sitzplatz

Im Mittelmeerraum spielt sich der größte Teil des alltäglichen Lebens im Freien ab, das milde Klima und die langen beständigen Trockenperioden machen den Garten zum beliebtesten Treffpunkt für erholsame Stunden. Im Schatten von Mauern, Bäumen und Pergolen kann man an heißen Sommertagen gut sitzen. Das ist auch ein Vorbild für moderne Wellness-Gärten, die aber nichts anderes als beliebige Gärten mit neuer Nutzungsidee sind. Der klassische mediterrane Garten verbindet aber Elemente verschiedener Kulturkreise zu einem spezifischen mediterranen Stil. Die nachfolgend gezeigten Gestaltungsideen lassen sich mühelos auf die Gärten unserer Region übertragen. Sie werden sehen: Neben einer klaren Formensprache und Raumaufteilung spielen die Auswahl und Verwendung von Materialien und eine ein-

fühlsame Bepflanzung eine wesentliche Rolle bei der Planung von Sitzplätzen. Wie die in diesem Buch vorgestellten Gärten zeigen, ergibt sich erst aus dem Zusammenspiel von Formen, Farben und Materialien ein harmonisches Bild, das an die Gärten des Südens denken lässt.

NATURSTEINE SORGEN FÜR BEHAGLICHKEIT

Zu den prägenden Elementen des klassischen mediterranen Gartens gehören Mauern. Das Beispiel unten zeigt, wie sich mithilfe von niedrigen Stützmauern und hohen frei stehenden Natursteinmauern geschützte Gartenräume schaffen lassen. Traditionell wurden Natursteinmauern im Mittelmeerraum eingesetzt, um Oliven- oder Zitrushaine, Nutz- und Ziergärten zu terrassieren.

Lokale Natursteinvorkommen wurden genutzt um mithilfe der dort gewonnenen Bruchsteine Stützmauern zu errichten. Im modernen Privatgarten gliedern Mauern den Raum, begrenzen

Eingebettet zwischen Stützmauer und Treppenanlage liegt ein schmaler, künstlich angelegter Bachlauf.

Im Schatten einer Mauer aus Natursteinen findet sich der Sitzplatz im klassischen mediterranen Stil.

ihn nach außen und helfen auch hier, Höhenunterschiede auszugleichen. Zu unterscheiden ist zwischen frei stehenden Mauern und Stützmauern. Während in unserem Beispiel die rückwärtige frei stehende Mauer den intimen Sitzplatz vor Einblicken und Lärm schützt, gliedern die Stützmauern unterschiedlicher Höhe den Raum im Inneren. Eine gute Alternative zu frei stehenden Mauern sind hohe immergrüne Formhekken oder Rankgerüste aus Holz oder Metall. Eine ebenfalls aus Naturstein angelegte pittoreske Treppe, begleitet von einem schmalen, künstlich angelegten Bachlauf, verbindet den Sitzplatz mit den höher gelegenen Gartenräumen. Beispielhaft ist, dass die Strenge der mächtigen Natursteinmauern durch eine üppige, natürlich wirkende Bepflanzung gebrochen wird. Anstelle der für den Mittelmeerraum so typischen Pflanzen wie Bougainvilleen, Weinreben oder Orangenbäumen wurden neben Schmetterlingsflieder (*Buddleja davidii*) weiß blühende Rambler-, Kletter- und Strauchrosen gepflanzt. Die Kronen

der Stützmauern sind von üppig wachsenden trockenheitsliebenden Kleingehölzen wie Lavendel und Stauden wie dem Sonnenröschen (*Helianthemum*) umspielt. Ergänzt wird die Bepflanzung durch punktuell eingesetzte, mit Sommerblumen bepflanzte Kübel. Besonders diese Mischung aus Strenge und Nachlässigkeit ist es, die den Sitzplatz wie ein verwunschenes Paradies erscheinen lässt. Gönnen Sie sich und Ihrem Garten ein wenig Laisser-faire, die typisch südländische Gelassenheit!

Links: Klare Linien und warme Farben prägen den Charakter dieses klasssichen Sitzplatzes. Umspielt wird der Platz von üppig blühenden Rosen.

MEDITERRANE MAUERN

Bei Stützmauern unterscheidet man zwischen Mauern, bei denen die Steine mit Speis oder Mörtel fest verbunden sind, und Trockenmauern, bei denen die Steine ohne Bindemittel schichtenweise aufeinandergelegt werden und deren Fugen mit Steingewächsen bepflanzt werden. Bei der Anlage von Stützmauern ist darauf zu achten, hinter der eigentlichen Mauer eine Dränageschicht aus Kies und Sand anzulegen, über die das Wasser des anstehenden Erdreichs abgeleitet wird.

Mediterranes Flair auf kleinem Raum

Steht Ihnen nur ein kleiner Innenhof oder eine Dachterrasse zur Verfügung? Kein Problem! Lassen Sie sich nicht entmutigen. Auch auf der kleinsten Fläche lässt sich eine klassische mediterrane Oase zaubern. Die beiden hier vorgestellten Gartenräume zeigen es. Der klassische mediterrane Garten hält so viele Gestaltungsideen bereit, dass sich hier sicher auch etwas für Ihren Garten finden lässt. Der keine Innenhof im Bild unten ist ganz der maurischen Tradition verpflichtet. Im Zentrum des Innenhofs findet sich ein prächtiges, sternförmiges Brunnenbekken aus blauen und weißen Mosaikfliesen. An heißen Sommertagen sorgt das kühle Nass für eine angenehme Erfrischung und eine akus-

eines maurischen Fensters geformte Öffnung in der Wand greift ein weiteres Element des klassischen mediterranen Gartens auf. Das Beispiel zeigt, dass es manchmal nur ein wenig Farbe und einiger weniger Elemente bedarf, um aus einem schlichten Innenhof ein mediterranes Paradies werden zu lassen.

Innenhöfe eignen sich besonders gut, da hier, anders als bei einer Dachterrasse, die unmittelbare Umgebung durch den Sichtschutz aus Mauern nicht sichtbar ist. Ob sich dieser Innenhof in einer Stadt in Deutschland oder im Süden Spaniens befindet, lässt sich nur schwer sagen.

DEM HIMMEL SO NAH

Ganz anders präsentiert sich der Sitzplatz im Bild rechts. Hier wurden Elemente des klassischen mediterranen Gartens aufgegriffen, wie wir sie verstärkt in Frankreich oder in Italien finden. Durch die zurückhaltende Möblierung wirkt die kleine Dachterrasse großzügig, luftig und hell. Auch hier sind es nur wenige Elemente, die der Terrasse einen mediterranen Charakter verleihen, so die großen, hellgrau gestrichenen hölzernen Pflanzkübel, die mit Olivenbäumen und duftendem Lavendel bepflanzt sind, oder die zierlichen mobilen Gartenmöbel aus Holz und Metall. Das Thema Farbe wird hier nur sehr zurückhaltend eingesetzt.

Anstelle von kräftigem Terrakotta und Blau dominieren hier die Farben Silber, Weiß und Grau, kombiniert mit zartem Blauviolett. Das silbrige Laub der Pflanzen findet sich im Grauton des patinierten Holzes des Bodenbelags. Die Olivenbäume am Rande der Brüstung geben dem Sitzplatz einen attraktiven, lebendigen Rahmen und verstärken den wohnlichen Charakter. Sie richten den Fokus der Wahrnehmung damit stärker auf den Innenraum. Wie durch einen lichten Vorhang öffnen sich immer wieder Sichtfenster, durch die der Blick auf die mächtigen Laubbäume der näheren Umgebung geht.

Maurischen Traditionen verpflichtet ist dieser kleine in Terrakottatönen gehaltene Innenhof. Im Zentrum ein sternförmiges Brunnenbecken.

tische Untermalung. Die blauen und weißen Mosaikfliesen finden sich an verschiedenen Stellen des Innenhofs wieder, im Bereich der Treppe sowie als Dekorationselement der Tischplatte. Im schönen Kontrast zu diesen klaren Farben steht das warme Terracottarot des Wandanstrichs und des Bodenbelags. Unterstützt wird dies durch zahllose Terrakottakübel, in denen Zitonen, Bougainvilleen, Palmen und mediterrane Kräuter ihren Platz finden. Eine in Form

Rechts: Leben wie Gott in Frankreich! Ölbäume und Lavendel in großen hellgrau gestrichenen Holzkübeln vermitteln ein Gefühl mediterraner Leichtigkeit.

Die Terrasse aus hell-
grauen Natursteinplat-
ten wird von quadrati-
schen, mit immergrünen
Gehölzen bepflanzten
Beeten unterbrochen.
Die Wahl der Farben
und Materialien
erzeugt Strenge.

Flächengestaltung klassisch mediterran

Lassen Sie den Raum in seiner ganzen Größe wirken! Das ist eine gute Faustregel für die Gestaltung klassische mediterraner Sitzplätze. Die beiden Gartenbeispiele zeigen es: Hier wurden nicht nur die eigentlichen Sitzplätze mit großformatigen Natursteinplatten befestigt, sondern darüber hinaus weite Teile des zur Verfügung stehenden Gartenraums. Der Charakter des Gartens erinnert mehr an einen Innenhof als an einen Garten im eigentlichen Sinne. Aber gerade bei kleinen Gärten entsteht durch die Erweiterung der Terrassenfläche ein großzügigerer Raumeindruck. So bleibt viel Platz zum Leben, Feiern und Genießen. Ob als Raum zum Flanieren, als Rückzugsort für stille Stunden oder als Salon für prächtige Gartenfeste, hier bleibt kein Wunsch unerfüllt.
Und noch etwas ist zu beobachten: Durch die Beschränkung auf wenige, kleinere Pflanzflä-

chen rückt das einzelne Gehölz, die Staude oder die Zwiebelpflanze stärker in den Fokus der Betrachtung, bekommt die einzelne Pflanze mehr Aufmerksamkeit, als wenn sie ein Teil eines großen Ganzen wäre. Daraus folgt aber auch, dass der Auswahl der Pflanzen hier eine größere Aufmerksamkeit gewidmet werden muss, schließlich sind diese zu allen Jahreszeiten und von allen Seiten gut zu sehen.

IMMER AUF AUGENHÖHE

Wie unterschiedlich klassische mediterrane Sitzplätze auch bei ähnlicher Raumaufteilung wirken können, zeigen die hier vorgestellten Gärten. Sie verdeutlichen auf anschauliche Weise, dass die Wirkung eines Gartenraums sich aus vielen verschiedenen Bausteinen zusammensetzt. Dazu gehört neben der Raumaufteilung vor allem die Auswahl der Materialien, der Farben und der Pflanzen. Während der Garten rechts oben Wärme und Lebensfreude vermittelt, lässt der Garten oben in seiner formalen Strenge und zurückgenommenen Farbigkeit eher an einen Klosterhof denken. Die hellgrauen, quadrati-

schen Natursteinplatten werden immer wieder von quadratischen Pflanzbeeten unterbrochen, die in wechselnder Abfolge mit je vier Buchskugeln und Buchshecken und Rosmarin bepflanzt sind. Im Zentrum der Beete wachsen kugelförmig geschnittene *Euonymus*-Hochstämme, welche dem Garten auch in der höheren Ebene Struktur geben. Eine Idee für alle, die das Spiel mit Formen lieben und sich einen ganzjährig ansprechenden Garten wünschen! Ganz anders präsentiert sich der Garten oben. Hier dominieren warme Farben und weiche fließende Übergänge. Der helle gelblich beige Farbton der Bodenplatten steht dabei in einem schönen Kontrast zu den zarten Violett- und Mauvetönen der Blütenpflanzen und der zierlichen Gartenmöbel. Auch hier sind Pflanzflächen in die großzügige Hoffläche eingelassen. Anders aber als im Beispiel oben links wird die strenge Form der Aussparungen hier nicht durch Formgehölze unterstrichen, sondern im Gegenteil durch polsterartig wachsende Stauden gebrochen. Die höhere Ebene bilden einzelne hochstämmige Gehölze, welche den Sitzplatz an heißen Sommertagen leicht beschatten. Eingefasst

wird der Sitzplatz durch eine niedrige Stützmauer aus braunen, gelben und rötlichen Klinkern. Die höher gelegenen, mit gelb, weiß und violett blühenden Stauden und Ein- und Zweijährigen bepflanzten Beete befinden sich somit direkt in Augenhöhe der Gartengäste.
Ein Genuss für alle Sinne! Ergänzt wird die Einrichtung des Gartens durch Kübelpflanzen wie die Agave in einer steinernen, historisch wirkenden Vase.

TIPP

Nehmen Sie einfach einmal eine Platte aus dem Bodenbelag heraus: Kies und Sand darunter lassen und trockenheitsliebende Stauden und Gehölze pflanzen. Sie werden sehen, sofort verändert sich der Charakter Ihres Gartens. Mediterrane Leichtigkeit entfaltet sich.

Mediterran und modern zugleich

Sie lieben modernes Design, sind zugleich aber auch fasziniert von der Wärme und der Wohnlichkeit mediterraner Gärten? Dann sind Sie hier genau richtig. Während modernes Design nördlich der Alpen bis vor wenigen Jahren stets streng, kühl und minimalistisch daherkam, ist der Mittelmeerraum von jeher eine Quelle moderner Wohnideen, die sich durch ihre Leichtigkeit und Lebensfreude auszeichnen. Manchmal kühn in der Linienführung, dann wieder erfrischend verspielt macht mediterranes Design Lust auf modernes Wohnen – ganz gleich ob innen oder außen.

oder die Küche – alles angepasst an die Bedingungen im Freien und bereichert durch die Welt der Pflanzen. Einzelne Nutzungsbereiche, wie im Beispiel rechts die großzügige hausnahe Terrasse, werden durch unterschiedliche Materialien klar voneinander abgegrenzt. Durch die leichte Erhöhung des Holzdecks wird der Eindruck eines separaten Wohnraums noch verstärkt. Wie ein grüner Teppich liegt die Rasenfläche vor dem Sitzplatz und markiert einen anderen Nutzungsbereich.

INTERESSANTES WECHSELSPIEL VON FLÄCHEN UND LINIEN

Unterbrochen wird die gleichmäßig grüne Fläche nur durch Buchskugeln entlang des Weges und die schlanken Stämme der schmalblättrigen Ölweiden (*Elaeagnus angustifolia*). Mit seinem schmalen silbrigen Laub verweist die Ölweide auf die Flora des Mittelmeerraums. Im Mai und Juni erscheinen unzählige Blüten, die einen intensiven Duft verströmen. Wichtig ist, dass die Kronen regelmäßig ausgelichtet werden, damit der lockere Habitus der Bäume erhalten bleibt. Eine gute Alternative ist die Weidenblatt-Birne (*Pyrus salicifolia*), die ein ähnliches Erscheinungsbild zeigt. Weitere typische Pflanzen des modernen mediterranen Gartens sind graulaubige Stauden und Gehölze wie Lavendel, Wollziest sowie Gräser. Charakteristisch für den modernen mediterranen Wohngarten ist der Wechsel von linearen und flächigen, horizontalen und vertikalen Strukturen. Schlanke Baumstämme, Pflasterbänder und säulenförmige Gehölze kontrastieren dabei mit flachen Buchskissen und flächigen Stauden- oder Gräserpflanzungen, Terrassen- und Rasenflächen oder Mauern. So schwierig es ist, hier ist es wichtig, sich auf wenige ausgewählte Pflanzen und Farben zu beschränken. Die Schönheit der einzelnen Pflanze tritt hier bewusst hinter der Gesamtwirkung der Gruppe zurück.

Bei der Bepflanzung gilt: weniger ist mehr. Ein gutes Beispiel sind die flächigen Pflanzungen aus blau blühendem Lavendel und Buchs.

Modern und zugleich mediterran? Was auf den ersten Blick als Widerspruch erscheint, eröffnet ganz neue Möglichkeiten des Wohnens. Zu den wichtigsten Merkmalen des modernen mediterranen Wohngartens gehört es, dass die Grundsätze der Innenraumgestaltung wie Flächenaufteilung, Raumabgrenzung und Möblierung auf den Außenraum übertragen werden. So findet sich im modernen mediterranen Garten das Esszimmer ebenso wieder wie das Wohnzimmer

Rechts: Die hausnahe Holzterrasse bietet viel Raum für gesellige Stunden. Wie im Innenraum wird auch das Esszimmer im Freien mit Kübelpflanzen begrünt.

Kaminzimmer im eigenen Garten

Feuer gehört zur Entwicklung der Menschheit wie kaum ein anderes Element. Der Mensch hat über die Jahrtausende gelernt, das Feuer zu bändigen, zu bewahren und selbst zu erzeugen. Aus der Notwendigkeit, die Flammen zu hüten, ist im Laufe der Zeit ein Vergnügen geworden, das Feuer zu schüren: Niemand kann sich seiner Faszination und der Gemütlichkeit eines Kamins oder Lagerfeuers entziehen. Deshalb gehört Feuer zu den "lebendigsten" Einrichtungsideen für den modernen mediterranen Garten. In gebändigter Form lässt es sich leicht integrieren. Als fest integrierter Außenkamin wie hier im Beispiel, moderne Feuerschale oder Kaminofen aus Cortenstahl oder Edelstahl verzaubert Feuer den nächtlichen Garten. Der Feuerplatz wird garantiert in kürzester Zeit zum Mittelpunkt Ihres Gartenlebens. Das

Feuer verbreitet wohlige Wärme. Am Abend taucht es den Garten in ein warmes Licht. In kleiner Runde oder bei der Gartenparty – der Feuerplatz lädt zum gemütlichen Beisammensein ein. Am wärmenden Feuer lässt sich der sommerliche Garten auch nördlich der Alpen bis spät in den Abend genießen. Offene Feuerstellen und Kaminplätze haben aber nicht nur im Sommer Saison. Die wohlige Wärme eines knisternden Feuers verbreitet während des gesamten Gartenjahres stilvolle Gemütlichkeit.

FEUER IM GARTEN

Gerade bei der Planung eines Feuerplatzes im modernen mediterranen Garten müssen Gestaltung und Sicherheit Hand in Hand gehen:
❀ Der Feuerplatz muss in ausreichendem Sicherheitsabstand zu Gebäuden und auch zu Pflanzen liegen.
❀ Auch im Freien darf offenes Feuer nur unter Aufsicht betrieben werden. Am Ende des Abends muss das Feuer vollständig gelöscht werden.

Der moderne Gartenkamin steht in einer Achse mit dem zentralen Tisch der Terrasse.

Hellgrau gestrichene Mauern am Kamin werden in Form kleiner Nischen und Sitzbänke auch in anderen Bereichen aufgegriffen.

❧ Bei Kaminöfen im Garten sind hochformatige Feuerräume mit Muldenfeuerung optimal. Eine Abgasführung über Kopfhöhe garantiert einen einwandfreien Rauchabzug und verhindert Rauchbelästigung.

Besonders im modernen mediterranen Garten ist es wichtig, dass sich die Feuerstelle harmonisch in die Gesamtgestaltung einfügt. In dem abgebildeten Garten wurde dies dadurch gelöst, dass die umlaufenden Stützmauern, der schlichte hohe Kamin und die sich seitlich anschließende Sitzbank in Material und Farbgebung einheitlich gestaltet wurden. Die hellgrauen glatten Mauerflächen stehen dabei in schönem Kontrast zu den historischen Klinkermauern, die den Gartenraum nach außen

begrenzen. Ist es in Ihrem Garten nicht möglich, einen fest integrierten Kamin einzubauen, bieten neuerdings transportable Feuerschalen oder auch Brenntische aus Edelstahl und sogar Gartenfackeln eine stilvolle Alternative.

Links: Der moderne Kamin ist der zentrale Blickpunkt des kleinen, von Klinkermauern eingefassten Innenhofgartens. Am Feuer kann man lange draußen sitzen.

TIPP

Für das Feuer im Garten eignen sich insbesondere die Holzsorten Buche und Eiche. Sie enthalten kein Harz, was ein ruhiges Abbrennen gewährleistet. Brennholz muss trocken und mindestens zwei Jahre abgelagert sein. Wenn Sie sich einen Feuerplatz im Garten planen, denken Sie auch an einen Platz für das Feuerholz.

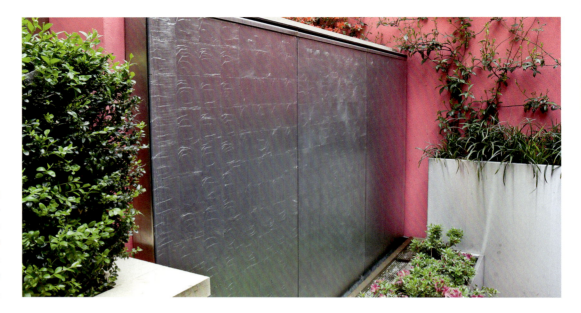

In einem dünnen Film fließt das Wasser gleichmäßig an der Metallwand herab. Auf der Wasseroberfläche spiegelt sich das Licht der Sonnenstrahlen.

Raum für moderne Gartenideen

Gerade im modernen mediterranen Garten ist heute Individualität gefragt. Da liegt es nahe, auch einmal unkonventionelle Gartenideen zu entwickeln und umzusetzen. Der Mittelmeerraum gibt uns da unzählige Anregungen, von kräftigen Farben über individuelle Ideen für Sitzbänke oder Pflanzkübel bis hin zu ausgefallenen Ideen bei der Verwendung des nassen Elements. So individuell die Bewohner, so individuell auch ihre Gärten. Über den Geschmack darf man dann ruhig einmal streiten. Insbesondere kreative Menschen wünschen sich einen modernen Garten, der sowohl ihre individuelle Persönlichkeit spiegelt als auch klar strukturiert ist.

Der hier vorgestellte Garten wird beim ersten Betrachten vor allem durch das kräftige Rosarot der Wände dominiert. Auf den zweiten und dritten Blick erst erschließt sich die Raffinesse und Kunst, mit der hier nach den Regeln des modernen mediterranen Wohngartens flächige und lineare Elemente komponiert wurden. Klar gegliedert überzeugt der Entwurf durch seine Konsequenz in der Beschränkung auf wenige Farben und Formen, seine hochwertigen Materialien und die Ausgewogenheit der Proportionen. Tätsächlich ist eine optimale Flächennutzung und eine gestalterische Eindeutigkeit gerade da wichtig, wo nur wenig Platz zur Verfügung steht. Vom Wohnraum im Haus betrachtet wirkt der kleine Garten zunächst wie ein begehbares Bild. Durch Schiebetüren öffnet sich der Wohnraum auf ganzer Breite und Wohnzimmer und Holzterrasse verschmelzen zu einem großen Raum, was die Kleinräumigkeit des Gartens aufhebt. Die kräftigen Farben finden sich auch in der Inneneinrichtung wieder.

ENTDECKEN SIE DAS GEHEIMNIS DER FARBE FÜR SICH!

Der kleine Hofgarten macht das Träumen vom Süden leicht. Nicht immer bedarf es aufwendiger oder teurer Gestaltungselemente, um Räume zu schaffen, welche die Fantasie anregen und die Gedanken auf die Reise in den Süden schicken. Unkonventionelle Gartenideen lassen sich häufig auch mit den einfachsten Mitteln umsetzen. In diesem Garten steht die Wirkung der Farbe

Rechts: Außergewöhnliche Menschen brauchen auch außergewöhnliche Gartenideen. Vielfältige Gestaltungsmöglichkeiten eröffnen sich durch den mutigen Einsatz von farbigen Wänden und Wasser im Garten.

an erster Stelle. Das kräftige Rosarot erinnert an die Blütenfarben der Bougainvilleen des Mittelmeerraums. Zugleich wird mit der farbigen Wandgestaltung ein Trend der modernen Inneneinrichtung aufgegriffen. Auch hier finden wir vermehrt farbige Wände. Durch die Kombination mit neutralen Farben wie dem Silbergrau der rechteckigen Pflanzgefäße und der Wasserwand und dem Graubeige des Holzdecks wird ein gestalterischer Kontrapunkt gesetzt.

SPANNUNG ZWISCHEN RUHE UND BEWEGUNG

Nur wenig erinnert in diesem Zimmer im Freien an einen Garten, kein Rasen, kein Baum weit und breit. Stattdessen sind die freien Flächen konsequent architektonisch gestaltet. Darin eingebunden sind aber sehr wohl Elemente gärtnerischer Kunst, sorgfältig ausgewählt und präsentiert. An beiden Längsseiten der Holzterrasse finden sich halbhohe kubische Pflanzgefäße. In ihnen wachsen blauviolett blühende Kletter-

pflanzen, die entlang der Wand gezogen werden. Der Fuß der Kletterpflanzen ist mit Ziergräsern und blauviolett blühenden Stauden bepflanzt. Die Pflanzen brechen dabei die harten Linien. Den Gestaltungsgrundsätzen des modernen Gartens folgend, wurde jeweils nur eine Pflanzenart pro Pflanzgefäß ausgewählt. Die Gestaltung spielt bewusst mit dem Wechsel von frei wachsenden Pflanzen und Formgehölzen, dem Spiel von Statik und Bewegung.

Die Kubusform der Pflanzgefäße wird in Form eines Buchsquaders im Übergangsbereich zum hinteren Gartenteil wieder aufgegriffen. Das Motiv der Bewegung findet sich aber vor allem in Gestalt einer Wasserwand wieder. Gleichmäßig strömt das Wasser und fließt in einem dünnen Film an der verzinkten Stahlwand hinab. Wasser steht wie kaum ein anderes Element für die Lebendigkeit und Veränderlichkeit der Natur. Darüber hinaus reflektiert der dünne Wasserfilm das einstrahlende Sonnenlicht und bringt so mehr Licht in den Gartenraum und die angrenzenden Wohnräume im Haus.

Viele Blüten wie die der alten Wickensorte 'Matucana' erstrahlen in kräftigen Farben.

Materialien für Bodenbeläge

1 **Formenreichtum** ist ein Charakteristikum von Natursteinen. Ob als klassische Pflastersteine, quadratische Bodenplatte oder Blockstufen, besonders in den italienischen Villengärten des 16. und frühen 17. Jahrhunderts zu finden. Sie führen häufig in künstlich geschaffene Grotten und zu anderen geheimen Winkeln. Mit Naturstein verleihen Sie auch modernen Gärten eine extravagante Note.

2 **Naturstein** gibt es in allen Farben und Formen. Hier wurden flache, bläulich schimmernde Schieferplatten mit hellem Feinkies kombiniert, was dem Garten optisch einen außergewöhnlichen Ausdruck verleiht und beim Begehen leise klingende Geräusche hinterlässt.

3 **Hirnholz** bezeichnet quer zur Maserung geschnittenes Holz. Dieses zeichnet sich durch seine besondere Härte aus. Dadurch eignet es sich hervorragend als Belag für Gartenwege.

4 Kieselsteine wurden schon in historischen Gartenanlagen des Mittelmeerraums zur Pflasterung von Wegen, Plätzen und Innenhöfen eingesetzt. Neu interpretiert und kombiniert eröffnen sich vielfältige Möglichkeiten für den modernen Garten.

5 Alte Baustoffe wie historische Klinker, alte Tonscherben oder Bruchstücke von altem Porzellan lassen sich zu kunstvollen Mosaiken neu zusammenstellen. Als Wegebelag oder Wandmosaik geben sie dem modernen Wohngarten eine individuelle Note. An die Tradition der maurischen Gärten anknüpfend wird hier ein klassisches Element des mediterranen Gartens aufgegriffen und neu interpretiert.

6 Bepflanzung kann auch mit Plattenflächen kombiniert werden. Nehmen Sie einfach eine Platte heraus und füllen Sie die entstandene Mulde mit sandiger Gartenerde. Dann werden niedrige Polsterpflanzen eingesetzt.

7 Reihenverband und römischer Verband sind nur zwei Arten von Verlegemustern, mit deren Hilfe sich ausdrucksstarke Wege und Terrassenflächen gestalten lassen. Durch die Art des Verlegemusters lassen sich beispielsweise auch Blickachsen betonen, wenn die Steine linienförmig angeordnet werden. Sternförmige Muster wirken hingegen stärker ornamental und dekorativ.

Ein Sitzplatz im Liebhabergarten

Bei der Planung eines Liebhabergartens im mediterranen Stil stehen Pflanzenauswahl und Gestaltung in einem anderen Verhältnis zueinander als bei modernen oder klassischen mediterranen Gärten. Während dort die äußere Form prägend für den Charakter ist, spielt bei einem Liebhabergarten der Inhalt die Hauptrolle. Aber auch hier dürfen Sitzplätze nicht fehlen. Schließlich wollen Sie den Garten und all seine herrlichen Pflanzenschätze oder Kunstobjekte auch genießen können. Der auf diesen beiden Seiten abgebildete Garten ist ein gutes Beispiel dafür, wie man eine artenreiche Pflanzenauswahl mit einer ungewöhnlichen, trotzdem stimmigen Gestaltungsidee verbinden

Geländes. Das Prinzip solcher tiefer liegenden Anlagen ist aus der Gartengeschichte bekannt durch die Senkgärten, etwa den berühmten Senkgarten des deutschen Staudenpapstes Karl Foerster in Potsdam-Bornim. Das eingetiefte Gelände wird von Stützmauern gegen die Umgebung abgegrenzt und ist oft noch von einem schützenden Grüngürtel umgeben. So entsteht ein günstiges Kleinklima, das besonders den Bedürfnissen wärmeliebender Pflanzen sehr entgegenkommt. Warum sollte man also nicht an einem gemütlichen Sitzplatz davon profitieren. Ideal und mit deutlich weniger Aufwand ist diese Lösung auf einem Grundstück in Hanglage zu realisieren. Denn hier gibt die natürliche Geländebeschaffenheit wesentliche Hilfestellungen. Da der Platz gut vom Haus aus erreichbar sein sollte, empfiehlt es sich, ihn am Endpunkt einer großzügigen Treppenanlage zu positionieren.

EIN WARMES PLÄTZCHEN MIT GUTER AUSSICHT

Eine gekonnt geschwungene Stützmauer aus dunklen, kleinformatigen Bruchsteinen fängt die Sonneneinstrahlung ein und speichert sie als Wärme, sodass man bis in die Abendstunden eine angenehme Temperatur spüren kann. Durch die Abdeckung mit Sandsteinplatten erhält sie ein klassisches Design und korrespondiert mit dem Material der Blockstufen. Die hellen Platten lassen den Raum großzügig erscheinen. Hier harmoniert die Materialauswahl auch fablich besonders gut mit der naturhaften Bepflanzung aus Gräsern und einigen graulaubigen Stauden. Die Abbildungen zeigen den Garten im Spätsommer und offenbaren, welche Blütenfülle dann möglich ist. Einzelne Aspekte kann man vom tiefer gelegenen Sitzplatz aus auch aus einer anderen Perspektive als der gewohnten Aufsicht betrachten. Das macht den Reiz eines solchen Liebhabergartens aus.

Typisch ist der fließende Übergang von Material und Pflanze. Hier dürfen die Stauden über Wege und Plätze wachsen.

kann. Hauptthema dieses Gartens ist die Bepflanzung mit durchgehend sehr winterharten sonnenliebenden Steppenstauden, Kleingehölzen und Gräsern. Weil ein Blütenhöhepunkt im Spätsommer beginnt und bis in den Herbst hineinreicht, war es nötig, den Sitzplatz so geschützt anzulegen, dass auch an kühleren Tagen ein Maximum an Wärme aufgefangen werden kann. Deshalb liegt der Platz im Mittelpunkt des Gartens an der tiefsten Stelle des

Rechts: Mit der harmonisch integrierten Terrasse an der Bruchsteinmauer entfaltet dieser Garten mediterranes Flair. Stauden und Gehölze sind winterhart.

Refugien im Dschungel

Der mediterrane Liebhabergarten hat viele Facetten. Eine seiner faszinierendsten ist meiner Ansicht nach der dschungelartige Garten. Inspiriert durch die Gärten der Pflanzensammler an der Mittelmeerküste, nimmt er eine ganz besondere Stellung ein. Mit mediterranen Gärten im klassischen Sinn hat er im Grunde nicht zu tun. Außer dem Ursprung im milden Klima verbindet ihn nichts mit der formalen Anlage der historischen Gärten; auch hat er keine Gemeinsamkeiten mit den ländlichen Idyllen, den Olivenhainen und Lavendelfeldern. Er ist einfach eine sehr extravagante Variation, ersonnen von Gärtnern und Liebhabern seltener Pflanzen, die sich nicht mit der Kultur von Exoten in Schauhäusern zufriedengeben wollten. Dieser Wille, das Unmögliche möglich zu machen, exotische Gewächse unter Bedingungen zu kultivieren, die auf den ersten Blick recht weit von den Bedingungen an ihrem Heimatstandort entfernt sind, ist so etwas wie ein Motor der gartenhistorischen Entwicklung. Gerade heute, vermutlich mitten in einer Epoche des Klimawandels, ist das sehr aktuell. Sie schaffen sich also mit einem solchen exotischen Gartenreich eine ganz eigene Welt für sich. Sie ist der Umgebung so fremd, dass sie unbedingt eine Abgrenzung erfordert. Es ist Ihr Ziel, ein Refugium zu schaffen, eine Traumwelt Wirklichkeit werden zu lassen. Genau dieser Punkt ist bestimmend für die äußeren Parameter der Planung, wie die Abgrenzung und die Anlage eines Sitzplatzes.

UNGESTÖRTHEIT IST WICHTIG FÜR INTIME PLÄTZE

Der Sitzplatz sollte auf jeden Fall so liegen, dass man hier absolut ungestört ist und Nachbargrundstücke vollständig aus dem Blick verschwinden. Ob er nun am Rande des Gartens liegt oder aber im Mittelpunkt der Anlage, hängt

immer vom Einzelfall ab, hier gibt es keine feste Regel. Natürlich spielt es eine Rolle, ob Sie einen sonnigen oder schattigen Platz bevorzugen. Gegebenenfalls kann man mit hohen Sichtschutzpflanzungen arbeiten, die aus exotisch wirkenden Pflanzen bestehen, denn geschnittene Hecken passen nicht gut in das Bild eines Gartens, der ungebändigte Üppigkeit vermitteln soll. Bambus der Gattung *Phyllostachys* eignet sich ganz hervorragend für solche Zwecke. Die meisten Arten werden mehrere Meter hoch und sind auch im Winter grün. Wie alle ausläuferbildenden Bambusse brauchen auch sie eine Wurzelsperre, damit die weitstreichenden Rhizome nicht bald den ganzen Garten mit Schösslingen versorgen – oder schlimmer noch, sich in die Nachbarschaft ausbreiten. Eine im Fachhandel als Meterware erhältliche Wurzelsperre besteht aus Spezialkunststoff und wird 70 cm tief im Boden eingegraben. Für den dichten Abschluss an den Enden gibt es sicher verschraubbare und vor allem haltbare Aluminiumprofile.

WOHNEN IM GARTEN WIE IM ABENTEUERFILM

Interessant ist die Frage, ob Sie dem Platz ebenfalls einen Ausdruck verleihen, der zu Ihrer Gartenidee passt. So könnten Sie statt einer Terrasse mit vorgefertigtem Sonnenschutz einfach eine Art Lodge bauen, wie sie aus tropischen Ländern bekannt ist. Als Materialien eignen sich wetterfestes Holz und natürlich Bambusrohre. Wegen ihrer exotischen Wirkung sind sie unschlagbar. Das Dach könnte über einer wetterfesten Schicht mit Bahnen verschweißter Teerpappe saisonal mit Reisig bedeckt und später von Kletterpflanzen bewachsen werden. So eine ungewöhnliche Lösung ist natürlich eher etwas für Abenteurer, denn sie wird die geschmacklichen Konventionen der Gartengestaltung sicher sprengen. Ihnen muss klar sein, dass Sie sich mit einem solchen themenbezoge-

Links: In tropisch wirkender Vegetation steht diese hölzerne Lodge. Die blütenlose Bepflanzung mit eingesenkten Exoten macht die Illusion nahezu perfekt.

nen Liebhabergarten zu einer ganz neuartigen Grundeinstellung zum Garten bekennen: dem Garten als Fantasiegeburt. Das hat es im Laufe der Gartengeschichte zwar schon häufiger gegeben, aber in der Geschichte des bürgerlichen Privatgartens ist das völlig neu. Ich kann Ihnen zu diesem Mut nur gratulieren!

Ein kleiner Dschungelgarten hat auch hinter einem Reihenhaus Platz. Der Sitzplatz kann auf drei Ebenen variabel benutzt werden.

HOLZ IM GARTEN

Holz spielt besonders in Liebhabergärten mit exotischem Dschungelcharakter eine wichtige Rolle. Es ist als Baumaterial besonders authentisch, denn im Urwald stehen kaum andere Materialien zur Verfügung – es ist ein natürlicher Rohstoff. Bei der Auswahl von Holz für Holzdecks, Sichtschutz oder Terrassenbeläge sollten Sie darauf achten, nur witterungsbeständige Hölzer zu verbauen. Während früher in erster Linie Tropenholz dafür verwendet wurde, gibt es heute mit Spezialverfahren haltbar gemachte heimische Hölzer, zum Beispiel Robinie, aber auch Weichholzarten wie Lärche.

Mobiliar mit mediterranem Look

Ein Garten besteht nicht nur aus einem guten Entwurf, der einer bestimmten Idee folgt. Auch die Ausstattung und die Bepflanzung machen einen Garten zum Wohngarten. Bedauerlicherweise werden diese beiden Aspekte aber oft vernachlässigt. Es ist keineswegs nebensächlich, ob Sie diesen oder jenen Strauch an eine bestimmte Stelle setzen oder ob Sie einen hellen oder einen dunklen Bodenbelag wählen. Selbst die Form der Möbel ist entscheidend an der Gesamtwirkung beteiligt. Je kleiner der Garten ist, desto mehr Augenmerk richtet man auf jedes einzelne Detail. Stellen Sie sich vor, Sie betreten einen Reihenhausgarten, in dem vor dem Wohnzimmer eine Terrasse liegt. Sie werden sofort auf die Möbel achten; wirken sie ästhetisch ansprechend und bequem, fühlen Sie sich schnell von diesem Platz angezogen. Ihr zweiter Blick wird vielleicht nicht direkt auf den Boden fallen, aber der Bodenbelag macht doch viel vom Ambiente der Terrasse aus. Machen Sie sich klar, dass die Wirkung eines Bodenbelages nicht nur von seiner Farbe und der Tatsache abhängt, ob er hell oder dunkel ist. Genau wie bei Blüten beeinflussen auch Form und Struktur die Wirkung. So kann ein dunkler Natursteinboden aus polygonalen Platten mit eher offener Oberfläche ganz anders wirken als ein farbverwandter Boden aus regelmäßig rechteckigen Platten mit polierter Oberfläche. Während der erste rustikal wirkt, ist der zweite elegant und edel. Ein weiteres Beispiel: Helle Platten können einen Raum optisch größer erscheinen lassen. Wenn Sie aber Platten mit polierter Oberfläche in sehr hellen Farbtönen wählen, können unangenehme Blendeffekte durch reflektiertes Sonnenlicht den angestrebten Eindruck zunichtemachen.

DAS BILD DES GARTENS IM KOPF ENTSTEHEN LASSEN

Man muss sich nicht unbedingt genau mit den verwendbaren Materialien und dem Mobiliar auskennen, um in einem frühen Entwicklungsstadium des späteren Gartens ein Bild im Kopf entstehen zu lassen. Hier können Sie sich noch beim Kauf beraten lassen. Ihre gedankliche Vorarbeit besteht lediglich darin, ein paar Punkte zu konkretisieren.

❧ Wie stellen Sie sich Ihre Garteneinrichtung vor: Ist der repräsentative Eindruck wichtiger, weil Sie den Garten nur zu bestimmten Anlässen nutzen, oder achten Sie auf Komfort? Natürlich können Sie auch beides verbinden!

❧ Welche Farben bevorzugen Sie im Innenraum? Es ist dank der enormen Auswahl möglich, den individuellen Geschmack auch im Garten zu verwirklichen.

❧ Soll sich das Mobiliar harmonisch integrieren oder einen reizvollen Kontrapunkt bilden? Diese simplen Fragen zu beantworten bringt Sie in eine gute Ausgangslage für die Realisation Ihres Traumgartens – aber auch für Gespräche mit einem Fachmann. Es ist besser, eine Vision vom eigenen Garten zu haben, als sie durch planerische Allgemeinplätze zu ersetzen.

MÖBEL ALS OBJEKTE

Wetterfeste Designermöbel für einen Garten, der Loungecharakter vermittelt, gibt es heute von vielen Herstellern. Dank moderner Produkttechnik konnten Fasern entwickelt werden, die Korb oder Textil ähneln, aber wetterbeständig sind und der UV-Strahlung trotzen. Solche Möbel haben natürlich ihren Preis, aber durch das anspruchsvolle Design wirken sie auch sehr dekorativ. Sie entscheiden sich also für Komfort und skulpturale Dekoration in einem. Platzieren Sie diese Stücke sehr sorgfältig. Durch ihre klare Linie brauchen sie eine ruhige Umgebung, um entsprechend zu wirken.

Rechts: Designermöbel kombinieren Komfort und eine außergewöhnliche Optik. Sie wirken am besten in einer klar strukturierten Gartenumgebung.

Möbel und Farben

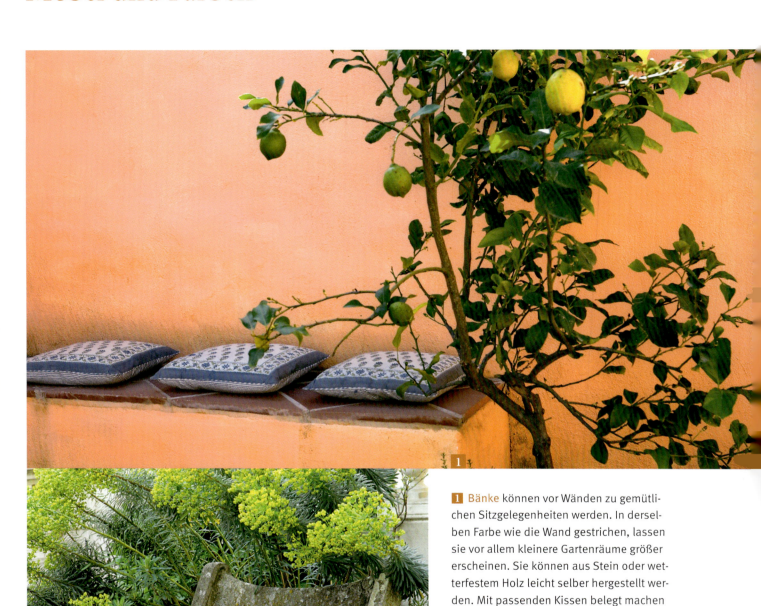

1 Bänke können vor Wänden zu gemütlichen Sitzgelegenheiten werden. In derselben Farbe wie die Wand gestrichen, lassen sie vor allem kleinere Gartenräume größer erscheinen. Sie können aus Stein oder wetterfestem Holz leicht selber hergestellt werden. Mit passenden Kissen belegt machen sie das gemütliche Bild perfekt.

2 Gartenantiquitäten wie diese Steinbank sind malerische Blickfänge. Bei ihnen begeistert die im Laufe der Jahre entstandene Patina aus Moosen und Flechten. Vor der großen Wolfsmilch (Euphorbia characias) wirkt die Bank als Kunstobjekt.

3 Terrassen aus Holz und farblich passende Möbel vermitteln ein warmes Ambiente. Wenn Sie Bodenbelag und Sitzgelegenheit farblich ähnlich gestalten, ist die Wirkung sehr wohnlich!

4 Designermöbel bieten oft ungewöhnliche Verhältnisse von Komfort und Optik. Diese flachen Relaxmöbel sind nicht für jeden Gartenbesitzer bequem. Auf jeden Fall ist die Sitzhöhe entscheidend für den Blick in den Garten.

5 Blau bringen viele Menschen besonders mit Griechenland in Verbindung. Einzelstücke in leuchtenden Farben setzen Akzente auch in weniger attraktiven Gartenecken. Mit einem munteren Anstrich können Sie alte Stücke aufmöbeln.

Durch den mediterranen Anstrich können auch Rückwände von Garagen zu Kulissen für idyllische Sitzplätze werden.

Vom Garten zum Wohnraum

Hinter dem Stichwort Raumbildung verbirgt sich keine Hexerei. Zunächst müssen Sie aber einen Rahmen schaffen. Das wird in der Regel die Begrenzung des eigenen Grundstücks zum Nachbarn hin sein. Zäune, Mauern oder auch Hecken und nicht geschnittene Sichtschutzpflanzungen sind hier erste Wahl. Sie grenzen die gesamte Gartenfläche ab und schaffen einen in sich geschlossenen Raum. Dabei darf keineswegs ein Gefühl von Enge entstehen. Viele Gartenbesitzer glauben, dass man einen kleinen Garten nur größer erscheinen lassen kann, wenn man seine Grenzen auflöst, ihn zum Beispiel mit der Umgebung in Einklang bringt. Das ist auch möglich, wenn der Garten in einer harmonisch wirkenden Beziehung zu seiner Umgebung steht. In Schrebergartensiedlungen zum Beispiel oder wenn sich der Garten in die Landschaft öffnet, weil er am Rande einer Bebauung liegt. Aber wo gibt es hierzulande eine Landschaft, die so mediterran wirkt, dass sie mit Ihrem Garten in Einklang zu bringen wäre?

EINEN EIGENEN FREIRAUM ZUM TRÄUMEN SCHAFFEN

Nein, Sie haben sich für einen bestimmten Gartentyp entschieden, der bei uns etwas Fremdartiges hat. Er vermittelt eine Illusion: das Flair des Südens bei Ihnen zu Hause. Und genau aus diesem Grund müssen Sie Ihr Paradies eingrenzen. Je kleiner es ist, desto eher würde ich den Einsatz von relativ harten Begrenzungen wie Mauern oder Sichtschutzwänden befürworten. Das kommt modernen wie klassischen Ideen sehr entgegen. Denn auch im Mittelmeerraum gibt es zahlreiche Beispiele für solche kleinen Gartenträume wie Innenhöfe und winzige, aber wohn-

Raumbildung kann auch durch Pflanzen bewirkt werden. Einzelne Riegel aus immergrünen Eiben oder Buchs sorgen für Transparenz und Raumgefühl.

Dieser Platz vermittelt viel von der Leichtigkeit südländischen Wohnens. Stauden, die sich in den Fugen der Betonplatten aussäen, sind wichtig für das Gesamtbild.

liche Vorgärten. Wenn Sie den äußeren Rahmen für Ihre Gartenidee geschaffen haben, geht es an die Innengestaltung. Hier leisten eventuell vorhandene Gebäude oft gute Dienste.

VORHANDENE BAULICHE ELEMENTE RICHTIG NUTZEN

Unterschätzen Sie bei der Planung nicht die Wirkung von gemütlichen Ecken, wie sie in der Nähe von bereits vorhandenen Gebäuden entstehen können. Wenn zum Beispiel eine Garage an das Wohnhaus im rechten Winkel angebaut ist, wäre in dieser Lage ein schöner Sitzplatz angebracht. Man kann unschöne Wände solcher Nebengebäude gut mit einem mediterran wirkenden Anstrich versehen oder aber mit Kletterpflanzen begrünen, um sie stilvoll in das Gesamtkonzept einzupassen. Sie können Bauten so mit in das Konzept einbeziehen, und zwar nicht als Notlösung, sondern als echten und später wirkungsvollen Standortvorteil.

Wenn Sie sich nicht mit dem Gedanken tragen, einen völlig neuen Garten anzulegen, sondern Ihren bereits vorhandenen Garten einfach mediterran überarbeiten wollen, müssen Sie ohnehin mit den örtlichen Gegebenheiten rechnen. Auch schon angelegte Terrassen lassen sich mit einem neuen Bodenbelag, dem passenden Mobiliar und ein paar Änderungen in der benachbarten Bepflanzung vergleichsweise unkompliziert in mediterrane Oasen verwandeln.

Zu einer individuellen Lösung gehört auch, individuelle Möglichkeiten vom Aufwand bis zum Budget zu berücksichtigen. Wer nicht alles auf einmal realisieren kann, sollte sich zunächst auf die Umsetzung einzelner, grundlegender Schritte konzentrieren. Später können dann in weiteren Etappen auch andere Teile der Planung verwirklicht werden.

Feste Gartenelemente

Das Flair eines mediterranen Gartens ist das Ergebnis einer guten Planung. Bauliche Veränderungen legen die Struktur eines Gartens und seine Nutzung auf Jahre fest. Das will überlegt sein.

Feste Gartenelemente – unter diesem Begriff fassen wir alle Bauten zusammen, die die Aufteilung der Fläche schaffen und das Raumgefühl und die Ansicht des Gartens nachhaltig beeinflussen. Sie lassen sich nicht so einfach wieder entfernen, weshalb ihre Anlage sehr sorgfältig überlegt werden muss. Auch die Auswahl des Materials ist entscheidend für die Haltbarkeit dieser Bauten. Zu ihnen zählen Mauern und Zäune, Sichtschutzwände, aber auch Gartenhäuser, Pavillons, Lauben, Pergolen und – unverzichtbar – Wege. Alle diese Elemente haben eine gliedernde Funktion. Wege und Wände machen aus der Fläche erst einen Raum, den man begehen kann.

SINNVOLLE ELEMENTE STATT UNNÖTIGEM ZIERRAT

Pergolen und Laubengänge zum Beispiel mag man auf den ersten Blick für bloßen Zierrat halten. In der Tat ist diese alte Form der Gartendekoration sehr schön anzusehen. Aber eine Pergola befindet sich immer über einem Platz oder einer Terrasse, das heißt, man geht auch unter ihr hindurch. Ein Laubengang betont stark den Weg, der unter ihm geführt wird und macht die Richtung, in der er verläuft, sehr prominent. Überlegen Sie also – wenn Sie solche Gartenelemente schön finden – wo sie sich platzieren lassen, um einen gestalterischen Zweck zu erfüllen. Gute Beispiele dafür finden Sie in der Regel in historischen Gär-

ten. In ihnen können Sie wunderbar nachvollziehen, wie Gartenelemente ein Teil des Gesamtkonzeptes werden und nicht bloß Dekoration sind. Hier können Sie auch anschaulich eine Menge über Proportionen lernen. Aus welchem Material eine Mauer, ein Weg oder eine Pergola besteht, ist im Grunde zweitrangig. Platzierung und Verlauf von solchen unveränderlichen Gartenelementen sind viel wichtiger für die gute Struktur einer harmonischen Gartenanlage.

EIN GUTES GESAMTKONZEPT

Wenn Sie unsicher sind, ob ein von Ihnen gewähltes festes Gartenelement einen guten Platz gefunden hat, versuchen Sie sich vorzustellen, wie es wäre, wenn zum Beispiel ein Brunnen nicht an dieser Stelle stünde. Kommt er Ihnen unverzichtbar vor, haben Sie es richtig gemacht. Ist der Platz ohne den Brunnen genauso reizvoll, sollten Sie weitersuchen. Ich betone dieses Verhältnis vom einzelnen Element zum Gesamtkonzept, weil es in der Praxis oft ein Missverhältnis gibt. Natursteinmauern in titanischen Dimensionen werden in kleinen Gärten errichtet und sinnlos geschwungene Wege führen ins Nichts. Jürgen Wragge, ein Planer, der sich in vielen Gartenstilen mühelos bewegt, riet einmal Kollegen, sich gute Kunst anzusehen, um ein Gefühl für Proportionen zu erhalten und Farb- und Formempfinden zu schulen. Das ist der richtige Weg. Denn Gartengestaltung ist eine Kunst!

Auch eine Mauer kann entzücken – erst recht als Gartenschmuck.

Klassisch: Mauern aus Naturstein

Eines der ursprünglichsten Materialien in den Gärten des Mittelmeerraumes ist Naturstein. Als regional vorkommender Baustoff war er seit Jahrhunderten neben Holz das bevorzugte Material für Begrenzungen von Grundstücken, Weiden und Höfen. Rustikale Häuser aus Naturstein gehören zu den typischen Bildern Südeuropas. In grob bearbeiteter Form war Naturstein das Baumaterial armer Leute. Heute wirkt er pittoresk und romantisch und immer sehr natürlich. Diese natürliche Komponente entsteht auch durch die Tatsache, dass Natursteinmauern leben: Als Trockenmauer errichtet, also ohne Fugenmaterial aufeinandergeschichtet, entstehen zwischen den Steinen mehr oder weniger ausgeprägte Ritzen. Sie werden von Pflanzen und Tieren besiedelt. Wer diese Patina einer Natursteinmauer nicht mag,

sollte sich für stark bearbeiteten Naturstein entscheiden. Hier gibt es heute eine große Auswahl in ganz unterschiedlichen Qualitäten und Preisklassen. Grundsätzlich bin ich dafür, auch im mediterranen Garten Naturstein zu verwenden, der in der Region heimisch ist und dort seit Jahrhunderten verbaut wird. Auch wenn Sie warme Farben bevorzugen, kann man aus Grauwacke und anderen eher dezent gefärbten Steinen sehr mediterrane Mauern und Bodenbeläge schaffen, zum Beispiel im Liebhabergarten oder im modernen mediterranen Garten. Im Allgemeinen ist das Material ausgesprochen wandlungsfähig. Es passt sich je nach Bearbeitungsform ganz unterschiedlichen Stilen an.

NUR WENIGE MATERIALIEN SIND SO WANDLUNGSFÄHIG

Die enorme Variabilität von Naturstein empfiehlt ihn für viele Zwecke. Bevor Sie also über eine Begrenzung aus Beton oder anderen Baustoffen nachdenken, schauen Sie sich nach

Weil sie aus historischen Bauwerken so bekannt sind, assoziiert man mit Bruchsteinmauern ein romantisches und ursprünglich wirkendes Flair.

Ungewöhnlich wirkt dieser tiefer gelegene, gemauerte Sitzplatz. Er ist windgeschützt.

Naturstein um. Es gibt bearbeitete Steine, die sich für Gartenbesitzer eignen, denen einfach mit dem Meißel gebrochene Steine zu unruhig sind: Sie sind industriell geschnitten und an den Kanten von Hand nachbearbeitet. So ergibt sich ein ordentliches, natürlich wirkendes Fugenbild.

DEN FACHMANN FRAGEN

Das Errichten von Trockenmauern ist grundsätzlich eine Arbeit für den Fachmann. Bei höheren Mauern, die Stützfunktion haben oder als Einfriedung dienen, sind Kenntnisse der Statik unerlässlich, um eventuelle Gefahren durch unsachgemäßen Bau zu vermeiden. Kreuzfugen zum Beispiel, das heißt über mindestens zwei Lagen Gestein laufende gerade Fugen sind in größeren Gewerken nicht nur unschön, sondern gefährden auch die Stabilität einer Mauer. Ein Vorteil von Naturstein ist auch seine Kombi-

nierbarkeit mit anderen Materialien. Gerade mit traditionellen Boden- und Wegebelägen wie Kies und wassergebundenen Decken harmoniert er, auch mit Beton ergeben sich reizvolle Wirkungen. Versuchen Sie nicht, aus Kostengründen zu einem Naturstein in der Mauer ein farblich annähernd identisches Pflaster zu suchen: das ist enttäuschend in der Optik. Betonen Sie die Schönheit des Materials durch dezenten Kontrast, etwa mit einem anderen Betonpflaster.

Links: Eine aus Bruchsteinen aufgeschichtete Mauer hat im Mittelmeerraum oft eine Stützfunktion. Hier fängt sie einen Hang ab. Von oben wachsen hängender Rosmarin und blau blühende Bleiwurz darüber.

TIPP

Naturstein hat je nach Bearbeitungsform einen edlen oder rustikalen Look. Platten für den Bodenbelag werden meist in polygonaler oder rechteckiger Form angeboten. Die Oberflächen sind dann bruchrau oder poliert, Letzteres ist besonders für exklusive klassische und moderne Konzepte zu empfehlen.

Geschützte Gartenräume anlegen

Der mediterrane Garten in unseren Breitengraden ist wie jedes andere ungewöhnliche Gestaltungskonzept auf eine Alleinstellung angewiesen. Wenn es Ihnen gelingt, durch verschiedene Arten von Sichtschutz für eine harmonische Begrenzung des Gartens zu sorgen, haben Sie die Grundlage für eine authentische Atmosphäre bereits gelegt. Besonders an Sitzplätzen ist guter Sichtschutz unerlässlich, damit man hier vor neugierigen Blicken sicher ist. Berücksichtigen Sie auch, dass der ganze Garten oder ein Sitzplatz aus den Fenstern benachbarter Häuser einzusehen sein kann; in diesem Fall ist eine optimale Positionierung des Sichtschutzes zu bedenken. Wenn Ihr Grundstück bereits durch dichten Bewuchs blickdicht geworden ist, sollten Sie überlegen, ob dies auch nach dem Laubfall während der kalten Jahreszeit der Fall ist. Herbst und Winter haben auch ihre Vorzüge und schönen Seiten. Es wäre schade, wenn aus dem grünen Vorhang des Sommers im Winter eine offene Einsicht wird. Selbst wenn Sie sich während der kalten Jahreszeit weniger draußen aufhalten, soll der Garten sein individuelles Gesicht

Zäune aus Holz sind nicht im eigentlichen Sinn mediterran. Man kann ihnen durch einen wetterfesten Farbanstrich aber ein neues Gesicht verleihen.

doch behalten und auch vom Haus aus attraktiv bleiben und als eigene kleine Welt sichtbar sein. Aus diesem Grund sind immergrüne Pflanzen als Sichtschutz zu empfehlen. Es gibt eine Reihe von Pflanzen, die sich auch sehr gut in mediterrane Gartenkonzepte einpassen: Stechpalmen (*Ilex*) und Kirschlorbeer (*Prunus laurocerasus*) gibt es in vielen Sorten, unter denen auch etliche rasch wachsende Sorten sind. Auch Lorbeer-Kirsche (*Prunus lusitanica*) und Leyland-Zypressen (*x Cupressocyparis leylandii*) sind gute Sichtschutzgehölze, die sehr schnell in die Höhe und in die Breite wachsen und darüber hinaus sehr gut schnittverträglich sind.

Andere Formen des Sichtschutzes sind neben der Mauer – die übrigens in den meisten Bundesländern einer Baugenehmigung bedarf – in erster Linie die bekannten Sichtschutzelemente aus Holz. Sie werden sehr gerne von Gartenbesitzern verwendet, weil es sie in vielen Preisklassen gibt und man mit wenig Budget schnell

Pflanzen für Zäune und Mauern

Botanischer Name	Deutscher Name	Wuchs	Wuchshöhe
Aristolochia durior	Pfeifenwinde	windend	bis 7 m
Campsis radicans	Trompetenwinde	selbstklimmend	bis 10 m
Clematis armandii	Immergrüne Waldrebe	rankend	bis 6 m
Clematis viticella	Italienische Waldrebe	rankend	bis 3 m
Parthenocissus tricuspidata	Wilder Wein	selbstlimmend	bis 15 m
Vitis coignetiae	Amur-Wein	rankend	bis 15 m
Vitis vinifera	Wein	rankend	bis 10 m
Wisteria floribunda	Blauregen	windend	bis 20 m

Sichtschutzwände und Gartenbegrenzungen aus Cortenstahl sind eine moderne Variation des klassischen Themas. Die warme Farbe der unbehandelten Stahlflächen fügt sich harmonisch zu einer leuchtenden Staudenkombination an der Terrasse.

Maßgefertigte Sichtschutzelemente aus Holz oder Kunststoffen sind leicht einzubauen und schützen offene Gartenbereiche direkt an der Grundstücksgrenze sicher vor neugierigen Blicken.

einen wirksamen Sichtschutz erreicht. Aber auch wenn sie beliebt sind: die meisten dieser Elemente sind für stilvolle mediterrane Gärten völlig ungeeignet. Sie wirken nicht im mindesten mediterran. Aber sie können eine Kompromisslösung sein, wenn man sie mit Kletterpflanzen begrünt und auf diese Weise verschwinden lässt. Das kann bei schnell wachsenden Arten wie Wildem Wein (*Parthenocissus*) und anderen Arten nur zwei bis drei Jahre dauern.

STARKE STÜTZE FÜR KLETTER- UND RANKPFLANZEN

Zu diesem Zweck sind stabile Systeme zu bevorzugen, weil Kletterpflanzen nach einigen Jahren doch ein enormes Gewicht entwickeln, das vom Zaun getragen werden muss. Eine ungewöhnliche Lösung wäre auch ein farbiger Anstrich. Dann wirken die Elemente eher originell und weniger gewöhnlich. Versuchen Sie es mal mit mediterranem Blau oder kräftigem Orangerot. Trotzdem werden an Sitzplätzen am Haus vorgezogene Mauern als Sicht- und Windschutz besser passen, weil sie mit dem Bauwerk eine sinnvolle

Einheit bilden. In den letzten Jahren ist es sehr modern geworden, frei stehende Mauern im Garten zu errichten, etwa im Hintergrund eines Sitzplatzes. Da meistens nur eine Wand gesetzt wird – auch diese braucht ein ordentliches Fundament – ist die dekorative Wirkung deutlich größer als die praktische. Eine frei stehende Wand schafft nun einmal nur sehr begrenzten Windschutz und dient auch nur in einer Blickrichtung als Sichtschutz. Aber sie ist wie eine große Leinwand, auf der man mit dem passenden Mobiliar spielen kann.

Solche Mauern können je nach Gartenentwurf modern oder klassisch wirken. Als Materialien sind Beton und Cortenstahl erste Wahl für einen Gartenbesitzer, der Wert auf modernes Design legt. Für Liebhabergärten gibt es innovative Sichtschutzwände aus Holz, Bambusrohren und Edelstahl. Bei Bambus kann es manchmal zu fleckigen Verfärbungen kommen – er ist ein Naturmaterial.

Moderne Sichtschutzelemente

1 Glas ist heute in vielen Farben erhältlich. Im Garten sollten Sie ausschließlich Verbundsicherheitsglas (VSG) verwenden. Es bricht bei Stoß nicht auseinander, weil das Glas durch eine innenliegende Spezialfolie am Splittern gehindert wird.

2 Farbige Wände aus Beton und anderen festen Materialien brauchen ein Fundament und unterliegen in den meisten Fällen der Genehmigungspflicht. Sie sind eine Bereicherung für jeden modernen Garten.

3 Lattenzäune sind wunderschöne, moderne Sichtschutzelemente. Selbstbau ist meistens kostengünstiger. Von günstigen Flechtzäunen sollten Sie Abstand nehmen. Sie sind nicht besonders schön.

4 Trockenmauern müssen sicher errichtet werden. Da sie ohne Fugenmaterial auskommen, müssen Größe und Platzierung der Steine Stabilität gewähren. Achten Sie darauf, dass keine Kreuzfugen entstehen, die immer ein Schwachpunkt sind.

5 Naturstein kann entweder neu oder gebraucht erworben werden. Oftmals lassen sich Restbestände aus Abbruch erwerben. Mit etwas Fantasie kann man daraus auch Mauern mit Durchblick bauen lassen. Diese Kunststücke erfordern die Hand eines Fachmannes.

Wege und Treppen durch den Garten

Wege gehören zu den wichtigsten Bestandteilen einer Gartenplanung. Ihre wohldurchdachte Anlage ist das Merkmal einer wirklich guten Gestaltung. Aber wie müssen Wege verlaufen, um dieses wichtige Qualitätsmerkmal zu erfüllen? Die Antwort ist zunächst ganz einfach: Sie müssen die wichtigen Punkte eines Gartens miteinander verbinden. Das gilt natürlich nicht nur für mediterran anmutende Gärten, sondern für alle Anlagen vom Schrebergarten bis zum Park. Selbst in einem Reihenhausgarten, in dem nur wenig Platz ist und vielleicht nur ein einziger Weg angelegt wird, ist sein Verlauf von eminenter Bedeutung.

Vielleicht ist der kleine Garten ein gutes Beispiel, um das Prinzip zu erläutern. Nichts ist schlimmer als Gärten, in denen der Planer um eine Rasenfläche herum einen schmalen Beetstreifen anlegt und diesen mit einer Mähkante abgrenzt, die so breit ist, dass sie gerade von einer Person genutzt werden kann, um bei Regen trockenen Fußes an die Beete zu gelangen. Das Element des Weges ist auffallend genug, um auf der kleinen Fläche optisch stark ins Gewicht zu fallen. Aber wohin führt der Weg? Ein Rundweg auf 70 Quadratmetern Gartenfläche ist zugegebenermaßen eine lächerliche Angelegenheit. Besser wäre es,

die am Haus liegende Terrasse mit dem Tor am gegenüberliegenden Ende des Gartens zu verbinden – und zwar in direkter Linie. Dieser Weg ist sinnvoll und ich glaube fest daran, dass es so etwas wie die unbewusste Wahrnehmung von sinnvollen Elementen gibt, weil der Mensch auch ein physisches Wesen ist: Ein Weg mit deutlichem Anfang und klar erkennbarem Ziel ist eben eine handfeste Angelegenheit.

Die Idee des kürzesten Weges ist auch auf andere Gartengrößen und -zuschnitte übertragbar. Schwierig kann es aber bei der Festlegung der wichtigen Punkte sein, die dieser Weg miteinander verbinden soll. Hier können sowohl optische Bezugspunkte wie ein Gartenpavillon oder eine Skulptur bedeutsam sein oder aber rein praktische Erwägungen. So muss man vielleicht vom Haus schnell und einfach zu einem nicht unmittelbar am Haus gelegenen Sitzplatz gelangen. Und auch der schnelle Weg zum Kompost ist mit einer Schubkarre voller Gartenabfälle nicht zu verachten.

EIN WEG FOLGT DEN GESETZEN DER PRAXISTAUGLICHKEIT

Auch die Maße eines Weges richten sich nach seiner Bedeutung. Auf einem Hauptweg sollten mindestens zwei Personen nebeneinander gehen können. Wenn der Weg zum Beispiel durch eine Rasenfläche führt und nur 80 cm breit ist, können Sie nur allein darauf wandeln oder im Gänsemarsch. Wenn Sie jemanden durch Ihren Garten führen wollen, ist es geradezu unhöflich, den Besucher ständig auf dem Rasen herumspazieren zu lassen. Eine Breite von 1,50 Metern ist da schon besser. Wege müssen nicht allein in ihren Abmessungen auf die spätere Nutzung abgestimmt sein. Auch der Bodenbelag sollte bei entsprechend starker Beanspruchung einiges aushalten können. Wenn Sie zum Beispiel oft mit dem Rasenmäher oder anderen stark verschmutzten Gerä-

BEQUEM GEHEN

Wenn Sie saubere Wege bevorzugen, sollten Sie sich beim Kauf über die Materialeigenschaften informieren. Lassen Sie sich Platten auch in nassem Zustand zeigen; es gibt Gartenbesitzer, die den durch die Feuchtigkeit veränderten Farbton nicht als passend empfinden. Bei Kieswegen ist die Kornstärke entscheidend für die Begehbarkeit, da grober Kies nur unbequem zu betreten ist. Ausgleichend kann der Unterbau wirken, zum Beispiel eine wassergebundene Wegedecke.

Rechts: Ordnung schafft dieser Plattenweg. Die ebene Oberfläche der Grauwackeplatten passt gut zum Bewuchs aus Buchs und Lavendel.

Gerade Wege sind zur Betonung von Sichtachsen geeignet. Unter einem Gang aus mehreren Rankbögen verstärkt sich dieser führende Charakter noch.

Auch Treppen aus Beton können im Laufe der Jahre mediterran wirken und Patina ansetzen. Als Handlauf benutzt man in Küstengegenden oft einfache Holzgeländer.

ten über den Weg gehen, sind empfindliche Oberflächen nicht zu empfehlen. Das Material selbst muss auf jeden Fall mit dem Garten harmonieren. Wege und Sitzplätze können auch mit dem gleichen Material belegt werden. Das verbindet beide sehr stark und kann bei einem Hauptweg, der zu einem Sitzplatz führt, sehr anziehend und repräsentativ wirken. Der Belag eines Weges kann von verschiedenen Platten und Klinkern über Kies und Schotter bis hin zu Spezialitäten wie Muschelkalk und farbigem Mulch reichen. Der Fantasie sind hier im Grunde wenig Grenzen gesetzt. Diese erlegen nur ästhetische Kriterien des Wegematerials auf: Ein Weg kann einen auffallenden Belag haben, wenn Sie die Richtung des Weges betonen wollen. Das kann im klassischen mediterranen Garten bei einem Mittelweg der Fall sein, der zwischen zwei Reihen von Formgehölzen in einen weiteren Gartenteil führt. Sobald der Weg aber zu einem Ziel führt, das bereits von Anfang an sichtbar ist und

besondere, ungeteilte Aufmerksamkeit erfordert – etwa eine Skulptur – sollte der Weg dezent sein und sich nicht in den Vordergrund spielen. Dezente Wegebeläge sind überall da gefragt, wo die Optik des Gartens in den Vordergrund tritt. Vorbei an farblich aufregenden Beeten zum Beispiel führen unauffällige Wege angenehmer. Dennoch kann ein Weg mit leuchtend blauem Kies an einer Rabatte mit silberlaubigen Pflanzen von unerhörter Wirkung sein – nicht jedermanns Geschmack, aber eben auch sehr passend, wenn Sie einen starken Kontrast erreichen wollen. Klinkerpflaster oder Kies wären eine weniger „laute" Variante und sind eher klassischen Gartenbildern zuzuordnen.

Im mediterranen Garten sind natürlich alle warmen Farben von Interesse, weil sie das Flair des

Rechts: Dieser betonierte Weg umfließt eine Kiesfläche in organischen Formen. Hier sind die Schwünge durch die Form des Platzes vorgegeben.

Südens auf eingängige Weise symbolisieren. Wie Terrassen tragen auch Wege zur Atmosphäre bei, indem man ihre Farbigkeit wahrnimmt.

JEDER WEGEVERLAUF MUSS EINEN GUTEN GRUND HABEN

Viele Menschen neigen dazu, auf kleinen Flächen geschwungene Wege anzulegen, weil sie der Meinung sind, das gebe dem Garten Abwechslung. Das ist ein Irrtum. Planen Sie Schwünge und Kurven bei Wegen und bei Beeten nur, wenn das durch einen natürlichen Anlass geboten ist, etwa wenn Sie einen Weg um eine Baumgruppe herumführen oder um einen großen Findling. Achten Sie auf die Proportionen, denn es macht wenig Sinn, wegen eines 5-Kilo-Steines die Wegeführung zu ändern – es müssen schon gewichtige Gründe vorliegen. Die besten Gärten sind oft jene, in denen solche gestalterischen Kunstgriffe nötig waren, um die natürliche Geländeformation den Bedürfnissen des Gartenbesitzers anzupassen und sie zu erschließen.

Die Kunst, Wege zu gestalten, ist mit dem Bau von Treppen untrennbar verbunden. In der Regel werden Treppen genutzt, um unterschiedliche Gartenebenen miteinander zu verbinden. Sie sind meistens ein Teil eines Weges. Im mediterranen Garten haben Treppen eine lange Geschichte, weil viele originale Gärten echte Hanggärten sind, in denen man bequem von Terrasse zu Terrasse über ausreichend breite Stufenanlagen gelangen kann.

Die Planung und der Bau von Treppen sind nicht gerade einfach und sollten lieber dem Fachmann überlassen werden. Was das Material betrifft, haben Sie hier ebenfalls eine große Auswahl. Besonders schön sind sogenannte Blockstufen, bei denen die Stufe aus einem oder mehreren großen Steinblöcken besteht. Sie sind außerordentlich stabil; auch von Hand gebrochener Naturstein kann als Treppenbelag verwendet werden, wenn man Unebenheiten fachmännisch ausgleicht, um aus der Treppe keinen Hindernisparcours zu machen. Denn Wege und Treppen müssen leicht begehbar sein.

Pergolen, Pavillons und Gartenhäuser

Ob die Pergola ihren Ursprung wirklich im Mittelmeerraum hat, kann man nur vermuten. Dort kamen aber zwei wichtige Punkte zusammen, die zum Entstehen dieser schattigen Laubengänge geführt haben: zum einen die Kultur von Wein an Rankgerüsten und zum anderen der allzu verständliche Wunsch der Menschen, schattige Orte zu finden, an denen man ausruhen oder speisen konnte. Diesen Zweck erfüllen Pergolen und Lauben noch heute. Sie dienen als gestalterisches Element in erster Linie dazu, dem Garten Struktur zu verleihen. Pergolen sind nichts anderes als unter einem Gerüst geführte Wege; eine Laube dagegen ist ein in sich geschlossener Platz, der im Unterschied zu einem gebauten Gartenhaus oder einem Pavillon zumeist aus lebenden Pflanzen geformt wurde. Echte Lauben sieht

man noch häufig in historischen Gärten, wo die typischen Formgehölze wie Hainbuchen und Linden an einfachen Gerüsten in die Form eines grünen Raumes gebracht wurden. Wenn Sie eine Pergola planen, dann sollte sie als Schmuckstück genau wie ein Pavillon an einer prominenten Stelle im Garten sein. Sie muss aber nicht selbst im Mittelpunkt der Betrachtung stehen, sondern kann auch an einem Platz liegen, der eine schöne Aussicht auf den Garten gewährt.

ES MUSS NICHT IMMER EINE KLASSISCHE LÖSUNG SEIN

Pergolen müssen nicht immer bewachsen sein. Es gibt gerade in modernen Gärten viele Möglichkeiten, eine Pergola von skulpturalem Wert einzusetzen, etwa aus Stahl oder Beton mit Stahlträgern. Als architektonische Elemente sind Pergolen auch ursprünglich in der Gartengestaltung der letzten 150 Jahre gedacht gewesen. Heute werden sie leider oft als reiner Zierrat betrachtet und genau wie Rosenbögen

leichtfertig erworben und schnell aufgestellt. Solche filigranen Modelle sind meistens nicht von langer Dauer. Eine unbewachsene Pergola muss schon optische Präsenz haben, um ihren Zweck zu erfüllen. Und eine bewachsene Pergola muss stabil genug sein, um stark wachsende Pflanzen wie Blauregen (*Wisteria*) tragen zu können und ihrer Wuchskraft standzuhalten. Besser als ein vorgefertigtes Modell ist auf jeden Fall eine maßgeschneiderte Lösung. Die Pfosten können aus Naturstein oder einem warmtonigen Klinker errichtet sein, während sich als Querbalken stabile Holzbalken eignen, die natürlich entweder aus einem witterungsbeständigen Holz sind oder vorbehandelt werden müssen. Unter einer stabilen Pergola fühlt man sich geborgen und genießt den Schatten, den sie spendet.

DEKORATIVE IDEEN UM PLATZ ZU SCHAFFEN

Pavillons hingegen sind eher Inbegriff romantischer Verspieltheit; sie haben meistens mehr oder weniger offene Seitenwände und sind im Unterschied zu Gartenhäusern nicht wie ein Innenraum nutzbar, weil das Dach der im Handel befindlichen Modelle meistens offen ist. Hier hat man eine große Auswahl an ansprechenden Formen zur Verfügung, die gerade in klassisch orientierten mediterranen Gärten einen Platz finden können. Auch Pavillons kann man wie eine Pergola oder Laube beranken lassen. Sinn machen kann auch das Aufstellen eines Gartenhäuschens, das man weniger zu Freizeitzwecken nutzt, sondern zur Aufbewahrung. In modernen Hausgärten wird es immer häufiger benötigt, da viele Neubauten keine Keller haben und Platz für Fahrräder und Gartengeräte rar ist. Es versteht sich von selbst, dass die vorgefertigten Holzhütten, die inzwischen zum festen Bestandteil jedes zweiten Neubaugartens gehören, für ein mediterran wirkendes Gartenidyll

Links: Eine ganz schlichte Pergolalösung in einer Gartenecke, die an das Nachbargrundstück angrenzt. Die moderne Form passt gut zum mediterranen Bewuchs.

Ein Laubengang aus bogenförmigen Metallelementen wirkt luftig und leicht. Der Weg darunter wird von Katzenminze fast überwuchert.

unmöglich in Betracht gezogen werden können. Stattdessen sind in älteren Gärten gemauerte Häuser zu finden, die entweder eine brauchbare Patina angesetzt haben oder aber durch einen passenden Anstrich oder die Verkleidung mit Naturstein an der Fassade integriert werden können. Ein Bauwerk, sei es noch so klein, prägt die Atmosphäre eines Gartens nachhaltig. Deshalb muss es sorgfältig ausgewählt werden.

GRÖSSE IST WICHTIG

Ein Problem bei vielen vorgefertigten Pavillons ist ihre geringe Grundfläche: Wenn Sie hier einen Tisch und Stühle unterbringen wollen – nichts ist schöner als ein Kaffeetrinken unter dem Laubdach eines Pavillons – sollten Sie ein ausreichend großes Modell wählen. Kleinere Pavillons sind meistens nur als reiner Zierrat gedacht und machen im Grunde wenig Sinn, es sei denn, man platziert sie über einem Wegekreuz oder anderen Positionen, die ein solches Bauwerk erfordern könnten.

Sonnensegel sind in der Regel fest installierte Beschattungsmaßnahmen. Sie passen gut in moderne Anlagen. Auch auf dem Dach finden sie Anwendung.

Ideen für den Sonnenschutz

Schatten ist einer der kostbarsten Aufenthaltsorte im mediterranen Garten. Auch bei uns ist an heißen Sommertagen ein Plätzchen im angenehm kühlen Schatten begehrt. Schon in der Geschichte mediterraner Gärten spielen schattige Partien eine wichtige Rolle. So hat es in den klassischen Renaissancegärten Italiens Baumpflanzungen gegeben, die dem Aufenthalt im Schatten dienten. Aus dem „Bosco", dem künstlichen Wäldchen des 16. Jahrhunderts, wurden dann in ganz Europa die Boskette der Schlossgärten. Nun wird man im Garten nicht gleich einen ganzen Wald pflanzen können, aber aus der Geschichte kann man zumindest lernen, dass Baumschatten eine unvergleichliche Qualität hat. Er wandert mit dem Stand der Sonne und ist nur bei ganz wenigen Gehölzen wirklich tief. Im mediterranen Garten

empfehlen sich besonders Bäume mit ausladenden, weit auseinanderstehenden Ästen. Gleditschien oder Lederhülsenbäume (*Gleditsia triacanthos*) haben noch im Alter eine stark lichtdurchlässige Krone und passen mit ihrem gefiederten Laub und den dekorativen Dornen sehr gut in südlich geprägte Gartenräume. Auch der Geweihbaum (*Gymnocladus dioicus*) wächst ähnlich, aber in der Jugend recht langsam. Das Amerikanische Gelbholz (*Cladrastis lutea*) ist ebenfalls ein großer Baum mit einer relativ lichten Krone und langen weißen Blütentrauben, die angenehm duften. Für kleine Gärten eignet sich der im Mittelmeerraum viel gepflanzte Judasbaum (*Cercis siliquastrum*) mit kleinen rosa Schmetterlingsblüten. Eine immer bekannter werdende Zahl von noch unbekannteren Eichen (*Quercus*) macht sich ebenfalls gut als Schattenspender, etwa die beiden halb immergrünen Arten *Quercus* x *turneri* 'Pseudoturneri' und die mexikanische Art *Quercus rysophylla* mit glänzend grünen Blättern und einem kastanienbraunen Neutrieb. Natürlich gibt es noch

Sonnenschutz können Sie auch in Form einer Laube oder eines offenen Gartenhäuschens schaffen. Hier lässt sich die Hitze des Tages angenehm ertragen.

viele andere geeignete Bäume, die in unseren Breitengraden heimisch sind. Beratung in einer guten Baumschule ist deshalb unerlässlich. Künstlicher Sonnenschutz durch Markisen oder Sonnensegel ist überall da gefragt, wo modernes Design das Gesicht des Gartens bestimmt. Markisen werden direkt am Haus angebracht und sind auch mit modernen Bezügen verwendbar. Sie sind sehr praktisch und leicht zu bedienen. Sonnensegel sind etwas für Freunde zeitgenössischer Ideen. Sie spenden einen sehr angenehmen, helleren und gleichmäßigeren Schatten als Bäume und Markisen. Da sie sehr auffallend sind und den Blick auf sich ziehen, sollten sie aber mit Bedacht verwendet werden. Der Garten kann dadurch schnell in den Hintergrund treten und zur Kulisse für diese prominente Gestalt werden. In einem reduzierten Umfeld sind sie besser aufgehoben. Natürlich kann man die heißesten Stunden des Tages auch in einem individuell gestalteten Freisitz verbringen. Das ist eine gute Lösung für Liebhabergärten. Vielleicht bauen Sie sich ja Ihre eigene Dschungel-Lodge …

Lichte Bäume oder locker wachsende Großsträucher sind als Schattenspender überall dort vollkommen ausreichend, wo man Streuschatten braucht.

Bäume als mediterrane Schattenspender

Botanischer Name	Deutscher Name	Wuchs	Wuchshöhe
Albizia julibrissin	Schlafbaum	schirmförmig	5 m H x 5 m B
Castanea sativa	Esskastanie	rundkronig	8 m H x 6 m B
Cladrastis lutea	Gelbholz	rundkronig	15 m H x 12 m B
Cercis siliquastrum	Judasbaum	trichterförmig	5 m H x 3 m B
Gleditsia triacanthos	Gleditschie	unregelmäßig	10 m H x 7 m B
Gymnocladus dioicus	Geweihbaum	ovale Krone	10 m H x 8 m B
Magnolia tripetala	Schirm-Magnolie	schirmförmig	7 m H x 5 m B
Quercus x turneri	Turner's Eiche	rundlich	5 m H x 4 m B
Quercus rysophylla	Mexikanische Eiche	pyramidal, locker	8 m H x 5 m B

Innenhöfe und Patios gestalten

Wer schon einmal im Mittelmeerraum Urlaub gemacht hat, wird sich an die wunderschönen Innenhöfe erinnern. Überall dort, wo in den Städten und Dörfern historische Bausubstanz zu finden ist, haben diese kleinen Oasen ihren Platz. Auch aus Deutschland kennt man sie. Hier sind sie besonders in Großstädten Treffpunkt für Hausbewohner und oft die einzige Möglichkeit, ein wenig Gartenluft vor der Wohnungstür zu schnuppern. In den letzten Jahren widmen ihnen Architekten wieder mehr Aufmerksamkeit, weil man den Wert dieser Räume unter freiem Himmel wieder schätzen lernt. Eine besondere Form des Innenhofes ist der Patio. Er hat mit den oftmals

In der Großstadt sind Innenhöfe ein Fleckchen Grün im Häusermeer. Grund genug, sie als mediterrane Oasen zu gestalten.

düsteren Höfen der alten Hochhäuser nichts gemeinsam, sondern ist Zeugnis einer sehr reichen Lebenskultur. Der Begriff Patio stammt aus dem Spanischen und bezeichnet den Innenhof, der bei alten Häusern seit der Renaissance stets im Zentrum des Baues liegt. Schon seit dem Mittelalter waren diese Höfe ein beliebter Aufenthaltsort, an dem man auch während der heißen Stunden des Tages im Schatten kleiner Bäume oder aufgespannter Tuchsegel den Alltag

genießen konnte. Während Patios in Italien in erster Linie den großzügig angelegten ländlichen Villen vorbehalten waren, wurden sie in Andalusien auch fester Bestandteil kleinerer Stadthäuser. Vor allem das alte Córdoba ist noch heute wegen seiner traumhaften Patios bekannt, unter denen alljährlich ein Wettbewerb um den Platz als schönster Patio des Jahres ausgetragen wird. Die meisten dieser Anlagen sind im Privatbesitz und darum nur während des Wettbewerbs im Mai zugänglich. Hier kann man viele Anregungen für die Gestaltung des eigenen Innenhofes mitnehmen und lernen, wie man auch mit wenig Fläche ein ansprechendes und großzügiges Gesamtbild schaffen kann.

DER ÜBERGANG VON DER WOHNUNG IST FLIESSEND

Die Übergänge zum Innenhof sind eigentlich fließend und eine Unterscheidung ist nur in der Lage begründet. Ein Patio liegt ursprünglich im Zentrum eines Hauses, während ein Innenhof auch für mehrere, dicht aneinandergebaute Häuser genutzt werden kann. Im modernen Sprachgebrauch werden beide Begriffe auch auf den Innenhof eines Privathauses angewendet, ganz gleich, wo dieser liegt. So kann er in modernen Häusern auch durchaus zwischen Haupthaus und Nebengebäuden, etwa einer Garage oder einem Schwimmbad, gebildet werden. Und natürlich können Mauern dazu beitragen, einen geschlossenen Raum zu schaffen. Entscheidend ist letztlich nur die Art der Nutzung: Ein Raum entsteht, in dem man unter freiem Himmel Gartenambiente und Wohngefühl miteinander verbinden kann. Der große Vorteil einer solchen Erweiterung des Wohnraumes ins Freie ist, dass ein solcher Innenhof in der Regel nicht von außen einsehbar ist, da er an allen vier Seiten von vollständig blick- und winddichten Wänden umschlossen ist.

Rechts: Schon ein winziger Hinterhof kann mit einer Fülle mediterraner Kräuter in eine Vorratskammer verwandelt werden. Sonnige Lage ist unerlässlich.

Etwas ist grundlegend anders bei der Anlage eines Innenhofs oder Patios als bei allen anderen Gartenbereichen: Er ist nicht im eigentlichen Sinn ein Stück des Gartens! Diese Erkenntnis ist für seine richtige Planung immens wichtig. Sie ergibt sich aus der besonderen Lage. Umschlossen von festen Wänden wie Hausmauern oder Begrenzungsmauern, erfüllt der Innenhof bereits alle Voraussetzungen der planerischen Raumbildung. Er ist ein Raum, der nur noch ausgestaltet werden muss. Diese spezielle Situation schließt auch die Tatsache ein, dass es von hier aus keine Blickbeziehung zu anderen Gartenteilen gibt. Enger als dort ist aber die Beziehung zum Haus und damit zu den Innenräumen. Innenhöfe sind vom Ambiente her Zimmer ohne Dach. Deshalb kann man in ihnen auch gestalten, wie man es im Haus tun würde.

Viele Regeln der Gartenplanung sind hier außer Kraft gesetzt. So werden Sie sich wenig Gedanken über eine konsequente Wegeführung machen müssen, weil ein Innenhof meistens –

ähnlich einer Terrasse – zu weiten Teilen gepflastert sein wird. Pflanzen stehen in eigens ausgesparten Beeten oder in Pflanzgefäßen. Ein fester Bodenbelag ist wichtig, weil ein Patio meistens nur durch das Haus betreten werden kann. Stellen Sie sich vor, Sie müssten ständig mit erdverschmutzten Schuhen ins Haus laufen – das wäre keine Freude. Überhaupt gibt es bei der Planung von Terrassen und Innenhöfen viele Gemeinsamkeiten. So sollten Sie den Bodenbelag passend zum Haus auswählen, um eine harmonische Verbindung zwischen diesen beiden Bereichen auch optisch zu unterstreichen.

NEUE IDEENVIELFALT FÜR GRÜNE AUSSENRÄUME

Die Lage eines Innenhofes bestimmt im Grunde auch seine Nutzung. Ist er, wie bei Altbauten sehr häufig zu finden, von hohen Häusern umgeben, wird er vermutlich nur für wenige Stunden des Tages in der Sonne liegen. Es macht dann wenig Sinn, hier ein mediterra-

Über wenige Stufen erreichbar ist dieser kleine Garten mit moderner Formensprache. Wenn Sie auf Rasen nicht verzichten wollen, brauchen Sie dort Sonne.

Angrenzende Häuser, eine Mauer und mediterrane Zitrusbäumchen in klassischer Terrakotta: eine überzeugende Idee.

nes Sonnenparadies anzulegen. Machen Sie aus der Not eine Tugend und erinnern Sie sich an originale Beispiele aus den Mittelmeerländern: Dort wurde der Patio angelegt, um Schatten und angenehme Kühle zu haben. Nun ist bei uns eher Sonne gefragt, aber wenn man sie standortbedingt nicht hat, ist dies kein Grund zum Verzweifeln. An weniger hellen Plätzen lassen sich verwunschene Paradiese gestalten, die an die verwinkelten Hinterhöfe der Mittelmeerländer erinnern. Wichtig ist auch hier die Berücksichtigung zentraler, mediterran wirkender Ausstattungselemente. Je kleiner der zur Verfügung stehende Raum ist, desto sorgfältiger sollten das Mobiliar und die Accessoires ausgewählt werden. Auch der farbige Anstrich einer Mauer oder die Verkleidung mit ansprechend warmtonigem Naturstein können optische Signale sein, die dazu beitragen, im Innen-

hof eine mediterran wirkende Grundstimmung und eine freundliche Atmosphäre zu erzeugen. Ein Tipp zur Pflanzenauswahl: Denken Sie immer standortorientiert! Auch wenn Lavendel und aromatische Kräuter stilis-tisch passen könnten, macht es keinen Sinn, sie an eher lichtarmen Standorten einzusetzen. Dort könnte aber die Kultur mit empfindlicheren, bedingt winterharten Exoten lohnend sein.

Links: Auch Teile von gemeinschaftlich genutzten Innenhofflächen können nach Absprache abgetrennt werden, damit jeder Mieter oder Wohnungsbesitzer sein eigenes Gartenreich verwirklichen kann.

TIPP

Empfindliche Exoten profitieren vom idealen Kleinklima eines Innenhofes. Er ist nämlich dank der durchgehenden Einfriedung sehr windstill, was besonders im Winter von Vorteil ist, wenn austrocknende eisige Winde vielen Pflanzen aus dem Süden den Garaus machen. Winterschutz ist trotzdem unerlässlich.

Moderne Lösungen für kleine Flächen

1 Spiegel sind ein uralter Trick, um Räume größer erscheinen zu lassen. In diesem sehr kleinen Innenhof wurden wandhohe Spiegel eingesetzt, die den Raum unmerklich nach außen zu öffnen scheinen. Der Spiegeltrick wird durch die Verwendung einer einheitlichen Bepflanzung – hier mit Ölbäumen in Kübeln – unterstützt. So weiß man nie genau, ob sich eine Situation spiegelt oder nicht. Auch die einheitliche Farbgestaltung des ganzen Raumes verstärkt die harmonische Atmosphäre. Bis auf das fehlende Dach wirkt dieser Innenhof wie ein echter Wohnraum.

2 Terrassierungen können einen Innenhof beleben. Sie sind baulich zwar aufwendiger, aber das Wohnen auf mehreren Ebenen ist besonders reizvoll. Nicht nur optisch, sondern auch fühlbar wird der Gartenraum vergrößert.

3 Holzdecks können kostengünstig auf wenig attraktiven Untergründen, etwa auf altem Asphalt, wie man ihn häufig in Hinterhöfen findet, angelegt werden. Das Material ist natürlich und vermittelt Behaglichkeit.

4 Exklusive Lösungen machen jeden Patio zum Erlebnisgarten. Der Fantasie sind kaum Grenzen gesetzt. Hier wurden vor einer Wand Wasserkaskaden angelegt, die von Hochbeeten flankiert werden. In ihnen wachsen alte Weinstöcke und Schwertlilien.

Mediterrane Accessoires

Ein Garten, der das Flair ferner Länder von seiner schönsten
Seite zeigen soll, lebt von auch den passenden Accessoires.
Hier können Sie bis ins Detail alles für die gute Stimmung tun!

Gärten, die die Stimmung anderer
Länder heraufbeschwören, leben
nicht nur von einer guten Planung,
sondern auch von der Ausgestaltung bis ins
Detail. Eines der bekanntesten Beispiele für die
Beliebtheit solcher exotischer Gartenstile sind
die asiatischen Gärten. Aber auch der mediterrane Garten lebt von der Dekoration und Ausstattung. Hier gibt es keinen festen Kanon von
Elementen, die möglich sind, und schon gar
nicht jene feste Zuordnung zu bestimmten
Plätzen wie in japanischen Gärten. Unsere
Accessoires sind Elemente, die nicht Bestandteil der Planung sind.

ERST PLANEN, DANN DEKORIEREN?

Bei einer korrekten Gartenplanung legen Sie ja
genau fest, wo sich die einzelnen Gartenbereiche befinden und welche Größe sie haben; Sie
bestimmen auch, wie sie abgegrenzt sind, und
idealerweise werden sogar die Pflanzen mit in
die Planung einbezogen; schließlich geht es
auch darum, welche Flächen wie gepflastert
werden und wie der Garten durch Wege
erschlossen wird. Nicht auf dem Papier finden
Sie aber, welches Mobiliar Sie verwenden, welche Möbel und größeren Einrichtungsgegenstände einen Platz finden sollen. Gut gewählte
Accessoires sind nicht ohne Weiteres austauschbar, weil sie ganz genau in den Garten passen.
Das variiert von Typ zu Typ: Wenn Sie einen

Dschungelgarten Ihr Eigen nennen wollen, sind
beispielsweise klassische Terrakottakübel fehl am
Platz. Und wenn Sie die klassische Linie bevorzugen und einen Garten mit strenger Formensprache wünschen, kommen Sie ohne diese und
andere Klassiker des Südens gar nicht aus.

DIE AUSSTATTUNG IST
EIN KAPITEL FÜR SICH …

Die Dekoration eines Gartens mit passenden
Accessoires wird selten im Voraus geplant. Das
gibt Ihnen eine große Freiheit, erschwert aber
auch die Entscheidung. Im Garten gilt genau
wie in der Wohnung, dass Sie die Dekorationsgegenstände passend zum Gesamtkonzept auswählen und auch entsprechend platzieren sollten. Hier ist natürlich Sensibilität gefordert,
aber auch Ihr persönlicher Geschmack.
Eine Faustregel besagt, je weniger Ihr Garten
durch sein Konzept eine bestimmte Richtung
vorgibt, desto selbstständiger können Sie in der
Auswahl sein. Einzig bei klassisch orientierten
Anlagen sollten Sie sich an den Kanon traditioneller Dekorationen halten. Klassische Gärten
brauchen Dekorationen von zeitloser Schönheit.
Ihr Garten soll nicht die Jahrhunderte überdauern, aber wenn er Ihnen bis ins Detail Freude
machen soll, ist das Ansporn genug. In modernen Gärten und Liebhabergärten können Sie
nicht nur individuelle Ideen entwickeln, Sie
müssen es sogar.

Kleine Details ziehen die
Blicke auf sich und
sollten mit Bedacht ausgewählt werden.

Inspirationen für klassische Gärten

Wenn Sie sich für die klassische Linie entschieden haben, können Sie sich an eine ganze Reihe von Vorbildern halten, die schon aus der Gartengeschichte bekannt sind. In den Gärten des Mittelmeeraumes sind das vor allem Dekorationsgegenstände aus Terrakotta, einem der am häufigsten verwendeten Materialien nicht nur für Töpfe und Kübel, sondern auch für Figuren, Reliefs, Büsten, Pokale und Amphoren. Aber auch auf maurische Einflüsse zurückgehende Elemente stehen Ihnen zur Verfügung. Wandmosaike, kleine Zierbrunnen und Sonnenuhren gehören dazu. Natürlich ist der Handel voll von guten Ideen und Anregungen. Bei der Auswahl der Produkte sollten Sie aber ein genaues Augenmerk auf ihre Ausgestaltung richten. Bei Terrakotta ist es grundsätzlich am schönsten, wenn Sie Formen verwenden, die seit

Jahrhunderten nahezu unverändert geblieben sind. Unter dem Namen Impruneta sind noch immer die besten Gefäße und andere Dekorationen im Handel. Impruneta-Terrakotta besteht aus einer sehr fetten, grobkörnigen Erde, die reich an Mineralien ist und einen extrem hohen Anteil an Eisen aufweist. Ein typisches Qualitätsmerkmal der fertigen Terrakotta ist der beim Anfassen ablassende, sehr feinpudrige Staub. Er belebt die Terrakotta und trägt zu ihrem unvergleichlichen Aussehen bei. Der spezielle Verarbeitungsprozess schließt ein Trocknen in mäßiger Wärme vor dem Brennvorgang ein.

NUR DIE BESTE TERRAKOTTA

Gebrannt wird nicht wie bei anderen Tonerzeugnissen mittlerweile üblich in heißer Luft, sondern im Feuer. Erst nach bis zu 60 Stunden bei einer Brenntemperatur von mehr als 1.000 ° Celsius verdichtet sich die Terrakotta so stark, dass sich die Poren schließen. Aus diesem Grund ist echte Impruneta-Ware auch weitgehend frost-

beständig: Sie kann nur bis maximal ein Prozent Feuchtigkeit aufnehmen, während herkömmliche Tonware sich mit Wasser vollsaugt und dann im Winter beim Gefrieren des gespeicherten Wassers sehr schnell platzt. Mit Terrakottawaren kann man aber auch Wände beleben. Fertige Wandreliefs sind ebenso erhältlich wie Büsten nach klassischen Vorbildern. Solche ausgefallenen Schmuckstücke kann man in gemauerten Nischen unterbringen, um ihnen einen gebührenden Rahmen zu verleihen. Plastiken aus Terrakotta sind meistens aus Impruneta gefertigt und sehr haltbar. Solche Figuren finden auf eigens angefertigten Podesten aus bearbeiteten Natursteinblöcken oder aus Ziegeln gemauert einen schönen Platz. Eine gute Plastik erfordert immer Raum um sich herum, um entsprechend wirken zu können. Übrigens müssen Sie keine Angst haben, sich mit einer günstigen Replik abzugeben. Bekannte Kunstwerke sind über die Jahrhunderte tausendfach kopiert worden, um erschwinglich zu sein. Ich persönlich finde eine gute Replik immer noch besser als ein schlechtes Kunstwerk, das für sich in Anspruch nimmt, ein Unikat zu sein.

WASSER ALS ELEMENT DER GARTENDEKORATION

Wasser spielt bei der Dekoration nur in kleineren Erscheinungsformen eine Rolle. Als Wandbrunnen oder kleines Wasserspiel trägt es viel zur pittoresken Atmosphäre eines Innenhofes oder Sitzplatzes bei. Achten Sie auf ein entsprechendes Fundament, damit das Standbild nicht kippt. Gleiches gilt auch für Sonnenuhren. Sie passen in klassische mediterrane Gärten und werden traditionell am besten im Zentrum eines Wegekreuzes oder am Ende eines Gartenweges platziert. In kleineren Gärten sind sie als Blickfang auf einem kleinen Kiesplatz sehr malerisch. Bei klassischen Accessoires ist schnell die Grenze

Links: Ohne Terrakotta geht es nicht. Die klassischen Formen aus Impruneta finden wegen des haltbaren Materials auch für Reliefs und anderes Verwendung.

Undichte Wandbrunnen wurden auch in der Gartengeschichte oft dekorativ bepflanzt.

des guten Geschmacks überschritten, weil viele Dekorationsobjekte in klassischer Manier nur noch ein schwacher Abglanz ihrer einstigen Vorbilder sind. So wie die beliebten Pinienzapfen, die einst Mauern und Balustraden bekrönten und nun aus dubiosen Materialien in allen Größen und Farben zu haben sind.

Klassische Accessoires

Kacheln	Keramik, Terrakotta	für Wanddekorationen, einzeln in Reihe oder individuellen Mustern
Reliefs	Terrakotta, Stein	als solitäres Schmuckstück an Wänden oder Säulen
Sonnenuhren	Terrakotta, Metall	als Einzelstück an einer Wand oder auf einem Sockel an prominenter Stelle
Skulpturen	Terrakotta, Stein, Zementguss, Keramik	Einzelstücke oder in Reihe aufgestellt im Stil alter Kunstkammern
Töpfe	Terrakotta, Gussstahl, Blei. Keramik	ansprechend bepflanzt oder auch leer, mit Kerzen darin

Klassische Terrakotta

1 Gefäße aus Impruneta sind ursprünglich immer in klassischen Formen – etwa mit Blumengirlanden, sogenannten Festons – hergestellt worden. Sie sind der Inbegriff italienischer Töpferkunst.

2 Figuren aus Impruneta sind frostbeständig und setzen nur wenig Algen und Moose an, weil das Material kaum Feuchtigkeit bindet. Dieser Amor ist ein eher romantisch wirkendes Stück.

3 Patina verleihen auch Pflanzen den Kunststücken aus gebranntem Ton. Eingesetzt in eine Wand mit Kletterpflanzen, die man wie zufällig darüber wachsen lässt, ergibt sich eine künstliche Alterung.

4 Tierplastiken waren in der Renaissance und dem Barock beliebt in ganz Europa. Sie wirken herrschaftlich repräsentativ und machen sich als Paar immer besonders schön.

5 Amphoren und Vasen sind klassische Formen, die man saisonal auch bepflanzen kann. Paarweise an einem Treppenaufgang oder aber als Solitär auf einem Terrakottapodest am Ende einer Blickachse machen sie eine gute Figur.

6 Kacheln aus Ton sind je nach Brenntemperatur auch frostbeständig. Einige Hersteller arbeiten mit modernen Designs auf diesem traditionellen Material. Auch Einzelstücke machen sich gut.

Klassiker unter den Accessoires

1 Kacheln aus Email oder Keramik sollten im Außenbereich frostbeständig sein. Auch mit interessanten Mischungen können reizvolle Muster entstehen, die an die maurische Kunst erinnern.

2 Büsten aus Stein oder Terrakotta können malerisch in die Vegetation eindekoriert werden. Das lässt den Garten verwunschen wirken.

3 Fossilienabgüsse aus Zementguss sind ungewöhnlich, aber eine klassisch wirkende Form der skurrilen Dekoration. Mit ihnen lassen sich Pflaster beleben.

4 Sonnenuhren haben einen
festen Platz im mediterranen
Garten verdient. Es gibt Modelle für
die Wand und zum Aufstellen.

5 Töpfe sollten auch
an Treppenaufgängen
platziert werden. Dort
ziehen sie sofort alle
Blick auf sich. Eine sai-
sonale Bepflanzung ist
zu empfehlen.

6 Vasen und Amphoren sind
besonders extravagante Dekorationsobjekte. In Einzelstellung oder
als Paar, aber auch in Reihen
machen sie eine gute Figur. Sie
sollten immer in strenger Ordnung
platziert werden.

Ein Kräutergarten in ganz moderner, rückenfreundlicher Bauweise bereichert das Leben mit den köstlichen Aromen des Südens.

Die Dekoration moderner Gärten

Im modernen mediterranen Garten betreten Sie wirklich Neuland. Er ist nur eine von vielen Variationen des zeitgenössischen Gartens. Hier spielt in erster Linie das Design der Dekorationsobjekte eine Rolle, aber wie so oft beim modernen Design müssen sie auch funktionell sein. In Zeiten von Flachbildschirmen und Internettelefonie ist ein moderner Garten in allen Aspekten ein facettenreiches Abbild unserer Zeit. Von der klar strukturierten, entweder formalen oder aber gänzlich unkonventionellen Flächenbehandlung über das moderne Mobiliar bis zu trendigen Accessoires zieht sich diese neue Aufgabe des Gartens als Spiegelbild des aktuellen und zweifellos avantgardistischen Zeitgeschmacks wie ein roter Faden durch alle Bereiche. Sind es beim Mobiliar bequeme Loungemöbel, so gibt es bei den Accessoires vor allem eine Vorliebe für synthetische und oftmals ultraleichte Materialien. Kunststoffe und Fiberglas gehören in diese Kate-

gorie. Aus ihnen entstehen Möbel von skulpturaler Form, die oft nicht gerade bequem sind, aber als ausgezeichnete Dekoration dienen können. Auch Töpfe in ungewöhnlichen Formen und dezenten bis knalligen Farben ziehen Blicke auf sich. Hier sind alle Überformate beliebt: Extrem schlanke, hohe Zylinder oder ausladende Schalen lassen sich mit einer dezenten Bepflanzung zu wahren Kunstobjekten verwandeln. Hier trifft der gute alte Designlehrsatz „form follows function" nicht immer zu – schwierige Formate sind oft unpraktikabel, weil die Standfläche zu klein ist, um das Gewicht größerer Pflanzen auch bei Wind zu tragen, oder weil der Wurzelraum für viele Pflanzen einfach nicht ausreichend ist.

MEDITERRANE GÄRTEN GEHEN AUCH MIT DER ZEIT

Energiemanagement hat auch einige Bereiche der Dekoration beeinflusst: So gibt es zahlreiche Leuchtenserien, die dekoratives Licht aus der Sonnenenergie bereitstellen. Moderne Gärten können trotz allen Chics auch echte Treffpunkte und sogar Familiengärten sein. Aus diesem

Alt trifft neu: Unbrauchbare oder aussortierte Tassen kann man mit mediterranen Pflanzen zu netten Tischdekorationen umfunktionieren.

Spieglein, Spieglein an der Wand: Solche Ideen machen die Nähe zum Wohnraum im Haus greifbar. Sie versetzen Besucher immer wieder in Erstaunen.

Grund kann man viele individuelle Einfälle in die Tat umsetzen. Aus Sichtbetonkuben können schlichte, aber einfache Sitzgelegenheiten werden, ansprechend dekoriert mit modernen Stoffkissen. Hier kann man durchaus in geselliger Runde zusammensitzen und einen Cocktail genießen. Buntes Glas ist eine weitere Möglichkeit, Mauern oder andere Sichtschutzelemente zu dekorieren, indem einfach eine Reihe bunter Glasfenster darin eingebaut wird.

Moderne Skulpturen gehören ohne Zweifel zu den Highlights eines Gartens. Es muss aber nicht immer Kunst sein. Inszenieren Sie anstelle einer Plastik doch einmal Alltagsgegenstände wie einzelne schöne Vasen; aber auch malerische Gesteinsbrocken oder Totholz machen sich auf einem Sockel gut und wirken wie moderne Kunst. Momentan sind viele moderne Gärten noch Zukunftsmusik, die auf Gartenausstellungen zwar immer für wahre Begeisterungsstürme sorgen, sich als akzeptabler Privatgartenentwurf

aber nur selten wiederfinden. Das ist eigentlich sehr schade, weil diese Gärten so großen Spielraum zur Entwicklung der eigenen Kreativität lassen. Natürlich werden Sie Eigeninitiative entwickeln müssen, aber das fördert die Kreativität: Sie können auch Ideen aus der Wohnung in den Garten übertragen: Aufgehängte Spiegel wirken draußen sehr ungewöhnlich; ebenso Geschirr, das man bepflanzt.

MODERNE IDEEN FÜR MODERNE MENSCHEN

Aus Erfahrung weiß ich, dass sich nur Menschen für ein solches Gartenkonzept entscheiden, die ohnehin besonderen Wert auf Design legen und auch im Garten nicht auf die Qualität der Inneneinrichtung verzichten möchten. Sie werden deshalb auch keine Schwierigkeiten haben, die passenden Accessoires zu finden. Gleiches gilt auch für die Besitzer eines mediterranen Liebhabergartens. Hier sind die Accessoires oft natürlichen Ursprungs und auch ihre Funktionalität spielt im Vergleich zu modernen Dekoobjekten eine untergeordnete Rolle.

Moderne Pflanzgefäße

1 Treibholz ist eine maritime Lösung, die hier mt einer kleinen Sukkulentenkollektion bepflanzt wurde. Sie kommen mit dem flachen Wurzelraum aus.

2 Schlanke Formen sind seit Jahren modern. Achten Sie aber auf gute Proportionen und vor allem auf Standfestigkeit. Im unteren Teil können auch Steinbrocken oder Schutt für das Gewicht sorgen.

3 Naturformen sind im modernen Design häufig zu finden. Dieser mit rotblättriger Hauswurz (Sempervivum) bepflanzte Topf wurde einem Seeigelskelett nachempfunden.

4 Farbe verbindet in diesem Fall Gefäße und Wand. Mit solchen Kunstgriffen lassen Sie den Eindruck eines durchgestylten Gartenraumes entstehen.

5 Pflanzen können im Zusammenhang mit Gefäßen zu Skulpturen werden, wenn die Formen beider Elemente aufregend miteinander kontrastieren wie bei dieser Schwanenhals-Agave (Agave attenuata) und dem rundlichen Topf.

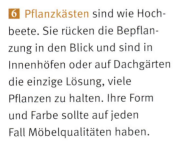

6 Pflanzkästen sind wie Hochbeete. Sie rücken die Bepflanzung in den Blick und sind in Innenhöfen oder auf Dachgärten die einzige Lösung, viele Pflanzen zu halten. Ihre Form und Farbe sollte auf jeden Fall Möbelqualitäten haben.

7 Baumaterialien wie alte Kanalendrohre und andere bepflanzbare Gegenstände lassen sich gut integrieren. Sie sind in der Form reduziert und in der Wirkung dezent.

Tontöpfe können auch unschöne Wände oder Sichtschutzelemente in ein freundliches Blütenmeer verwandeln.

Der Topfgarten

Oleander, Zitronenbäume und Engelstrompeten sind vielleicht die Keimzelle des mediterranen Gartens in unseren Breitengraden. Schon seit Jahrhunderten werden südländische Pflanzen auch im Norden kultiviert. Einst teuer und nur unter Strapazen über die Alpen gebracht, bevölkerten sie natürlich in klassische italienische Terrakotta und in Lattenkübel gepflanzt die Gärten des europäischen Adels. Weil sie nicht winterhart waren, wurden für die Unterbringung während der kalten Jahreszeit heizbare Bauten errichtet. Zunächst waren es Holzkonstruktionen, abschlagbare Pomeranzenhäuser, dann aber ging man im 17. Jahrhundert zum Bau gemauerter Orangerien über. Sie waren architektonisch wahre Schmuckstücke – genau wie die kostbaren Pfleglinge in ihrem Inneren. Auch wenn diese Exoten trotz des Klimawandels nicht bei uns winterhart geworden sind, gelten sie als Inbegriff mediterraner Pflanzenvielfalt. Das Sortiment an Kübelpflanzen steigt ständig und inzwischen ist man auch dazu übergegangen, winterharte Arten wie Buchs in passende Pflanzgefäße zu setzen und mit ihnen den Garten auszustatten. In diesem Fall müssen die Gefäße allerdings frostbeständig sein. Neben der bereits erwähnten Impruneta-Terrakotta erfüllen auch Bleigefäße und steinerne Kübel diese Anforderungen. Und natürlich Kunststoff, den es heute – auch wenn Puristen dies verabscheuen – auch als recht natürlich wirkendes Terrakottaimitat gibt. Aber auch die Pflanzen haben Ansprüche, wenn es um winterharte Arten geht. Der Topf muss ausreichend groß sein, um die Pflanze über Jahre hinweg bei guter Gesundheit zu halten. Kaufen Sie lieber zwei Nummern zu groß als eine Nummer zu klein.

DER RICHTIGE BODEN MACHT PFLANZEN GLÜCKLICH

Unerlässlich ist ein guter Wasserabzug durch das Abzugsloch und gegebenenfalls eine Dränageschicht aus Tonscherben oder Styroporbrocken (hierfür verwende ich gerne grob zerteile Stücke von Verpackungsformen). Gartenerde sollte mit torfhaltiger Erde und Sand gemischt werden, oder Sie verwenden handelsübliche Kübelerde. Sie enthält meistens eine Vorratsdüngung, die die Pflanze einige Zeit versorgt und das Anwachsen erleichtert. Immergrüne Gehölze müssen

Rechts: Diese Versammlung von Kübelpflanzen in Terrakottagefäßen erweckt einen klassischen Eindruck. Ein idealer Raum mit vielen Gesichtern!

übrigens auch im Winter gegossen werden, da sie über die Blätter auch bei Kälte Wasser verdunsten. Kübelpflanzen eignen sich nicht nur als Sammelobjekte, sondern auch als gestalterisch wichtiger Gartenschmuck. Klassisch ist die reihenweise Aufstellung von gleichen oder ähnlichen Pflanzen in gleichen Gefäßen. Mit ihnen kann man zum Beispiel einen zentralen Gartenweg flankieren. Auch wenn er über eine Rasenfläche führt, die nicht gerade mediterran wirkt, kann man durch die Aufstellung der Kübelpflanzen einen sehr starken Effekt erziehlen.

EINFACH UMDEKORIEREN IST LEICHT IM TOPFGARTEN

Schmucklilien (*Agapanthus*) oder andere kompakte Pflanzen wie Agaven oder niedrige Sorten des Neuseeländer Flachs (*Phormium*) mit seinen lebhaft gefärbten Blättern eignen sich hierzu hervorragend. Größere Kübelpflanzen sind zwar eine Pracht, aber sie nehmen unter Umständen die Sicht auf einen bestimmten Gartenteil. Wählen Sie deshalb von Anfang an solche Arten, die zu den Dimensionen Ihres Gartens passen oder sich durch fachmännisch ausgeführte Schnittmaßnahmen im Zaum halten lassen.

Aber auch andere Pflanzen, die bei uns für Balkonkästen verwendet werden, lassen sich im mediterranen Garten harmonisch einordnen. Im Moment sind heißblütige Farbkombinationen wie Orange und Magenta, etwa mit Tagetes und Surfinien umgesetzt, sehr gefragt. Für moderne Gärten empfehlen sich Pflanzen mit einem ungewöhnlichen Äußeren: Sukkulenten und Gräser, aber auch Palmlilien (*Yucca*) und Keulenlilien (*Cordyline*) haben eine starke Wirkung in modernen Pflanzgefäßen. Auf jeden Fall sorgt die gartengerechte Auswahl für eine schöne Verbindung zwischen Haus und Garten. Und: Töpfe sind mobil und lassen immer wieder neue Kombinationen zu!

Kübelpflanzen richtig auswählen

Bei Gewächsen für Kübel gibt es viele verschiedene Möglichkeiten. Zum einen können Sie in einen Topf nur eine Pflanze setzen. Oder Sie bepflanzen die Töpfe gemischt. Und dann haben Sie natürlich die Möglichkeit, mit frostempfindlichen und mit winterharten Pflanzen zu arbeiten. Die ursprünglichste Form der Haltung im Kübel ist es sicher, exotische Pflanzen einzeln in Töpfen unterzubringen. Entstanden ist diese etwas museal wirkende Art aus dem Bestreben, Exoten aus fernen Ländern gebührend zur Schau zu stellen. Im mediterranen Garten ist diese Form einst den Zitrusgewächsen vorbehalten gewesen. Über die Jahrhunderte hat sich aber ein riesiges Sortiment entwickelt, aus dem Sie Schätze für Ihre Terrasse, einen Innenhof und andere Standorte auswählen können. Als Solitär muss eine Pflanze schon einen besonderen Charakter entwickeln können. Hier eignet sich fast jede Pflanzenart, die entweder durch ihren Wuchs, zierendes Laub oder schöne Blüten besticht. Entscheidend ist neben der Standortwahl – die meisten dieser Gewächse sind Sonnenanbeter und gedeihen in Süd- oder Westlage deutlich besser als an Plätzen, an denen sie nur morgens oder abends einige Stunden Sonne bekommen – auch die richtige Düngung. Alle Kübelpflanzen, die den ganzen Sommer über Blüten ausbilden, brauchen eine ausreichende Versorgung mit Nährstoffen. Sie sind sozusagen Hochleistungssportler aus dem Pflanzenreich.

GESUNDE PFLANZEN MÜSSEN RICHTIG ERNÄHRT WERDEN

Die meisten Pflanzenfreunde düngen viel zu wenig; eine wöchentliche Gabe eines Flüssigdüngers oder aber die Versorgung mit einem Vorratsdünger in Granulatform ist notwendig, um Oleander & Co. gesund zu erhalten. Bedenken Sie, dass alle Topfpflanzen nur sehr wenig

Der Enzianstrauch (Solanum rantonettii) gehört zu den beliebtesten Kübelpflanzen. Er braucht viel Sonne und nicht zu große Töpfe, um gut zu blühen.

Pelargonien der Stellar-Gruppe haben sternförmige Blüten. Sie haben in den letzten Jahren stark an Beliebtheit gewonnen.

Wurzelraum zur Verfügung haben. Nährstoffe, die in der Natur durch Umsetzung von organischem Material entstehen, gibt es in Gefäßen schlichtweg nicht! Mit dem Düngen fügen Sie der Pflanze nichts Unnatürliches zu, sondern ersetzen natürliche Prozesse bedarfsgerecht. Im Übrigen zahlt sich die Düngung aus: Gesunde Pflanzen sind nämlich viel widerstandsfähiger gegenüber Krankheiten und Schädlingen. Besonders schön sind natürlich gemischte Bepflanzungen aus Sommerblumen. Hier können Sie aus Hunderten verschiedener Sorten wählen. Für jeden mediterranen Gartenstil lassen sich passende Zusammenstellungen und Farbideen finden. Für mich gehören vor allem Pelargonien, im Volksmund gerne noch als Geranien bezeichnet, zu den typischen Pflanzen der Mittelmeerländer. Sie sind dort passend zu den Bedingungen in ihrer südafrikanischen Heimat oft sehr mager gehalten und thronen in

Töpfen und Vasen auf Mauerkronen, wo sie nur selten Wasser bekommen. Die modernen Sorten brauchen guten Boden und viel Dünger, aber die kleinblättrigen Hybriden, die Wildarten ähneln, und Duftblattpelargonien gewinnen, wenn man sie in Substrat und Wasser etwas darben lässt.

Links: Saisonale Bepflanzung verändert das Gesicht eines Gartens – und die Wirkung eines Gefäßes. Mit Hortensien wirken die Kübel weniger streng.

Winterharte Kübelpflanzen für große Töpfe

Botanischer Name	Deutscher Name	Wuchs	Wuchshöhe
Acanthus mollis	Bärenklau	Blattschmuckstaude	bis 1 m
Buxus sempervirens	Buchs	Formgehölz	formbar
Caryopteris x clandonensis	Bartblume	Blütengehölz	bis 1,2 m
Hydrangea macrophylla	Ball-Hortensie	Blütengehölz	bis 1,5 m
Ilex crenata	Stechpalme	Formgehölz	formbar
Lavandula angustifolia	Lavendel	Halbstrauch	bis 60 cm
Osmanthus x burkwoodii	Duftblüte	immergrüner Strauch	bis 2 m
Viburnum tinus	Lorbeer-Schneeball	immergrüner Strauch	bis 2 m
Yucca gloriosa	Palmlilie	Blattschmuckstaude	80 cm

Der mobile Sonnenschutz

Sonnenschutz in einem Garten, der der Sonne gewidmet ist? Natürlich ist Sonnenschutz in jedem Garten eine Selbstverständlichkeit. Wer flexibel sein möchte, der ist mit mobilem Sonnenschutz am besten bedient. Mit Sonnenschirmen oder einfach auf- und abbaubaren Sonnensegeln kleinerer Dimensionen kann man dem Lauf der Sonne folgend mit einem Objekt mehrere Gartenplätze beschatten. Das ist wichtig, weil direkte Sonnenstrahlen – so viel hat die Medizin inzwischen festgestellt – auf Dauer nicht nur unangenehm,

Freiarm-Sonnenschirme sorgen für bessere Raumnutzung und wirken sehr modern.

sondern sogar schädlich sein können. Es macht nur wenigen Menschen Freude, in greller Sommersonne am Kaffeetisch im Freien zu sitzen; aber das Empfinden von Licht ist stark temperaturabhängig. Gerade in Innenhöfen kann man schon zeitig im Frühjahr die Sonnenwärme genießen; dann wirken direkte Sonnenstrahlen bei niedrigerer Außentemperatur sogar sehr wohltuend. Auch für den mediterranen Garten sind Sonnenschirme geeignet. Sie

sind wegen der enorm großen Auswahl an Modellen außerordentlich flexibel einsetzbar. Auch was den Anschaffungspreis betrifft, wird für jedes Budget das Passende gefunden werden können. Vorbei sind allerdings die Zeiten der nur mühsam aufspannbaren Gartenschirme. Inzwischen gibt es leichtgängige Ampelschirme und solche mit problemlos zu bedienender Öffnungsautomatik.

Ampelschirme sind gerade für kleinere Gartenbereiche sinnvoll, weil der Schirmständer nicht mittig unter dem aufgespannten Schirm steht. Der Schirmmast ist seitlich am Schirm angebracht. Darum kann man die beschattete Fläche vollständig nutzen. Auf Terrassen, die wenig Platz zusätzlich zu der für die Möblierung benötigten Stellfläche bieten, eröffnen diese Art von Freiarmschirmen neue Nutzungsmöglichkeiten.

HIGHTECH MACHT DIE SONNE SANFTER

Auch normale Sonnenschirme haben eine Hightech-Entwicklung durchgemacht: Sie müssen heute flexibler sein als früher, weil man den Garten als Wohnraum nutzt und im Grunde zu jeder Tageszeit den Komfort eines guten Sonnenschutzes benötigt. Auch das Design kommt bei diesen Schirmen nicht zu kurz, sodass sie sich bestens in moderne Designergärten einpassen. Entscheidend für den Bedienkomfort eines Sonnenschirmes sind mobile Schirmständer. Sie sollten standfest, aber nicht zu schwer sein und sich auch von einer weniger kräftigen Person mühelos verstellen lassen. Mobile Sonnensegel und Sonnenschutzdächer sind aufwendiger in der Handhabung, weil die Textilflächen eine feste Anbindung entweder an Wände oder frei stehende Stützen brauchen. Letztlich ist es aber Geschmackssache, für welche Art des Sonnenschutzes Sie sich entscheiden.

Rechts: Ein einfach aufgespanntes Sonnensegel ist zwar nicht beliebig ohne Aufwand verstellbar, aber es schafft einen angenehmen Schatten.

Gartenbeleuchtung für neue Aspekte

Was für eine angenehme Vorstellung: Obwohl Dämmerung und Dunkelheit im Garten herrschen, erscheint das mediterrane Paradies in neuem Licht. Dinge, die bei Tag alltäglich erscheinen, erstrahlen im inszenierten Licht als kleine Sensationen. Ein professionell ausgeleuchteter Garten ist ein Genuss, der neue Perspektiven sichtbar macht.

Mit Licht können Sie spannende Akzente setzen und den Garten in neuen Dimensionen planen. Ganz gleich, ob es um reine Orientierung und Sicherheit geht oder ob die Beleuchtung ästhetische Ansprüche erfüllen soll, können mit verschiedenen Lampen und Strahlern reizvolle Effekte erzielt werden. Damit der Charakter des Gartens optimal zur Geltung kommt, müssen Sie auch überlegen, von welcher Position aus Sie ihn am liebsten betrachten oder – bei einer Neuanlage – in Zukunft betrachten wollen. Das können Terrassen, Sitzbänke im Freien oder begrünte Lauben sein. Da man den Garten aber auch im Winter von drinnen genießen möchte, sollte man auch durch das Fenster Ansichten entdecken, die tagsüber unsichtbar bleiben.

Wer seinen Garten optisch vergrößert sehen möchte, sollte zum Beispiel große Gehölze an den Grundstücksgrenzen betonen. Besonders schön wirkt dies bei einer hohen Baumreihe, der man so gleichzeitig die düstere Wirkung in der Dämmerung nimmt. Bei Hecken kann, ganz nach Geschmack, die nächtliche Anmutung variiert werden: Je weiter entfernt die Lichtquelle ist, desto flächiger wird der Eindruck. Rückt man die Strahler näher heran, kommen Blattstruktur und Astwerk besser zur Geltung und erscheinen plastisch.

Nicht nur für ihre Liebhaber sind Pflanzen lohnende Blick- und Lichtfänge. Farbige Blüten, Ziergräser oder filigran gewachsene Gehölze wirken bei einbrechender Dunkelheit ange-

strahlt wie Kunstobjekte. Deren Anblick ändert sich je nach Jahreszeit und Wetterlage: Wind oder Schnee schaffen wirkungsvolle Formenspiele. Und nur gezielt gesetzte Akzente sorgen auch für eine ausgewogene Lichtgestaltung. Genau wie bei einem Wohnraum wirkt eine Ausleuchtung der gesamten Fläche ungemütlich. Einzelne Lichtquellen tauchen den Garten in eine wesentlich schönere Stimmung. Angenehm sind die Effekte, wenn man auf ein fein abgestimmtes Lichtverhältnis von Innen- und Außenräumen achtet.

Zur Beleuchtung von Pflanzen dürfen nur Lichtquellen verwendet werden, die wenig Wärme abstrahlen. Zu hohe Temperaturen können im zeitigen Frühjahr zu einem verfrühten Austreiben von Knospen führen oder Teile der Pflanze verbrennen. Interessante Effekte entstehen auch durch die Verwendung von farbigen Strahlern, die den Charakter einer Pflanze betonen oder auch verändern können.

LICHT SORGT AUCH FÜR SICHERHEIT

Gartenwege werden auch in der Dunkelheit genutzt, wenn Sie abends lange draußen sitzen und dann sicher zum Haus zurückkehren wollen. Deshalb ist es wichtig, sie gut zu beleuchten und sie – besonders für Besucher – sicher zu machen. Wählen Sie abgewinkelte Strahler oder Lampen, die direkt in den Boden eingelassen werden und auf keinen Fall blenden. An Sitzplätzen müssen Sie darauf achten, die Lichtquellen nicht in unmittelbarer Nähe anzubringen. Besser ist eine weiche Ausleuchtung des Hintergrundes.

Das gilt auch für die Beleuchtung von Wasserflächen. In und an Teichen, Bachläufen oder Pools lassen sich extravagante Effekte herbeizaubern. Bewegt sich die Wasseroberfläche bei Wind, entstehen wechselnde Reflexionen. Mit Lichtquellen unterhalb der Wasseroberfläche erscheint die

Links: Durch unterschiedliche Arten von Lichtquellen kann man in kleineren Gartenräumen und auf Terrassen eine abwechslungsreiche Atmosphäre schaffen.

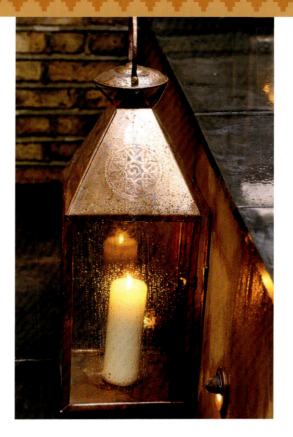

Unterschätzen Sie den Zauber natürlicher Lichtquellen wie Kerzen und Fackeln nicht. Sie sorgen für Romantik.

Umgebung Garten in sanftes Licht getaucht. Weil es unterschiedliche Arten der Beleuchtung gibt und eine inzwischen fast unüberschaubare Anzahl von Leuchten, die sich für den Außenbereich eignen, empfehle ich eine Probeausleuchtung. Einige Hersteller bieten diesen Service vor Ort in Ihrem Garten an. Dieses Angebot macht die Entscheidung leichter und Sie sind vor Überraschungen sicher. Den Einbau von Leuchten und das Verlegen der Kabel sollten Sie einem Elektriker überlassen.

RICHTIG AUSLEUCHTEN

Zwei wichtige Regeln gibt es, die Ihnen die Auswahl der richtigen Beleuchtung erleichtern können. Erstens: Beleuchtung von oben sorgt für Tiefe und eine interessante räumliche Darstellung des Gartens. Zweitens: Von unten, also aus Bodennähe, lassen sich Wege und strenge Linien – zum Beispiel am Fuße einer Mauer – betonen. Halogenlicht ist wesentlich härter als das Licht von Glühlampen. Aber die Intensität und die Wirkung des Lichtes hängen auch von der Form der Leuchte ab.

Beleuchtungsideen

1 Feuerstellen machen einen Garten zu besonderen Anlässen gemütlich. Offenes Feuer hat einen besonderen Reiz und wärmt stark. Wenn Sie Feuerkörbe nutzen, sollten Sie auf ausreichend Abstand zu Möbeln und anderen Einrichtungsgegenständen achten. Auch ein entsprechender Untergrund empfiehlt sich, um die Asche aufzufangen.

2 Wege und Aufgänge können durch dezente Lichtsysteme sicher ausgeleuchtet werden. Auf diesem Bild ist die Beleuchtung der Bambuspflanzen in den Pflanzkästen weniger gelungen: Die Lichtkegel sind sehr kompakt und lenken von der filigranen Struktur der Bambushalme ab.

3 Wasser kann oberhalb und unterhalb der Wasseroberfläche beleuchtet werden. Weiches Licht ist angenehmer und vermeidet harte Spiegelungen und Blendeffekte. Bei formalen Lösungen wie Wasserrinnen ist eine Ausleuchtung in gleichmäßigen Abständen optisch vorzuziehen.

4 Ideen muss man haben. In diese aus Fertigsteinen gemauerte transparente Wand passen Teelichte ideal. In jedes Fach einfach ein Licht gestellt, ergibt sich eine aufwendige Beleuchtungsinszenierung. Solche Lösungen sind sehr individuell – aber mit geringen Kosten umzusetzen.

5 Indirekte Beleuchtung ist sehr geeignet für moderne Gartenkonzepte. Sie wirkt ungewöhnlich und schafft eine architektonisch anmutende Grundstimmung. In den Boden eingelassene Beleuchtungskörper können unter satinierten oder farbigen Abdeckungen aus Verbundsicherheitsglas angelegt werden. Es kann bei entsprechender Stärke sicher betreten und belastet werden. So wird die Beleuchtung Teil des Mobiliars.

6 Andere Lichtquellen wie das Licht in einer benachbarten Garage können auch umgenutzt werden. Hier wurde die an die Garagenwand angrenzende Outdoor-Küche durch einen Blendschutz aus Latten dekorativ beleuchtet.

Wasser im mediterranen Garten

Wasser ist im originalen mediterranen Garten nicht nur das Elixier des Lebens. Es hat auch eine erfrischende Wirkung auf die Atmosphäre eines Gartens. Möglichkeiten gibt es viele …

Wasser hat viele Namen: Als „Urgrund allen Seins" bezeichnete der griechische Naturphilosoph Thales von Milet das Wasser. Später erkoren Empedokles und Aristoteles Wasser zu einem von vier Elementen. Schon immer hat man sich im Mittelmeerraum mit dem Wasser – auch als Gestaltungselement – befasst. Besondere Aufmerksamkeit wurde ihm mit dem Einzug der Mauren in Südspanien zuteil. Denn das Paradies – ob in der Bibel oder im Koran – wäre ohne Wasser als „Quell des Lebens" nicht denkbar. Wie auch immer: Für „Normalsterbliche" ist der Stoff, der zwischen den Händen zerrinnt, einfach Inbegriff purer Lebensfreude. Ein Urlaub unter südlicher Sonne, mit Blick auf das Meer oder wenigstens den Hotelpool ist für viele ein Muss, um „aufzutanken". Schon ein Blick auf die ruhige Oberfläche naturnaher Gartenteiche, eleganter Wasserbecken oder hellblauer Wasserläufe bringt Entspannung in den Alltag. Quirlige Whirlpools, plätschernde Brunnen, Bäche und Wasserspiele sorgen für eine „paradiesische" Geräuschkulisse. Tatsächlich ist es um den Entspannungsfaktor folgendermaßen bestellt: je größer die Wasserfläche, desto stärker die beruhigende Wirkung, die von ihr ausgeht. Es muss nicht immer ein Wassergarten im Großformat sein. Selbst kleine, durchdacht platzierte Wasserstellen können erstaunliche, die Seele erquickende Akzente setzen – im Garten zu ebener Erde ebenso wie auf Terrasse, Balkon und Dachgarten. Das kann einer einfachen Schale oder einem Wandbrunnen als Blickfang gelingen, einer zierlichen Vogeltränke oder einem Miniaturwassergarten in mediterran wirkenden, wasserdichten Pflanzgefäßen.

Und egal ob stehende oder fließende Gewässer: Wasser bietet auch – wenn Sie es wünschen und fördern wollen – Lebensräume für dekorative Pflanzen und farbenfrohe Tiere, wie Libellen, Fisch- und Vogelarten.

FÜR JEDEN GARTEN GIBT ES PASSENDE WASSERIDEEN

Ob Sie sich am liebsten von der Natur inspirieren lassen oder eher an formal-architektonischen Gestaltungsprinzipien orientieren, bleibt Ihnen überlassen. Nur: Je näher Naturteich, Wasserbecken oder Brunnen am Haus liegen, desto stärker sollten Sie Stil, Proportionen, Materialien und Farben der Wassergestaltung auch auf das Gebäude abstimmen. Ebenfalls fester Bestandteil einer durchdachten Planung: die optischen Übergänge von „nass" zu „trocken", seien es „harte", manchmal steinerne Uferbefestigungen oder „weiche", mit Pflanzen im Uferbereich und jenem Grün, das in der Umgebung wächst. Sitzplätze nah am Wasser sind wichtig, damit Sie die belebende und beruhigende Wirkung des Wassers auch genießen können.

Diese winzige Imitation einer klassischen Wasserachse nimmt ihren Anfang in einem Wandbrunnen, der im Stil einer barocken Grotte errichtet wurde.

Der italienische Garten auf der Insel Ilnacullin liegt vor Glengariff im irischen County Cork und besitzt eine mustergültige Wasseranlage.

Wasser in klassischen Gärten

Grundsätzlich unterscheidet man zwischen formalen, das heißt streng gegliederten, Gestaltungskonzepten und einer verspielteren Formensprache, die die Natur zum Vorbild hat. In klassischen Gärten haben alle strengen Formen des Wassers ihren Platz. Das sind Wasserbecken in allen Größen – gemauerte oder fertig hergestellte Becken in regelmäßigen geometrischen Formen. Alle haben senkrecht abfallende Wände. Sie sollten, ebenso wie der Boden, aus armiertem Beton oder Betonwinkelsteinen bestehen (sie müssen mit einer wasserdichten Folie verkleidet werden). Wenn Sie weniger Aufwand schätzen: Es gibt auch fertige Kunststoffbecken zu kaufen, die leicht einzubauen sind. Am Rand können auch sie mit Platten aus Naturstein belegt werden. Es ist schöner, wenn sie etwas über den Rand hinausreichen, damit der Beckenrand gut versteckt werden kann. Der vorhandene Platz entscheidet über die Größe und über die Form. Von quadratisch über rechteckig in kompakter oder lang gestreckter Ausdehnung oder rund und elliptisch reicht das Spektrum. Aber nicht allein die Größe entscheidet über den Grad der Faszination. Bereits kleine Wasserstellen in Terrassennähe, etwa ein Brunnenbecken oder ein winziges Bassin mit kaum 20 Zentimetern Wassertiefe, verändern den Eindruck eines Gartens und bereichern das Leben im Garten um neue Aspekte.

Die Kühle, die in den sommerlichen Abendstunden vom Wasser ausgeht, ist dabei ebenso reizvoll wie das beruhigende Plätschern eines Wasserspieles. Wasser sollte behutsam eingesetzt werden und mit der Umgebung eine Einheit bilden. Bei der Ausführung ist einwandfreie Qualität wichtig. Wasserbecken müssen nicht nur

Rechts: In diesem klassischen mediterranen Patio sind alle Elemente vorbildlich miteinander in Einklang gebracht. Diese Einheit sollte man kopieren!

dicht sein, sondern auch frostbeständig. Bei einer zu geringen Tiefe müssen Sie das Wasser im Winter vor strengen Frostperioden ablassen, um Risse im Becken zu verhindern.

Deshalb muss ein Ablauf eingebaut werden; das ist wesentlich bequemer, als das Wasser mit einer Pumpe aus dem Becken zu lassen. Zudem kann man bei stark verschmutztem Wasser einfach neues einlassen. Damit lässt sich der Wunsch vieler Teichbesitzer nach klarem Wasser auch wirklich erfüllen.

SEEROSEN ALS SCHÖNER BECKENSCHMUCK

Die meisten Gartenbesitzer wünschen sich in Bassins einen hellen Boden ohne organische Ablagerungen. Diese entstehen durch das Eintragen von Laub und Blütenblättern, die dann auf den Grund absinken. Da die Becken meistens keinen Pflanzenbewuchs haben sollen, können sie sich nicht selbst regulieren. Eine starke Filteranlage und der Einsatz algenvernich-

tender Wasserzusätze sind also unverzichtbar. Es gibt nur zwei Möglichkeiten, die natürliche Verschnutzung einzudämmen: Entweder liegt das Bassin weit entfernt von Schmutz verursachenden Pflanzen oder man spannt im Herbst Netze darüber. Aber das finde ich optisch absolut inakzeptabel. Zumindest den Algenbewuchs kann man durch ständige Oberflächenbewegung in Grenzen halten, etwa in einem Bassin mit Springbrunnen. Wenn Sie ein Bassin mit Seerosen (Arten und Sorten der Gattung *Nymphaea*) oder den empfindlicheren Lotosblumen (*Nelumbo nucifera*) – Inbegriff mediterranen Wasserschmucks – bepflanzen wollen, sollte es für kleinere Seerosen-Sorten mindestens 60 Zentimeter tief sein, für die größeren und Lotosblumen mindestens 90 Zentimeter. Seerosen und Lotosblumen können gut in Kunststoffkörben mit lehmiger Teicherde gehalten werden. Wie alle Pflanzen mit Schwimmblättern mögen sie bewegtes Wasser nicht. Ein Springbrunnen oder eine Fontäne sollte in einiger Entfernung zu den Pflanzen stehen, sonst leiden die Blätter stark.

Wasserläufe und Wasserspiele

Die ideale Erweiterung zu einem formalen Wasserbecken sind geradlinige Wasserrinnen und Kanäle, je nach Geländeformation auch in Verbindung mit Wassertreppen oder Kaskaden. Verglichen mit Bächen erweisen sich Kanäle optisch und akustisch als die ruhigere Variante. Zu ebener Erde sind sie besonders gut realisierbar. Ähnlich wie andere glatte, spiegelnde Wasserflächen bieten sie den Vorteil, dass sie den Garten optisch vergrößern und ihn besonders repräsentativ wirken lassen. Auch in kleinen Gärten kann man zentrale Wasserachsen mit einem gefassten Bachlauf oder einem strengen Kanal anlegen. Wasserrinnen dienen als streng architektonisches Stilelement, dann oft in unmittelbarer Nähe des Hauses. Ebenso streng sollten Sie bei der Auswahl der begleitenden Pflanzen sein. Immergrüne wie Buchs und Eibe

bieten sich an, auch weil man sie in geometrischen Mustern schneiden kann. Wenn Sie noch mehr Belebung wollen, können Sie auch ganze Wasseranlagen mit Brunnen anlegen.

Brunnen zeichnen sich überhaupt durch zwei große Vorzüge aus: Sie wirken selbst auf engstem Raum belebend, und ihr Variationsreichtum ist riesengroß. Er reicht vom Quellstein über Wandbrunnen und Wasserspeier bis hin zu Fontänen und anderen imposanten Wasserspielen. Noch heute stellen Brunnen in den Mittelmeerländern den zentralen Besiedlungsgrund und wichtigsten Treffpunkt für eine Dorfgemeinschaft dar. Nicht zuletzt in der Renaissance und im Barock nutzte man Brunnen und ihre Spielarten, um Gärten zu verschönern. Der französische Landschaftsarchitekt Alexandre le Blond (1679–1719) erkannte: „Springbrunnen und Wasser sind gleichsam die Seele des Gartens und ihre vornehmste Zierde …".

Heute kommen Zierbrunnen und Wasserspiele in deutschen Gärten vergleichsweise selten vor. Das sollte im mediterranen Garten, wo Wasser

als klassisches Gestaltungselement enorm wichtig ist, anders sein! Als Material für Brunnen, Wasserspeier und Auffangschalen kann Naturstein oder Ton verwendet werden, aber auch Edelstahl, Bronze, Messing oder Kupfer.

Um die Konstruktion stilsicher in den Garten zu integrieren, gehören Pflanzen dazu. Vor allem Wandbrunnen wirken ohne Grün in der Nähe oft kahl. Für eine schlichte Bepflanzung bieten sich unter anderem Efeu, Kletterrosen und Klematis an sowie verschiedene Gräser, Schwertlilien und Weinreben. Wenn Wasserbecken, Brunnen und Wasserspiele an einem günstigen Ort stehen und mit moderner Pumptechnik ausgerüstet sind, hält sich der Pflegeaufwand in Grenzen. In Windschneisen sollten besonders Fontänen nicht platziert werden, denn Wind kann den gesamten Anblick zunichtemachen und das Wasser über den Beckenrand hinaustragen. Deshalb auch sollte eine Fontäne nie höher sein als ihr Abstand zum Beckenrand.

Links: Wenn formale Wasseranlagen viel Raum in der Gestaltung einnehmen, sollten sie fachmännisch ausgeführt sein. Dann ist der Gesamteindruck perfekt.

Sehr mediterrran wirkt auch die Verbindung von Wasser mit Brunnenfiguren oder Skulpturen. In klassischen Entwürfen gibt es eine Vielzahl von Anwendungen, immer aber an sehr prominenter Stelle im Garten. Eine solche Anlage muss unbedingt entsprechend platziert werden, zum Beispiel auf einer größeren Kies- oder Plattenfläche. Es ist wichtig, diese Brunnen von allen Seiten ansehen zu können. Das lässt sie wie ein Ausstellungsstück wirken.

QUELLSTEINE

Eine beliebte Wasserdekoration sind Quellsteine. Sie brauchen nur wenig Platz und können selbst in kleinen Gärten eingesetzt werden. Sie gehören unbedingt in die Nähe eines Sitzplatzes. Meistens werden sie aus dem vorhandenen Material der Plattenfläche gebaut und von Kieselsteinen umsäumt. So lassen sie sich mühelos integrieren. Man kann sie aber auch in einen strengeren Rahmen setzen, zum Beispiel mit Pflasterstreifen abschließen oder sie mit einer niedrigen Pflanzung umgeben.

Formale Ideen modern und klassisch

1 Brunnen machen sich gut an allen zentralen Punkten in klassischen und modernen Gartenanlagen, die streng formal gegliedert sind. Im Handel gibt es eine große Auswahl in allen Preisklassen.

2 Wasserschütten aus Edelstahl oder in gemauerter Form sind in modernen Gärten sehr beliebt geworden. Sie beleben formale Bassins. Da das Wasser in kleinen Becken stark bewegt wird, können keine Pflanzen darin gehalten werden.

3 Skulpturale Wirkung hat diese in einen Steinblock eingesetzte Wasserschütte aus Edelstahl. Je höher das Wasser fließt, desto lauter ist das Geräusch. In unmittelbarer Nähe einer Terrasse kann das störend wirken. Achten Sie bei der Planung also auf den entsprechenden Abstand.

4 Brunnenbassins größerer Ausdehnung findet man in privaten Gärten eher selten. Eine gute Anregung ist aber die Kachelung des Beckens. Sie wirkt exotisch und stilisiert die Wasserfläche stark.

5 Überläufe schaffen eine natürlich wirkende Verbindung zwischen zwei auf verschiedenen Ebenen angelegten, gleich großen Wasserbecken. In diesem Kiesgarten wurden die Beckenränder mit alten Holzbalken befestigt.

6 Wasserspeier finden sich in historischen Brunnenbecken häufig. Meistens haben sie menschliche Formen oder zeigen Tierköpfe. Groteske Formen waren im 16. Jahrhundert sehr beliebt.

7 Wellness ist ein zentrales Thema im modernen Wohngarten. In das mediterrane Umfeld passt auch ein Whirlpool gut.

Moderne Wassergärten

Es gibt heute zwei große Richtungen in der Verwendung von Wasser im zeitgenössischen Garten. Die eine behandelt das Wasser als etwas sehr Natürliches und möchte ihm diese Kraft auch lassen. Designer, die sich für diese ursprüngliche und sehr direkte Art der Gestaltung einsetzen, ziehen es vor, das nasse Element nicht zu zwingen und zu bewegen. Sie legen ruhige Wasserflächen an, verwenden Reflecting-Pools und andere kleinformatigere Lösungen. Reflecting-Pools sind flache Edelstahlbecken, die man einsetzt, um mit ihren spiegelnden Wasserflächen einen großzügigeren Raumeindruck zu schaffen. Wasser entfaltet in dieser ruhigen, stehenden Form eine ebenso beruhigende Wirkung auf den menschlichen Geist wie auf die Atmosphäre des Gartens. Die zweite Art, Wasser als Gestaltungselement

zu behandeln, ist weitaus dramatischer: Das Wasser wird regelrecht gezwungen – es muss durch Röhren und Schütten fließen und wird kunstreich als Inszenierung eingesetzt. Moderne Wasserskulpturen sind aufwendige Demonstrationen dieser Art, Wasser als festen Bestandteil des Mobiliars zu etablieren. Neu ist das aber nicht. Schon im 16. Jahrhundert gab es auch in Südeuropa raffinierte Wasserspiele, die die Gärten der Paläste belebten.

EINE REVOLUTION FÜR NEUE GARTENRÄUME

Sie haben also eine recht große Bandbreite von Ideen zur Verfügung, um Ihren Garten zu bereichern. Ob Sie es dabei schlicht und elegant lieben oder auffallend, ist Geschmackssache. Entscheidender ist eine stilistische Anbindung an das Haus. Das ist ein wichtiger Punkt in der Gestaltung moderner Gärten – nicht nur moderner mediterraner Gärten. Haus und Garten bilden eine untrennbare Einheit, weil

Eine ruhige Wasserfläche kann eingesetzte Pflanzen wie Skulpturen wirken lassen. Pflanzen mit strengen Formen eignen sich am besten.

Moderne Materialien wie Glas und Cortenstahl machen Wasseranlagen zu Inszenierungen.

die Freunde modernen Designs drinnen und draußen gleichermaßen Wert auf optimale Funktionalität und Ästhetik legen.

Für Wassergärten heißt das vor allem, dass die verwendeten Materialien sich in das Gesamtkonzept harmonisch oder auch kontrastreich einfügen. Im Garten sollten Sie sich immer für eines entscheiden: Harmonie oder Spannung durch Kontraste. Notlösungen sind nämlich der Feind des modernen Designs und trüben die Wirkung meistens erheblich.

WASSER MIT MODERNEN MATERIALIEN KOMBINIEREN

Auch die Verarbeitungsformen der Materialien tragen viel zur Wirkung des Gartens bei. Wasserspiele oder Bassins aus Edelstahl und Glas wirken streng, aber wegen ihrer Helligkeit auch offen und klar. Cortenstahl schafft durch seine

Links: Sehr modern wirkt diese Terrassenanlage mit Wasser, die in der klassischen Form eines Gänsefußes (Patte d'oie) angelegt wurde.

Rosttöne eine gewisse Wärme und hat eine stark skulpturale Wirkung – wohl weil viele Künstler der Moderne mit diesem Werkstoff arbeiten. Sichtbeton finde ich persönlich neutral und deshalb zu vielen Gartenräumen passend. Zudem harmonieren mediterrane Bepflanzungen mit blau blühenden und graulaubigen Sonnstauden wie Katzenminze (*Nepeta*) und Lavendel mit dem hellen graubeigen Farbton des Betons. Auch Materialkombinationen lassen sich gut mit Beton realisieren. Solche Lösungen erscheinen gut beleuchtet regelrecht künstlerisch.

PRAKTISCH BLEIBEN

Der Grundsatz des modernen Designs, nach dem die Form der Funktion zu folgen hat, prägt auch Elemente eines modernen mediterranen Wassergartens. Funktional müssen sie sein, geradlinig, schlicht und konsequent in der handwerklichen Umsetzung. Prinzipien der klassischen Gartenkunst können mit modernen Materialien umgesetzt werden. So eignen sich auch Wasserspiele und Brunnenbecken gut für moderne Anlagen. Auch eine Wasserachse durch einen Kanal ist sehr passend.

Wasser im Liebhabergarten

Für Liebhaber ist Wasser eher wegen seiner Naturnähe und seiner Qualität als Biotop wichtig. Dennoch sollten nicht nur große Objekte professionell angelegt werden, sondern auch kleine Teiche, Bassins oder Brunnen technisch einwandfrei sein, um Problemen vorzubeugen. Natur braucht im Garten nämlich viel Unterstützung, um sich frei entfalten zu können. Gerade das Verlegen von Teichfolien, die für größere Anlagen maßgeschneidert werden, ist nicht einfach. Besonderes Augenmerk sollten Sie auf die optisch einwandfreie

Tropisch mutet diese Idylle am Teich an. Ein kurzer Steg ermöglicht das Beobachten der Natur.

Gestaltung des Uferbereiches richten. Nichts stört in so einem natürlich wirkenden Bereich so sehr wie sichtbare Folienreste oder Beckenränder. Bei Naturteichen ist es sehr wichtig, einen harmonischen Übergang von Wasser und Land zu schaffen. Hier spielen viele Faktoren eine Rolle. Welche Lage hat das Objekt? Wie ist die Bodenbeschaffenheit? Wie viel Pflege wollen Sie investieren? Viele Gartenbesitzer träumen vor allem wegen der zusätzlichen, opulen-

ten Pflanzenvielfalt von einer Wasserfläche im Garten: von Seerosen, Schilf und vielem mehr. Doch nicht alles funktioniert überall und auch dann nicht immer so reibungslos, wie man zunächst denken mag. Fachleute raten davon ab, Gewöhnliches Schilf (*Phragmites australis*) ins Wasser zu setzen – trotz seiner enormen Reinigungskraft, denn sein Wuchs nimmt rasch überhand. Besser eignen sich Arten wie die Blumenbinse (*Butomus umbellatus*), Wasser-Schwertlilien (*Iris pseudacorus*), Kalmus (*Acorus calamus*), Gold-Segge (*Carex elata* 'Bowle's Golden'), Schmalblättriger Rohrkolben (*Typha angustifolia*) oder Igelkolben (*Sparganium erectum*). Auch der Breitblättrige Froschlöffel (*Alisma plantago-aquatica*) und die Sumpfdotterblume (*Caltha palustris*) zählen zu den empfehlenswerten Flachwasserpflanzen.

SAUBERES WASSER DURCH GEEIGNETE BEPFLANZUNG

Körbe aus Kunststoff mit Teicherde verhindern eine zu starke Vermehrung und schützen die Teichfolie vor invasiven Wurzeln. Wenn Sie ungefähr 80 bis 90 Prozent der Bepflanzung mit diesen sogeannten Repositionspflanzen bestücken, ist sauberes Wasser deutlich wahrscheinlicher als bei einer willkürlich zusammengestellten Bepflanzung. Sie sind in der Lage, dem Wasser schädliche Stoffe wie Schwermetalle und giftige organische Verbindungen zu entziehen und es bis hin zur Trinkwasserqualität zu säubern. Leider gehören nicht alle von ihnen zu den attraktivsten Geschöpfen unter der Sonne, aber die genannte Auswahl präsentiert einige echte Gartenteich-Juwelen. Die gute Nachricht: Die übrigen zehn bis 20 Prozent der Pflanzen im Regenerationsbereich können nach ihrem attraktiven Äußeren gewählt werden, wie der Wasserhahnenfuß (*Ranunculus aquatilis*) oder die Wasserfeder (*Hottonia palustris*).

Rechts: Ein winziges quadratisches Wasserbecken macht diesen kleinen Garten zu einem Schmuckstück. Ein Refugium in der Stadt.

Dieses Beispiel eines Schaugartens zeigt eine neue Art der ruhigen Wasserfläche mit einem Strudelelement.

Ruhige Wasserflächen

Wasserflächen gelten für Eigenheimbesitzer oft als die „Klassiker" unter den Wasserthemen. Dabei haben frei gestaltete, naturnahe Teiche erst im 18. Jahrhundert Einzug in die Gartenkunst gehalten, genauer: in den englischen Landschaftsgarten. Fällt die Entscheidung für Frösche und Co. und wollen Sie ein echtes Biotop, so ist ein größerer Naturteich erste Wahl. Seine Grundform ist anders als die von Wasserthemen im klassischen und im modernen Garten und zeichnet sich durch eine geschwungene Linienführung aus. Auch die einst beliebte Nierenform ist nicht schlecht dafür geeignet. Idealerweise lässt man die Teichfolie für die einmal festgelegten Maße anfertigen, das erspart Schweißen von Nähten und Zuschneidearbeiten. Es gibt auch hier Fertigbecken aus glasfaserverstärktem Kunststoff, die ich nicht so geeignet finde, weil sie wenig Spielraum für eine individuelle Gestaltung lassen. Naturteiche können auch aus Ton hergestellt werden. Ton ist ohne Frage das umweltfreundlichste Material, das man zur Abdichtung eines Gartenteiches verwenden kann. Als Standort bietet sich

eine Senke oder Mulde an der tiefsten Stelle im Gelände an, möglichst mit Büschen, Bäumen und Hecken in der Nähe. Dort haben Kröten, Molche und andere Amphibien gute Möglichkeiten, sich zu verstecken, Nahrung zu finden und zu überwintern. Grundsätzlich sollten Teiche in einer offenen, zumindest zum Teil in der Sonne liegenden Fläche platziert sein. Baumkronen direkt über dem Gewässer können sich nachteilig auswirken, wenn sie zu viel Schatten spenden und ihr Laub sowie Vogelexkremente die Wasserqualität beeinträchtigen – der Eintrag bietet Nährstoff für Algen und verstopft Pumpenansaugfilter.

EIN TEICH KANN ÖKOLOGISCH FUNKTIONIEREN

Je größer und tiefer ein Teich, desto weniger können ihm solche äußeren Einflüsse anhaben. Im Idealfall hält sich das Gewässer sogar ganz ohne menschliche Hilfe im Gleichgewicht. An heißen Sommertagen bieten Wasserflächen im Garten wohltuende Erfrischung schon beim Anschauen. Damit Sie den ganzen Sommer

Rechts: Ein naturnaher Platz zum Träumen, der auch im kleinen Garten Platz hätte. Kies statt Rasen säumt den Teich und sorgt für südländische Stimmung.

über Freude an Ihrem Gartenteich oder Bachlauf haben, gibt es einiges zu tun. Bei Wassertemperaturen über 20 Grad kann der Sauerstoffgehalt im Teich knapp werden: Tiere und Pflanzen leiden, Algen breiten sich rasant aus. Gegen akuten Mangel gibt es im Fachhandel Sauerstoffstabilisierer.

STILLE WASSER ODER LEBENDIGES FONTÄNENSPIEL?

Wenn Sie zumindest zeitweilig die ruhige Wasseroberfläche beleben wollen, sorgen ein einfließender Bachlauf oder eine Fontäne im Teich dann für zusätzliche Sauerstoffzufuhr. Eine Fontäne im Gartenteich ist schön anzusehen und gleichzeitig wertvoller Sauerstofflieferant. Damit Sie für Ihren Teich das passende Wasserspiel finden, gibt es eine Faustregel: Der halbe Teichdurchmesser ist gleich der maximalen Fontänenhöhe. Diese hängt wiederum von der Pumpenleistung und dem gewählten Aufsatz ab, die der Fontäne die gewünschte Form und

Sprungkraft verleihen. Da der Einbau nicht sichtbar ist, können Sie eine glatte Teichfläche genießen, aber auf Knopfdruck auch das Plätschern des Wasserspieles erleben.

In modernen Gärten sind Naturteiche nicht so gefragt. Hier sind ruhige Wasserflächen von Vorteil, die eine klare Abgrenzung haben. An die Stelle von Teichen mit Uferzone und Randbepflanzung treten Becken von gleichmäßiger Form. Sie können oval oder kreisrund sein, aber vor allem rechteckige Wasserflächen werden gegenwärtig viel verwendet. Sie lassen sich leichter in einen formal geplanten Hausgarten integrieren als runde Formen, die sehr viel mehr Raum benötigen, um gut zu wirken. Dennoch ist vor allem die spiegelnde Wirkung einer runden Wasserfläche viel intensiver. Wo nicht so viel Platz ist, sind die schon erwähnten Reflecting-Pools eine gute Alternative, da sie selbst in Größen ab einem Quadratmeter erhältlich sind. Solche Miniatur-Wasserflächen haben auch in ganz kleinen Innenhöfen oder auf Terrassen ihre Berechtigung.

Natürlich wirkende Wassergärten

1 Naturteiche, die auf manchen Grundstücken in ländlichen Gegenden noch aus früheren Zeiten vorhanden sind, lassen sich auch mit einem entsprechenden Sitzplatz etwas mediterran gestalten. Hier wurde ein Holzdeck als Sitzplatz angelegt, dessen Rahmenbepflanzung aus charakteristischen Stauden besteht. Die graulaubige Wolfsmilch (Euphorbia characias) und andere Trockenstauden sind dankbar und säen sich an diesem sonnigen Platz bereitwillig aus. Der naturnahe Charakter der gesamten Anlage hat auf diese Weise eine ganz neue Dimension erhalten.

2 Topfgärten mit Wasser sind eine nette Dekoration und finden selbst auf kleinen Sonnenterrassen und Dachgärten Platz.

3 Einfache Fontänen beleben auch ein Kiesbett. Als Wasserbehälter kann ein in den Boden eingelassener Kunststoffbottich dienen. Eine Pumpe sorgt dann für die nötige Bewegung.

4 Flache Bassins sind in Kiesflächen unkompliziert anzulegen. Die Wasserreinigung ist bei dieser Größe leichter als bei tiefen Becken.

5 Wasser vor dem Haus ist zwar schön, aber baulich nicht einfach umzusetzen. Hier sollten Sie einen Fachmann fragen, der bereits mehrfach solche an das Haus unmittelbar angrenzenden Anlagen geplant hat. Das schützt vor Fehlern und Schäden am Gebäude.

Beete und Pflanzenkombinationen

Ein Garten lebt erst durch seine Bepflanzung. Sie prägt Atmosphäre und den persönlichen Stil. Mediterrane Gärten bieten Raum für Fantasie – und Betätigung für Experimentierfreudige.

Die Bandbreite mediterraner Gärten ist groß. Wie Sie gesehen haben, gibt es neben den klassischen Formen auch moderne Konzepte und extremere Gestaltungslinien wie die Liebhabergärten. Dieser Variationsreichtum erfordert natürlich auch eine Vielfalt von Pflanzen, die man in unterschiedlichen Kombinationen verwenden kann, um das eigene Konzept stimmig umzusetzen. Auch wenn viele der im Mittelmeerraum häufig anzutreffenden Pflanzen nicht ausreichend winterhart sind, gibt es doch eine große Auswahl von Arten, die ganz hervorragend passen.

Denken Sie nur an solche Exoten wie den winterharten Eibisch (*Hibiscus syriacus*). Dieser bekannte sommerblühende Strauch hat so exotische Blüten, dass sie in herkömmlichen Gärten sehr fremdartig wirken. Oder die stammlosen Palmlilien (*Yucca filamentosa*) mit ihren straffen, immergrünen Blattschwertern. Auch das in den Vorgärten allenthalben gepflanzte Pampasgras (*Cortaderia selloana*) ist so ein Gast aus fernen Ländern, der den Sprung ins Standardsortiment der Gartencenter geschafft hat. Solche Exoten erscheinen häufig unpassend, weil sie aus ganz anderen Klimazonen stammen. Diese Andersartigkeit stört viele Gartenbesitzer aber nicht. Und schließlich wären unsere Gärten ziemlich leer, wenn man alle aus China oder Amerika stammenden Arten ausschließen würde. Wenn man einen Garten bepflanzen will, dessen Merkmal die Exotik ist – das heißt nichts anderes als

etwas Fremdartiges –, hilft es sehr, sich zu vergegenwärtigen, wie viele Stauden und Gehölze tatsächlich im Handel sind, die im Grunde echte Exoten sind. Das trifft sogar auf so „gewöhnliche" Pflanzen wie den Lavendel zu. Auch er ist in Mitteleuropa nicht heimisch. Es hat Zeiten gegeben, da verfroren selbst diese Pflanzen in harten Wintern regelmäßig. Inzwischen hat der Klimawandel für mediterrane Gärten einen Fortschritt gebracht: Etliche der einst als empfindlich geltenden Pflanzen können nun in vielen Gegenden Deutschlands ausgepflanzt werden.

PFLANZEN GEBEN IN JEDEM GARTEN DEN TON AN

Sie müssen sich von Anfang an darüber im Klaren sein, dass alle Pflanzen in den Dienst der mediterranen Wirkung gestellt werden. Die im ersten Kapitel dieses Buches beschriebenen originalen Gärten sind für die Art der Pflanzenverwendung eine wichtige Inspirationsquelle. Auch die charakteristischen Wuchsformen von Pflanzen spielen eine wichtige Rolle. So gibt es einige Charakterformen, die regelrechte Signalwirkung besitzen. Schmal säulenförmige Nadelgehölze wie Zypressen und schirmförmig wachsende Kiefernarten wie die Pinien sind ganz typisch für die Mittelmeerlandschaften und auch für ihre Gärten. An ihnen kann man sich orientieren, wenn man Pflanzen sucht, die eine mediterrane Wirkung haben.

Schwertlilien werden im Mittelmeerraum gerne als Einfassungspflanzen verwendet.

Typische Pflanzen mediterraner Gärten

1 Ölbäume (Olea europaea) sind auch als Olivenbäume bekannt und werden uralt. Die immergrünen Bäume vertragen einige Minusgrade schadlos. An windgeschützten Standorten können Sie in wintermilden Gegenden das Auspflanzen wagen. Ältere Pflanzen sind robuster als junge Exemplare.

2 Schmucklilien (Agapanthus) stammen aus Südafrika und sind im Mittelmeerraum weit verbreitet. Man unterscheidet immergrüne und laubabwerfende Arten. Letztere sind gut winterhart und gedeihen mit leichtem Winterschutz durch Mulchabdeckung auch bei uns hervorragend!

3 Palmen sind der Inbegriff exotischer Pflanzenschönheit. Einige Arten der Gattungen Trachycarpus und Chamaerops sind erstaunlich winterhart. Spezialgärtnereien halten ein großes Sortiment winterharter Sorten bereit.

4 Oleander (Nerium oleander) ist ein immergrüner Strauch mit oft stark duftenden Blüten. Bei uns blüht er als Kübelpflanze nur in warmen Sommern reich. Dann ist er im mediterranen Garten monatelang eine Pracht.

5 Zistrosen (Cistus) sind immergrüne kleine Sträucher, die im Mittelmeerraum heimisch sind und dort auf kargen Böden bestens gedeihen. Die Blütenfarben reichen von reinem Weiß über Rosa bis zu Purpurrot. Einige Arten wie Cistus purpureus sind bedingt winterhart.

6 Zitrusgewächse gehören zu den ältesten Kulturpflanzen des Mittelmeerraumes. Bei uns müssen sie hell und kühl überwintert werden. Bei milder Witterung fühlen sie sich auch im Winter draußen wohler als in Innenräumen. Kübel auf Rollen erleichtern das Hin und Her, das den Pflanzen guttut.

167

Eine Frage des guten Klimas

Wer in Mitteleuropa einen Garten anlegen will, der so wirkt, als sei er vom Licht des Südens durchtränkt, und dieses besondere Flair überzeugend vermitteln soll, sieht sich zunächst mit einigen kritischen Punkten konfrontiert: Wie soll man hier solche Gärten gestalten, wo doch viele der im Mittelmeerraum verwendeten Pflanzen bei uns gar nicht winterhart sind. Und auch die bei uns so häufigen Dauerregenperioden scheinen mit mediterranen Pflanzengesellschaften nicht vereinbar zu sein. Trotzdem ist es gut möglich, bei uns herrliche Gärten anzulegen, die durch ihre Pflanzenauswahl begeistern. Grundsätzlich ist das Thema Standort und Klima sehr schwierig allgemein zu behandeln. Ich weiß, dass viele Gartenfreunde genau wissen wollen, ob die Standortansprüche einer Pflanze auch mit den Gegebenheiten im eigenen Garten übereinstimmen. Eine so genaue Auskunft ist aber schwierig zu geben, denn jeder Standort hat ein besonderes Mikroklima, das unter Umständen sogar stark von der für Ihre Region angegebenen Winterhärtezone abweicht – und zwar im Positiven wie im Negativen. Ein Beispiel: Es kann sein, dass Sie in einer exponierten Lage im Bereich der sonst sehr milden Kölner Bucht ein deutlich raueres Mikroklima haben als beispielsweise im Innenstadtbereich. Ebenso gibt es in der norddeutschen Tiefebene Situationen, die wesentlich milder sind und so die Kultur empfindlicherer Arten ermöglichen.

TEMPERATUR IST NICHT ALLES

Genauso ist es mit der Winterhärte: Angaben wie „bis -20 Grad Celsius" sind im Grunde irreführend. Eine Kamelie kann bei der richtigen Sortenauswahl vielleicht solche Temperaturen aushalten, wenn sie durch entsprechende Maßnahmen geschützt ist oder eine Schneedecke

diesen Zweck erfüllt. Die gleiche Sorte kann aber bereits bei -10 Grad Celsius fast tödliche Schäden davontragen, wenn wochenlang Kahlfröste herrschen oder sie an einem windexponierten Platz steht. Aus eigener Erfahrung weiß ich, dass der Blick auf das Thermometer in kalten Nächten für Schlaflosigkeit bis hin zur Paranoia sorgen kann. Zu Ihrer eigenen Beruhigung sollten Sie das Außenthermometer abschaffen. Wenn Sie empfindlichere Pflanzen haben, beobachten Sie lieber das Wetter und ergreifen Sie rechtzeitig Maßnahmen wie zum Beispiel Windschutz. Das gibt Sicherheit und erspart das Zittern um Ihre Lieblinge. Kein Buch kann Ihnen das Ermitteln der Standortfaktoren abnehmen. Erleichtern möchte ich es Ihnen durch die Aufzählung einiger besonders geeigneter Mikroklimate. Klären Sie zunächst, ob Sie auf einer Anhöhe oder in einem Tal wohnen. Täler stehen in dem Ruf, besonders geschützt zu sein; aber genau das Gegenteil ist der Fall: Zwar ist die Temperatur im Sommer möglicherweise etwas höher, aber in kalten Nächten entwickelt sich so ein Tal (auch ein sehr kleines) zur Frostfalle. Denn kalte Luft sinkt nach unten. Deshalb sind Tallagen und Senken im Herbst extrem früh frostgefährdet und im Frühjahr zudem spätfrostgefährdet. Genau das Gegenteil ist auf Anhöhen der Fall. Schon zweihundert Meter Höhe können bei zusätzlicher Unterstützung durch Windschutzpflanzungen ein milderes, weniger frostgefährdetes Mikroklima bewirken.

STADTLAGEN SIND MILDER

Auch die Nähe des Meeres kann durch die höhere Luftfeuchtigkeit Temperaturen erträglicher machen. Ich kenne mehrere Gärten an der Nordsee, in denen zwar öfters sehr kalte Temperaturen herrschen, in denen die Besitzer aber durch Anpflanzung von großen immergrünen Gehölzen geeignete Mikroklimate geschaffen haben, in denen selbst als empfindlich geltende

Links: Erhöhte Luftfeuchtigkeit, wie sie in der Nähe von Gewässern herrscht, beeinflusst das Mikroklima im Garten ebenfalls. Ideal für exotische Pflanzen!

Auch so lässt sich ein Mikroklima schaffen: Sonnenerwärmte Steine schaffen zusätzliche Wärme im Kräuterbeet.

Pflanzen ohne zusätzlichen Winterschutz überleben und gut gedeihen. Stadtgärten liegen je nach Größe der Stadt fast schon in einer halben Klimazone von der Umgebung entfernt. Besonders in Großstädten ist dieser Effekt spürbar. Nicht allein durch die vielen Bauten und die abgestrahlte Energie, sondern auch durch Autos und sogar durch Menschen entsteht ein günstigeres Klima. Zwar ist hier die Luft nicht besser als in der Vorstadt oder auf dem Land, aber sie ist tatsächlich wärmer. Die Temperaturen können im Extremfall bis zu 10 Grad Celsius zwischen dem Stadtzentrum und der Umgebung variieren. Stadtlagen sind also besonders prädestiniert für mediterrane Gärten!

Wenn Sie in der Ebene wohnen, ist es unerlässlich, einen geschützten Gartenraum zu schaffen, indem Sie Mauern errichten oder Windschutzpflanzungen aus robusten Gehölzen wie Kirschlorbeer oder großen Koniferen aufbauen. Das ist auch wichtig, wenn Sie nur mit sehr winterharten Pflanzen gärtnern und auf Exoten verzichten. Denn im mediterranen Garten profitieren nicht nur die Gewächse vom Mikroklima – auch die Menschen wollen Sonne und Wärme tanken.

Umdenken bei der Bepflanzung

Ganz gleich, ob Sie einen klassisch-formalen, einen modernen oder einen üppigen Dschungelgarten schaffen wollen – in jedem Fall müssen Sie sich von der allgemein üblichen Art, Pflanzen zu setzen, verabschieden. Es ist nämlich bei uns sehr verbreitet, ein Sammelsurium verschiedener Einzelpflanzen mehr oder weniger planlos in die Beete zu setzen. Das hat mit Gartengestaltung wirklich nichts zu tun. Es ist nichts anderes als eine nicht sehr vorteilhafte Art der Pflanzenaufbewahrung.

EIN GARTEN IST DIE SUMME GUTER IDEEN

Sie werden es anders machen, denn Sie haben sich für eine bestimmte Gestaltungsrichtung bereits entschieden. Das heißt natürlich auch, dass Sie je nach Gartengröße und Pflanzbeispiel eine größere Anzahl an Pflanzen brauchen, als Sie zunächst vielleicht denken. Flächige Pflanzungen zum Beispiel mit Lavendel oder bodendeckenden Stauden entstehen nur, wenn eine ausreichende Anzahl pro Quadratmeter gepflanzt wird. Wenn Sie vier Lavendelpflanzen auf diese Fläche setzen, wird es Jahre dauern, bis sich die Pflanzung schließt. Und bis dahin müs-

In einem geschützten Innenhof können Ölbäume auch bei uns im Freien mt Erfolg kultiviert werden. Entscheidend ist das Mikroklima des Standortes.

sen Sie enorm viel Arbeit aufwenden, um Unkraut von der noch unbewachsenen Fläche zu entfernen. Es ist wie in einer Wohnung: Dort würden Sie auch nicht einzelne Teppichfliesen auf dem Fußboden auslegen und später weitere dazukaufen. Machen Sie es also von Anfang an richtig. Das heißt natürlich auch, sich zu beschränken und nicht zu viele Pflanzen zu kaufen. Je größer die Einzelpflanze später wird, desto mehr Platz beansprucht sie auch. Bei Gehölzen kann es nach zwei oder drei Jahren bereits Probleme geben: Viele sind beim Kauf noch klein und werden darum dicht gepflanzt. Schmetterlingsflieder (*Buddleja davidii*-Hybriden) sind beim Kauf meistens kaum 80 Zentimeter hoch. Schon zwei Jahre später können sie gut und gerne 2,5 x 2,5 Meter groß sein! Auch die beliebten rotlaubigen Blutpflaumen (*Prunus cerasifera* 'Nigra') entwickeln sich innerhalb

ERSATZ FÜR ÖLBÄUME

Auch für Ölbäume findet man sehr akzeptable Ersatzpflanzen. Die Weidenblättrige Birne (Pyrus salicifolia) zum Beispiel sieht nach einigen Jahren einem alten Ölbaum recht ähnlich. Das silbergraue Laub und die dünnen, etwas unordentlich wachsenden Zweige verfehlen ihre mediterrane Wirkung nicht. Sie ist allerdings laubabwerfend, während Ölbäume immergrün sind. Aber dafür ist das Gehölz ausgesprochen winterhart. Mit etwas Fantasie lassen sich oft akzeptable Alternativen finden.

Wenn Sie mit Buchs oder anderen Formgehölzen einen festen Rahmen schaffen, können ältere Kübelpflanzen darin wirkungsvoll platziert werden. Die Lösung ist einfach, aber überzeugend.

weniger Jahre vom schmalen Strauch zum ausladenden Baum. Solche Probleme mit unpassenden Pflanzen vermeiden Sie, indem Sie bei der Auswahl der Stauden und Gehölze unabhängig vom Gartenstil immer so vorgehen, als richteten Sie eine Wohnung ein.

DIE MÖBLIERUNG MIT PFLANZEN

Nun beginnen Sie mit der Möblierung. Zunächst geht es an die großen Einrichtungsgegenstände: Bäume und Sträucher. Planen Sie gut, welche Arten Sie verwenden und wie groß diese später werden können und sollen. Lassen Sie sich von Größenangaben nicht abschrecken. Einige Arten können durch sachgemäßen Schnitt auch an wenig großzügige Raumverhältnisse angepasst werden. Dann geht es an die Auswahl der Kleingehölze und der Stauden. Und schließlich – sozusagen als Extra – können Zwiebelpflanzen gesetzt werden. Wenn Sie bestimmte Pflanzen besonders schätzen, diese aber nicht winterhart sind, können Sie versuchen, einen geeigneten

Ersatz zu finden. Die wie Bleistifte aus der Landschaft Italiens aufragenden Zypressen (*Cupressus sempervirens*) zum Beispiel sind in manchen winterkalten Gegenden nicht ausreichend hart. Ersatz können also Pflanzen sein, die die gleichen Eigenschaften wie diese Zypressen haben: sie sind immergrün, schmal säulenförmig wachsend, schnittverträglich. Natürlich kommen nur Nadelgehölze infrage. Von Natur aus wachsen besonders schmal die Lebernsbaumsorte *Thuja* 'Smaragd' und die selten angebotene Sorte 'Pillar' der Flusszeder (*Calocedrus decurrens*). Der Lebensbaum ist allgemein gut verfügbar und in der Anschaffung nicht sehr teuer. Er wächst allerdings an der Basis breiter und kann dort geschnitten werden, um einer Zypresse zu gleichen. Beide Nadelgehölze haben natürlich nicht die etwas düstere, matt dunkelgrüne Färbung der Zypresse. Aber man kann nicht alles haben.

Der passende Ersatz

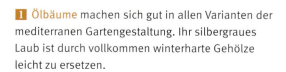

2 Ölweiden (Elaeagnus) sind mit den Ölbäumen nicht verwandt. Einige Sorten wie 'Quicksilver' haben strahlend silbriges Laub und wachsen auch auf schlechten Böden ganz hervorragend. Elaegnus angustifolia kann baumartige Ausmaße erreichen.

3 Weidenblättrige Birnen (Pyrus salicifolia) sind ein weiterer guter Ölbaum-Ersatz. Sie verlieren im Herbst das Laub und zeigen dann ihre schöne Silhouette mit den grazil herabhängenden Zweigen.

1 Ölbäume machen sich gut in allen Varianten der mediterranen Gartengestaltung. Ihr silbergraues Laub ist durch vollkommen winterharte Gehölze leicht zu ersetzen.

4 Echte Zypressen (Cupressus sempervirens) sind Charakterpflanzen klassischer mediterraner Gärten. Besonders schmal wächst die Sorte 'Stricta'. Zypressen sind bei uns erhältlich, aber nicht überall zuverlässig winterhart.

5 Säulen-Eiben (Taxus baccata 'Fastigiata') wachsen langsamer als Zypressen, haben aber den gleichen dunklen Grünton. Mit dem richtigen Schnitt sind sie vom Original kaum zu unterscheiden. In schneereichen Gegenden sollten Sie die Pflanzen zusammenbinden, damit sie durch das Gewicht des Schnees nicht auseinanderbrechen.

Ein Hanggarten mit Nutzeffekt

Das erste Pflanzbeispiel unter den klassischen Gärten ist in mehrfacher Hinsicht eine Art Hommage an die Gärten des Mittelmeerraumes. Dieser terrassierte Kräutergarten zeigt nicht nur die typische Geländeform vieler mediterraner Gärten; er verbindet auch eine gelungene Optik mit rein praktischen Aspekten. Dieser Garten ist ebenso Zier- wie Nutzgarten. Und weil in den Beeten der einzelnen Terrassen Kräuter gezogen werden, die nur wenig Arbeit machen, ist so ein Garten auch für berufstätige Stadtmenschen bestens geeignet. Da schmeckt das Essen doch mit Kräutern aus eigenem Anbau umso besser.

Natürlich können Sie die Terrassierung nicht nur dort anwenden, wo die natürliche Beschaffenheit eines Hanggrundstückes das vorgibt. Durch geeignete Bodenmodellierung können auch ebene Grundstücke spannungsreich gestaltet werden. Letztlich könnte man auf die Terrassen auch ganz verzichten und die Idee in Form von Hochbeeten wieder aufnehmen. Auf diese Art und Weise könnte zum Beispiel auch ein schmaler Reihenhausgarten sehr aufregend und

dazu noch wohnlich gestaltet werden. Die bestimmenden Pflanzen in diesem Beispiel sind alte knorrige Ölbäume (*Olea europaea*). Diese immergrünen Nutzpflanzen vertragen durchaus einige Minusgrade und gedeihen seit einigen Jahren in der Kölner Bucht sehr gut. Trotzdem wird man in den meisten Gegenden wohl auf winterhärtere Ersatzpflanzen zurückgreifen. Hier stellt sich die Frage, ob Sie den Nutzgartenaspekt oder die dekorative Wirkung in den Vordergrund stellen wollen. Wenn es um die Optik geht, wird ein grau- oder silberlaubiges Gehölz wie die Weidenblättrige Birne (*Pyrus salicifolia*) oder die Ölweide (*Elaeagnus angustifolia*) sicher die erste Wahl sein.

Wenn Ihnen der Nutzgarten wichtig ist, könnten Sie stattdessen auch Obstgehölze pflanzen. Den Ölbäumen käme Sanddorn (*Hippophae rhamnoides*) am nächsten; Sie müssten aber viel Geduld aufwenden, um die Pflanzen einstämmig zu kleinen Bäumen zu erziehen. Möglich wären aber auch Feigenbäume (winterharte Fruchtsorten) und sogar alte Rebstöcke, wie sie manchmal von italienischen Baumschulen angeboten werden. Dieses Beispiel zeigt auch ganz gut, wie schnell man mit einer Charakterpflanze einen mediterranen Eindruck erwecken kann. Mit Apfelbäumen sähe das Ganze aus wie ein westfälischer Bauerngarten im modernen Gewand.

KRÄUTER HABEN ZIERWERT

Zur Unterpflanzung der Bäume in den nach Süden ausgerichteten Terrassen wurden fast ausschließlich Kräuter verwendet. Lavendel, Rosmarin, Salbei (*Salvia officinalis*) – auch in der dekorativen purpurlaubigen Form 'Purpurascens' – und Wilder Majoran (*Origanum vulgare*) der gelblaubigen Sorte 'Thumbles'. Von vielen Kräutern existieren hübsche buntblättrige Sorten. Sie eignen sich ideal, um selbst kleinste Pflanzsituationen zu beleben. Übrigens hat die Art der Terrassierung – oder der Hochbeete – einen weiteren Vorteil: Wenn Ihr Grundstück über einen schweren Lehmboden verfügt, der für Kräuter ungünstig ist, können Hochbeete mit einer durchlässigen und weniger nährstoffreichen Erdmischung aufgefüllt werden.

PFLANZPLAN

Beetgröße 4 x 0,8 m/Streifen

PFLANZLISTE

1	4	Ölbäume (*Olea europaea*)
2	3 x 3	Fenchel (*Foeniculum vulgare*)
3	6	Purpur-Salbei (*Salvia officinalis 'Purpurascens'*)
4	21	Gold-Majoran (*Origanum vulgare 'Thumbles'*)
5	4	Salbei (*Salvia officinalis*)
6	3	Rosmarin (*Rosmarinus officinalis*)
7	9	Mexikanisches Gänseblümchen (*Erigeron karvinskianus*)

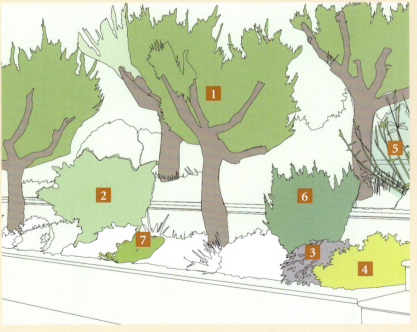

Hochbeete und Terrassengärten

Die Terrassierung eines Gartens, das Verlegen der Fläche auf mehrere Eben, können Sie nicht nur auf Hanggrundstücken durchführen. Auch kleinere, ebene Gärten können terrassiert werden – entweder durch die schon erwähnte aufwendige Bodenmodellierung oder aber durch das Anlegen von Hochbeeten. Hochbeete haben viele Vorteile. Ganz praktisch ist es, sich bei Pflegearbeiten in diesen Beeten nicht immer tief bücken zu müssen.

Gestalterisch besteht einer der Vorzüge von Hochbeeten darin, mit ihnen den Garten neu gliedern zu können. Sogar Innenhöfe gewinnen dadurch an räumlicher Wirkung, weil die Hochbeete wie eine Möblierung wirken und dem Gartenraum eine wohnliche Wirkung verleihen. Das trifft auch auf Hochbeete an der Terrasse zu; hier können sie als wirkungsvoller Sichtschutz

angelegt werden. Sie sind zu diesem Zweck viel sinnvoller als aufgestellte Pflanzkästen, die meistens zu wenig Wurzelraum für die eingesetzten Pflanzen bieten. Je größer die Fläche einer Terrasse ist, desto mehr verschiedene Bereiche lassen sich schaffen. Vielleicht können Sie auf diese Weise auf einer größeren Terrasse zwei Sitzgruppen integrieren oder einen Liegebereich von einem Essbereich abtrennen.

Auch für die Pflanzen ist eine Kultur im Hochbeet vorteilhaft. Viele mediterrane Gewächse lieben die Sonne und brauchen viel Wärme.

EIN PLATZ FÜR SONNENANBETER

Zudem können Sie hier unabhängig von der Bodenqualität in Ihrem Garten gärtnern. Sollte der mit schwerem Lehmboden die Anpflanzung trockenheitsliebender Gewächse verbieten, können Sie in den Hochbeeten eigene Erdmischungen verwenden, die speziell auf die Bedürfnisse der Pflanzen zugeschnitten sind. Kräuter, winterharte Kakteen und nässeempfindliche Stau-

Diese Böschung wurde mit Holzscheiben abgefangen. Eine rustikale Variante für naturnahe mediterrane Gärten, die weniger haltbar als eine Natursteinlösung ist.

den finden dann ideale Lebensbedingungen. Was die Erdmischung in einem solchen Hochbeet betrifft, ist unabhängig von der Deckschicht immer eine dicke Schicht von grobem Material einzubringen. Für ein 60 cm hohes Hochbeet sollten Sie eine ungefähr 30 Zentimeter starke Schicht aus grobem Kies, Schotter oder auch Holzhäcksel einfüllen. Sie dient dem guten Wasserabzug, der unerlässlich ist. Holzhäcksel ist nach ungefähr einem Jahr verrottet, was ein Absenken der Erdoberfläche zur Folge hat. Dann müssen Sie in der obersten Erdschicht etwas neue Pflanzerde auffüllen. Diese Pflanzerde mischen Sie entweder selber an oder Sie kaufen fertige Erdmischungen im Handel, wie es sie zum Beispiel für Kräuter gibt.

DER IDEALE BODEN

Die 30 Zentimeter dicke Schicht kann für Steingartenstauden und andere trockenheitsliebende Gewächse aus einem Drittel Komposterde, einem Drittel Sand, feinem Kies oder Lavagrus und einem Drittel lehmhaltiger Gartenerde bestehen. Etwas Lehm erfüllt, fein zerkleinert und gut untergemischt durch die feinen Tonpartikel eine wichtige Funktion: Er sorgt in der Feinstruktur dafür, dass Nährstoffe im Substrat gebunden und nicht gleich ausgewaschen werden. Die beiden gleich starken Schichten im Hochbeet können Sie noch durch eine dünne Laubschicht voneinander trennen.
Als Material für Hochbeete eignen sich viele Werkstoffe. Klassisch und naturnah ist Holz,

dessen Haltbarkeit Sie durch Behandlung mit einem pflanzenverträglichen Imprägnieranstrich verbessern können. Modern sind Kunststoff, Sichtbeton oder Edelstahl und Cortenstahl. Absehen sollten Sie von vorgefertigten Betonelementen, die zwar praktisch sind, aber jegliches mediterranes Flair vermissen lassen. Edelstahl ist eine exklusive, teure Lösung, aber ausgesprochen dekorativ. Besonders monochrome Farbkombinationen wirken in Edelstahl-Hochbeeten wie ein Kunstwerk. Stahl ist in allen Verarbeitungsformen sehr haltbar und pflegeleicht.

Modern bepflanztes Hochbeet aus Kunststoff mit Rosen, Salbei, Purpurglöckchen und Zwerg-Storchschnabel als Einfassung.

Pflanzen für Hang- und Terrassengärten in der Fläche

Botanischer Name	Deutscher Name	Blatt/Blüte	Wuchshöhe	Standort	Pflanzen/m²
Elaeagnus 'Zempin'	Ölweide	silberlaubig	bis 1,5 m	Sonne	2 – 4
Genista lydia	Ginster	gelb	bis 50 cm	Sonne	3 – 4
Geranium x cantabrigiense	Storchschnabel	weiß-rosa	bis 20 cm	Sonne	12 – 16
Hosta clausa var. clausa	Funkie	dunkelgrün	bis 30 cm	Halbschatten/Schatten	7 – 9
Lonicera 'Maigrün'	Heckenkirsche	immergrün	bis 60 cm	Sonne/Halbschatten	4 – 8

Wie in der Provence

Typische mediterrane Gärten fangen die Atmosphäre ihrer Heimat ein. Einige klassische Gärten sind so einfach gestaltet, dass sie nur wenig mit den fein ausgearbeiteten formalen Anlagen der Renaissance- und Barockgärten gemeinsam haben. Formschnittgehölze fehlen und auch die strenge Formensprache der Bepflanzung ist aufgehoben. Im eigenen Garten lassen sich solche atmosphärischen Ideen ganz einfach umsetzen. Hier lautet die Devise nur: Weniger ist mehr! Tatsächlich ist es in gewisser Weise ein Widerspruch, wenn im vorliegenden Beispiel eine formale Flächenaufteilung ohne das übliche Pflanzenrepertoire mit Buchs, Eiben oder anderen Hecken- und Formschnittgehölzen umgesetzt wurde. Stattdessen wurde eine landschaftsbezogene Bepflanzung ausgewählt. In einem konsequent strengen Rahmen findet sich also eine fast natürlich leicht wirkende Art der Bepflanzung wieder. Nur wenige Arten brauchen Sie, um ein wirklich überwältigendes Ergebnis zu erzielen, das an die Lavendelfelder der Provence ebenso erinnert wie an die lieblichen Haine der Toskana. Die Größenverhältnisse dieser Anlage lassen sich leicht auf andere Dimensionen bringen, selbst kleine Hausgärten profitieren von dieser ruhigen Bepflanzung. Hier wurde der Lavendelgarten noch von einem äußeren Ring von Linden umgeben, um ihn in das formale Gartenkonzept zu integrieren. Zu Hause werden nur wenige Platz für eine solche Weiträumigkeit haben und man wird sich auf den Kern der Pflanzung beschränken müssen.

WENIGER IST STIMMUNGSVOLL

Nur zwei Pflanzen stehen hier im Mittelpunkt und wurden als kongeniale Partner in Szene gesetzt: die Weidenblättrige Birne (*Pyrus salicifolia*) und der Lavendel. Wenn man nur so wenige Partner miteinander kombiniert, sollte das entsprechend großen Effekt haben. Kontraste sind dann ein wirksames Mittel. Auffallend ist hier

der starke Hell-Dunkel-Kontrast, der sich zwischen den silbergrauen, das Sonnenlicht reflektierenden Blättern der Birnbäume und dem dunklen Blauviolett des Lavendels entwickelt. Dessen intensive Farbe scheint das Sonnenlicht regelrecht zu absorbieren. Deshalb wirkt er wie ein dunkler Leinwandhintergrund, auf dem die Gehölze noch besser zur Geltung kommen. Insgesamt ist die Farbwirkung kalt, aber erschrecken Sie nicht: Sie ist dennoch sehr emotional, was in erster Linie auf die fast magische Ausstrahlung der geheimnisvollen Farbe Blau zurückzuführen ist. In so einem Garten steht die emotionale Wahrnehmung ganz klar über dem gestalterischen Gesamtkonzept. Ich habe dieses Beispiel auch gewählt, um Ihnen zu zeigen, wie stark die Bepflanzung das Erscheinungsbild und die Wirkung eines Gartens beeinflussen kann. Denken Sie sich den Lavendel weg und stellen Sie sich vor, die runden Beete wären mit Buchs eingefasst und unter den Birnen stünden Formgehölze, umgeben von Kies – Sie hätten das Gefühl, in einem ganz anderen Garten zu sein,

obwohl der äußere Rahmen doch der gleiche ist. Praktisch ist zu bedenken, dass die Kronen der Birnbäume nicht zu ausladend werden, weil sie den sonnenliebenden Lavendel sonst verschatten. Ein leichter Korrekturschnitt im Herbst oder Frühjahr reicht aus, um die kleinen Bäume in Form zu halten. Ein Tipp: Pflanzen Sie Lavendel nicht in den Kronenbereich von Gehölzen. Dort werden die Pflanzen nicht kompakt.

So sieht eine Wiesenpflanzung aus. Alle Pflanzen haben ungefähr die gleiche Wuchshöhe. Bestimmend ist hier der Zierlauch Allium sphaerocephalon.

Links: So einfach kann ein klassischer Garten bepflanzt werden. Bei solchen Ideen ist es wichtig, dauer- oder langblühende Stauden zu wählen!

Dauerblüher für Flächenpflanzung

Botanischer Name	Deutscher Name	Blütenfarbe	Wuchshöhe
Agastache 'Blue Fortune'	Blaue Bergminze	Dunkelblau	bis 80 cm
Calamintha nepeta	Steinquendel	Blassrosa	bis 40 cm
Coreopsis 'Moonbeam'	Mädchenauge	Schwefelgelb	bis 50 cm
Erigeron karvinskianus	Mexik. Gänseblümchen	Weiß-Rosa	bis 30 cm
Gaura lindheimeri	Prachtkerze	Weiß	bis 70 cm
Geranium 'Rozanne'	Storchschnabel	Lilablau	bis 50 cm
Lavandula 'Hidcote Blue'	Lavendel	intensives Blau	bis 60 cm
Linum perenne	Lein	Blau	bis 50 cm
Nepeta 'Walker's Low'	Katzenminze	Lilablau	bis 80 cm

Ein Beet mit Schmuck

Klassische Gärten bestechen durch eine klare Formensprache. Das spiegelt sich auch in der Art der Bepflanzung wider. Mit vergleichsweise wenigen verschiedenen Pflanzen – deutlich weniger als in einem Liebhabergarten – können Sie auch in einem strengen Beetrahmen eine erstaunlich vielfältig wirkende Pflanzung anlegen. Auch hier kann es helfen, wenn Sie sich für eine bestimmte Pflanze entscheiden, deren Charakter stark genug ist, um exotisch und mediterran zu wirken. Hier wurde die winterharte Palmlilie (*Yucca gloriosa*) gewählt. Dieser stammlose Strauch hat derbe, blaugraue Blätter, die hübsche, in Gruppen stehende Rosetten bilden. Der erste Eindruck eines blütenlosen Exemplares ist streng. Fast abwehrend wirken die starren Blätter. Deshalb ist diese Pflanze trotz ihrer Beliebtheit immer schwierig zu kombinieren; die Nachbarschaft muss mit Bedacht gewählt werden, wenn die Palmlilie ihre volle Wirkung entfalten soll, anstatt wie ein Fremdkörper zu wirken.

In Verbindung mit grau- und silberlaubigen Pflanzen können Palmlilien für starke Effekte

sorgen. Auffallend an ihnen ist die Tatsache, dass das attraktive Laub deutlich niedriger bleibt als die bis zu 2 Meter aufragenden Blütenstände. Diese Diskrepanz, die man auch bei den Königskerzen (*Verbascum*) findet, erschwert die Platzierung in einem Beet, in dem man konventionellerweise die Wuchshöhen von der vorderen Beetkante an staffelt und hohe Pflanzen in den Hintergrund setzt. Palmlilien sind wie geschaffen dafür, diese ziemlich strenge Regel zu durchbrechen. Sie machen sich nämlich sehr gut im Vordergrund, wo dann während der Blütezeit ein echtes Highlight aus der Nähe betrachtet werden kann. Seien Sie nicht allzu streng bei der Verwendung von Stauden und Gehölzen in gemischten Pflanzungen.

GEHEN SIE NEUE WEGE BEI DER ANORDNUNG DER PFLANZEN

Im mediterranen Garten sollte die Staffelung zugunsten einer natürlich wirkenden Optik aufgegeben werden. Dazu müssen Sie innerhalb einer Pflanzenauswahl einen bestimmten Rhythmus finden, das heißt, Pflanzen müssen sich wiederholen, damit das Gesamtbild homogen wirkt und überzeugt. Das ist besonders wichtig, wenn Sie wie in diesem Beispiel einmal ein Dekorations- oder Kunstobjekt darin platzieren wollen. Innerhalb einer gemischten Bepflanzung kann es schnell fehl am Platze wirken oder es besteht die Gefahr, dass die Pflanzen aufgrund ihrer Farbigkeit von diesem Objekt ablenken. Beides wäre bedauerlich. Hier wurde höher wachsender Lavendel als Füllpflanze eingesetzt, der das Beet an mehreren Stellen beruhigt und anderen Pflanzen zur Geltung verhilft.

Neben den Palmlilien sind es in erster Linie Einjährige, die dezente Farben einbringen. Löwenmäulchen (*Antirrhinum*) eignen sich gut für solche Zwecke, weil sie mit den lockeren und sandigen Böden eines mediterranen Staudenbeetes bestens zurechtkommen. Sie lassen sich ab Mitte März gut im Zimmer oder im Kleingewächshaus vorkultivieren; junge Pflanzen werden aber ab Mai auch in Gartencentern preisgünstig angeboten. Abgeblühte lassen sich durch Nachschub aus dem Gartencenter ersetzen.

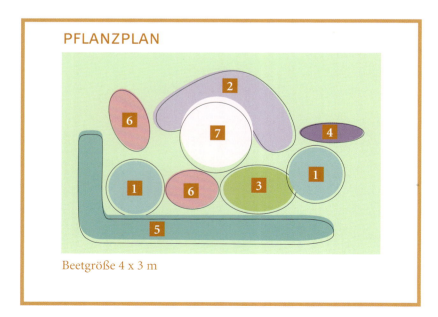

PFLANZPLAN

Beetgröße 4 x 3 m

PFLANZLISTE

1	5	Palmlilien (*Yucca gloriosa*)
2	12	Lavendel (*Lavandula angustifolia*)
3	5	Katzenminze (*Nepeta x faassenii*)
4	3	Dost (*Origanum vulgare*)
5	20	Wollziest (*Stachys byzantina*)
6	3 x 3	Löwenmaul (*Antirrhinum*-Hybriden)
7	1	Duft-Pelargonie (*Pelargonium*-Hybride)

Schmuckelemente integrieren

Schon bei den Gestaltungssituationen haben Sie moderne Gartenentwürfe kennengelernt, die einige Pflanzen wie Skulpturen wirken lassen. Das ist die eine Möglichkeit. Natürlich können Sie auch Skulpturen oder Accessoires wie Terrakotten oder Vasen in einem Beet in Szene setzen. Das ist nicht allzu schwierig, denn alles, was Sie bedenken müssen, sind die Standortansprüche der Pflanze und ihr Wuchsverhalten. Sie sollte nicht mit dem Objekt in der Pflanzung konkurrieren. Das heißt, Pflanzen von skulpturaler Wirkung, die einen auffallenden Habitus haben, müssen zumindest mit Bedacht eingesetzt werden, um von der Dekoration nicht abzulenken. Wenn Sie aber mehrere Arten miteinander kombinieren wollen, wird es etwas schwieriger. Ich möchte nicht sagen, dass es kompliziert ist, ansprechende und vor allem dauerhafte Pflanzungen um einen künstlichen Gegenstand herum anzulegen, aber die Formen und Farben sollten schon in einer engen Beziehung zueinander stehen. Spannender Kontrast oder vollkommene Harmonie sind die beiden Pole, zwischen denen Sie sich entscheiden müssen. Eine Harmonie erreichen Sie am einfachsten, indem Sie sich an klassischen Vorbildern orientieren.

GARTENSCHMUCK IM BEET IST EINE HERAUSFORDERUNG

In den Gärten der Antike, später auch in der Renaissance und im Barock, spielte der Gartenschmuck eine zentrale Rolle. Skulpturen, Vasen und andere Elemente waren weniger Dekoration, sondern dienten der besonderen Aussage eines Gartens. Diese sogenannten Skulpturenprogramme sind leider im Laufe der Jahrhunderte verwässert und verfälscht worden, sodass man heute nur bei wenigen historischen Gärten etwas darüber weiß. Im eigenen Garten muss

natürlich nicht jede Terrakottaplastik eine eigene Aussage haben. Allerdings sollte das Aufstellen von Dekorationen auch hier nicht planlos erfolgen – erst recht nicht in einem so komplexen Umfeld wie im Beet. Durch Hinzufügen eines einzigen Gegenstandes können Sie den Gesamteindruck vollkommen verändern – im Extremfall sogar zerstören. Dieses Phänomen kann man oft in Gärten beobachten, die von einem Planer gestaltet wurden und dann von den Besitzern ohne eingehende Beratung dekoriert werden. Das ist sehr bedauerlich für beide Seiten, denn es zeigt, dass man aneinander vorbeigeredet hat. Damit Ihnen dieser Fehler nicht unterläuft, stimmen Sie Pflanzen und Schmuck aufeinander ab. Es ist oft leichter, zu einem schönen Gegenstand eine gute Pflanzidee zu entwickeln als umgekehrt. Allerdings gibt es Materialien, die geradezu kompromissfreudig sind und in sehr viele Pflanzenkombinationen

passen. Terrakotta ist so ein Material, dessen ruhige Mischfarben immer natürlich wirken und sowohl zu kalten als auch zu warmen Tönen passen.

EIN WORT ZUR KOMBINATION

Es ist deshalb von Vorteil, eine Menge über die einzelnen Pflanzen zu wissen, mit denen Sie ein Schmuckelement kombinieren wollen. Stellen Sie sich oder Ihrem Gartengestalter und Staudengärtner ruhig ein paar Fragen. Zum Beispiel: Blühen die Arten in der Regel gleichzeitig oder nacheinander? Außerdem ist es natürlich wichtig, die Pflanzen in der Höhe und Ausdehnung, also in ihrem Wuchsverhalten, zu kennen, damit sie den Schmuck nicht verdecken. Und: Sind die Pflanzen auch die ganze Saison über wirklich attraktiv genug? Das ist wichtig, um den Gesamteindruck zu erhalten.

Links: Ein kleiner Vorgarten mit einem klassisch umgesetzten Bepflanzungsthema – Buchskarées mit einer Terrakottavase im Zentrum.

Moderne Akzente im Staudenbeet

Moderne Gartengestalter gehen ganz neue Wege. Nicht nur in der Betonung des Designs und im Schwerpunkt auf der klaren und reduzierten Form liegt ein Unterschied zu klassischen und historisch inspirierten Gartenideen. Auch in der Bepflanzung werden neue Konzepte entwickelt. Besonders wichtig sind hier in den letzten Jahren die Inspirationen durch den 1957 in die USA ausgewanderten Gartengestalter Wolfgang Oehme und durch den Niederländer Piet Oudolf. Beide förderten eine naturnah wirkende Vergesellschaftung von Stauden, die sich von einer mosaikartigen Struktur mit einzelnen, klar gegeneinander abgegrenzten Gruppen löst.

Vorbild sind natürliche Vegetationsformen, in denen die verschiedenen Pflanzen meistens in enger Nachbarschaft wachsen. Diese naturgegebene, dichte, gewebeartige Struktur geht schon auf die bekannte britische Gartenarchitektin Gertrude Jekyll zurück. Auch sie verwendete gerne Stauden in sogenannten Drifts. Unter diesen Drifts verstand sie bandförmige, gerne diagonal angeordnete Gruppen von Stauden, mit denen sie eine Art harmonischer Bewegung in einer Fläche erzielte. Gleichzeitig wird die räumliche Wirkung verstärkt. Wenn Sie sich Staudenbeete anschauen, die eher konventionell gehalten sind – wie die im 20. Jahrhundert lange favorisierten Prachtstaudenbeete – dann wirken diese eher wie ein Bild: Sie haben eine Schauseite. Zudem setzte man gezielt Schwerpunkte. Im modernen Garten zählt vor allem die räumliche Wirkung. Besonders wenn Sie ein Beet als Raumteiler verwenden, das zum Beispiel einen Sitzplatz von einer Kies- oder Rasenfläche trennt, ist es wichtig, dass es von mehreren Seiten aus attraktiv aussieht. Auch niedrige Pflanzungen, die kaum kniehoch sind, gliedern einen Gartenraum vorteilhaft. Sie sollten solche Lösungen bedenken, wenn Sie einen Sitzplatz wohnlich gestalten wollen, aber den Blick auf den Rest des Gartens erhalten wollen. Es muss eben nicht immer Sichtschutz sein!

SAISONAL ODER DAUERHAFT?

Der abgebildete Ausschnitt zeigt schön, wie man Pflanzen anordnet, damit das Gesamtbild natürlich wirkt. Die große Gruppe von Zierlauch der Art *Allium christophii* läuft langsam in die umgebende Vegetation aus. Sie könnte sich später je nach Beetgröße noch ein oder sogar mehrere Male wiederholen. Dieser Lauch wird circa 40 Zentimeter hoch und mag sehr gerne lockere Böden in voller Sonne. Er sieht im Gegensatz zu den höheren *Allium*-Arten auch noch Monate nach der metallisch glänzenden Blüte attraktiv aus und kann das Beet sogar noch im Herbst schmücken. Die Zwiebeln werden im Herbst gesetzt und zwar mindestens so tief, wie sie hoch sind, in lockerem Boden auch etwas tiefer. Bei der Planung eines Beetes mit Zwiebelpflanzen, die so lange optisch präsent sind und nicht schon (wie die meisten Frühlingsblüher) zeitig oberirdisch absterben, legen Sie die Zwiebeln gemeinsam mit der Staudenpflanzung im Frühherbst. Zwischen den Zwiebeln können auch einjährige Pflanzen von feiner Struktur wachsen. Unter den Blütenbällen ist genug Licht für sie. Sie werden nach der Blüte des Lauchs für neue Farbe sorgen. Schopflavendel (*Lavandula stoechas*) und Sonnenröschen (*Helianthemum*) bilden einen schönen Rahmen.

PFLANZPLAN

Beetgröße 2 x 2,5 m

PFLANZLISTE

1   2 x 3   Schopflavendel
(*Lavandula stoechas*)

2   2 x 3   Sonnenröschen (*Helianthemum* 'Rhodanthe Carneum')

3   30   Zierlauch (*Allium* 'Firmament')

4   5   Katzenminze (*Nepeta x faassenii* 'Walker's Low')

5   9   Bergenien (*Bergenia cordifolia*)

6   1   Blaustrahlhafer
(*Helictotrichon sempervirens*)

7   Klatschmohn (*Papaver rhoeas*),
an Ort und Stelle ausgesät

Exklusiv in der Farbigkeit

Ein Buch über mediterrane Gartengestaltung zu schreiben, ohne Beete mit silber- und graulaubigen Pflanzen zu erwähnen, wäre eine Unmöglichkeit. Denn diese Laubfarben sind nicht nur modern und auffallend, sondern passen ideal in mediterrane Gärten. In vielen heißen und trockenen Regionen der Erde sind Silber und Grau die vorherrschenden Laubfarben, denn sie schützen die Pflanzen vor Überhitzung und Wasserverlust. Entweder durch eine Wachsschicht oder durch eine Schicht aus feinen Haaren bewahrt die Natur solche Gewächse vor dem sicheren Tod unter den harten Lebensbedingungen der Trockensteppe oder der Halbwüsten. Die Farben reflektieren das Sonnenlicht – eine Eigenschaft, die Sie sich im Garten zunutze machen können. Auffallende Pflanzenschönheiten wie die Artischocke (*Cynara cardunculus*), verschiedene Disteln wie die mehrere Meter hohe Eselsdistel (*Onopordon*), aber auch der Wollziest (*Stachys lanata*) verleihen Beeten nicht nur eine exklusive Note. Sie lassen sie im hellen Sonnenlicht geradezu gleißen. Doch auch nach Einbruch der Dunkelheit reflektieren die Blätter künstliche Beleuchtung und sogar das schwache Mondlicht. Der berühmte „Weiße Garten", den Vita Sackville-West und Harold Nicholson in Sissinghurst anlegten, wurde von ihnen deshalb als Mondgarten bezeichnet.

DAS VORBILD SISSINGHURST MACHT BEI UNS SCHULE

Es war dieser Garten, der in den letzten Jahrzehnten einen wahren Boom auf dem Kontinent und in Amerika entfesselte: Weiß blühende und silberlaubige Pflanzen waren so schnell en vogue, dass die Pflanzen in einigen Gärtnereien nicht einmal in entsprechender Anzahl erhältlich waren. Die Weidenblättrige Birne (*Pyrus salicifo-*

Wolfsmilch (Euphorbia characias) ist eine immergrüne Staude. Sie ist als Strukturpflanze dominant und wächst gerne am Rand von Beeten, wo sie im Frühjahr durch gelbgrüne Blütenstände auffällt.

lia) zum Beispiel, die ihre feinen Zweige in Sissinghurst anmutig über eine kleine Steinskulptur drapiert, verdankt ihre Beliebtheit zum großen Teil der Sissinghurst-Manie. Ich bin grundsätzlich kein Freund von Gärten, die sich nur einer einzigen Farbe widmen. Das ist im Grunde nichts anderes als eine intellektuelle Spielerei. Ein Garten sollte – auch wenn er repräsentativen Zwecken dient – Ausdruck der Persönlichkeit seiner Besitzer sein. Ich bin kein Psychologe, aber ich hoffe, dass es nur sehr wenige Menschen gibt, deren Persönlichkeit sich in einem farblosen Garten spiegeln kann. Dennoch haben Silber und Grau unschätzbare Vorteile. Sie können in fast jedem Farbschema wirkungsvoll eingesetzt werden: als Reflektor und Spiegel, der die Wir-

Links: Edel und angenehm kühl wirkt eine Kombination, die aus silber- und graulaubigen Pflanzen besteht. Auch Kübelpflanzen kann man integrieren.

kung der anderen Gewächse intensivieren kann. Umwerfend sehen beide mit Pastelltönen zusammen aus. Blasses Rosa, Schwefelgelb und Wasserblau wirken in dieser Nachbarschaft so zart wie Kerzenflammen. Silber kühlt und beruhigt aber auch grelle Töne wie Orange und Rot.

SILBER- UND GRAULAUBIGE PFLANZEN BRAUCHEN SONNE

Silberlaubige Pflanzen sind meistens sehr trockenheitsverträglich und daher bestens für durchlässige, magere Gartenböden geeignet. Allerdings brauchen sie – ihrer Herkunft entsprechend – immer einen Standort in der vollen Sonne. Im Halbschatten neigen die Pflanzen nämlich dazu, auf den Verdunstungsschutz zu verzichten, und bilden dann weit weniger attraktive Blätter aus. Auch wenn Sie nicht so weit gehen wollen, ein ganzes Beet in Silber und Grau zu gestalten, sollten Sie bei der Pflanzenauswahl immer ein Auge auf diese Gewächse haben. In der Kombination mit anderen Farben ergeben sich nämlich immer spannende Ideen, die einem Beet eine dramatische Wendung geben können. Versuchen Sie es!

Lavendel bringt einen starken Kontrast in Form und Farbe zu den starren Stängeln der Edeldistel Eryngium giganteum. Sie sät sich in trockenen Beeten gerne selber aus, wird aber niemals lästig.

Die Steppe vor der Haustür

Flachgründige, karstige Böden, eine karge lautlose Weite, der warme trockene Wind fährt von Zeit zu Zeit über die offene Fläche und lässt Gräser und Blütenstauden im Wind wiegen. Impressionen einer mediterranen Steppenlandschaft waren das Vorbild der hier vorgestellten mediterranen Steppenstaudenpflanzung. Wie das Beispiel zeigt, lässt sich eine solche mediterran und zugleich exotisch wirkende Pflanzung auch in unseren nördlichen Breiten umsetzen. Besonders bei nährstoffarmen, trockenen Beetflächen an sonnigen Standorten bieten Steppenstauden eine gute Alternative zu nährstoffhungrigen Prachtstauden, die an diesen Standorten regelmäßig gewässert und gedüngt werden müssten. Typische Stauden wie das Gelbe Brandkraut (*Phlomis russeliana*), Katzenminzen (*Nepeta* x *faassenii*), Wolfsmilchgewächse (*Euphorbia*) oder die Prachtkerze (*Gaura lindheimeri*) haben sich an die besonderen Standortbedingungen angepasst.

Die Naturstandorte dieser Pflanzen werden durch karstige, gut durchlässige nährstoffarme Böden geprägt. Bäume und Sträucher finden auf den flachgründigen Böden keinen Halt, stattdessen prägen sonnendurchflutete blumenreiche Halbtrockenrasen das Bild. Viele dieser aus dem Mittelmeerraum und anderen Steppenregionen der ganzen Welt stammenden Staudenarten wie Kerzenehrenpreis (*Veronica spicata*), Purpursonnenhut (*Rudbeckia purpurea*), Heiligenkraut (*Santolina*), Lavendel oder Königskerzen (*Verbascum*) sind im Laufe der Jahre von Züchtern weiterentwickelt worden. Gerade bei den Standortansprüchen zeigt sich aber weiter die Herkunft der Pflanzen. Berücksichtigt man sie, lassen sich mit wenig Aufwand Gärten und Beete gestalten, die den Steppencharakter des Mittelmeerraums aufgreifen und variantenreich zitieren.

ATTRAKTIV GANZJÄHRIG

Charakteristisch für das typische Bild des Steppengartens ist die Mischung niedriger und hoher Stauden. Als Erstes fallen hier die hohen Blütenkerzen der hellgelb und orange blühenden exotisch wirkenden Fackellilien (*Kniphofia* 'Tawny King', *Kniphofia caulescens*) ins Auge. Die ursprünglich aus weniger trockenen Regionen Südafrikas stammenden horstbildenden, oft immergrünen Pflanzen mit ihren auffälligen ornamentalen Blüten sind im mediterranen Steppenbeet ein wichtiger Akzent.

Eine weitere höhere Blütenpflanze ist das bis zu 1,5 Meter hohe Gelbe Brandkraut (*Phlomis russeliana*). Brandkräuter gehören zu den weitverbreiteten Wildpflanzen des Mittelmeerraums. Mit seinen großen, in dichten Quirlen stehenden gelben Lippenblüten bringt das vollkommen winterharte Brandkraut mediterranes Flair in den Garten. In schönem Kontrast zu den Gelb- und Orangetönen von Fackellilien, Brandkraut und Schafgarbe stehen die Blau-Violetttöne der niedrigen, polsterartigen Horste von Ziersalbei, Katzenminze (*Nepeta* x *faassenii* 'Superba') und Lavendel. Dazwischen finden sich immer wieder Gräser wie das Fasanenschwanzgras (*Anemanthele lessoniana*, früher *Stipa arundinacea*). Durch den Wechsel aus Stauden, Gräsern und Gehölzen im Hintergrund wirkt diese Pflanzung auch in der kalten Jahreszeit ansprechend und vielfältig.

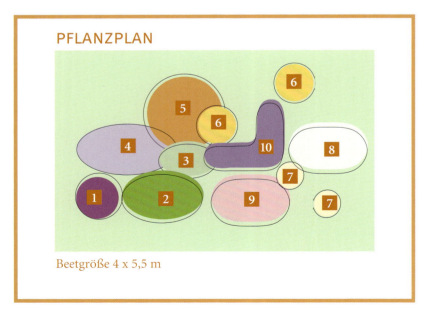

PFLANZPLAN

Beetgröße 4 x 5,5 m

PFLANZLISTE

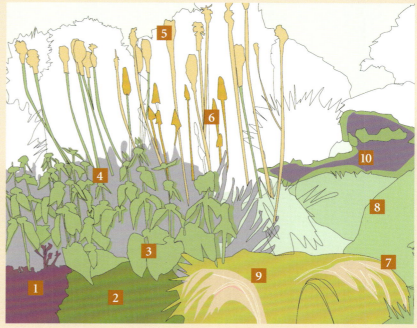

№	Anzahl	Pflanze
1	3	Purpur-Fetthenne (*Sedum telephium* 'Karfunkelstein')
2	3	Weiderich (*Lythrum virgatum*)
3	3	Brandkraut (*Phlomis russeliana*)
4	5	Steppen-Salbei (*Salvia nemorosa* 'Ostfriesland'
5	3 x 3	Fackellilien (*Kniphofia* 'Tawny King')
6	3 x 3	Fackellilien (*Kniphofia caulescens*)
7	5 x 1	Schafgarbe (*Achillea millefolium*-Farbmischung)
8	5	Rosmarin (*Rosmarinus officinalis*)
9	2	Fasanenschwanzgras (*Anemanthele lessoniana*)
10	15	Lavendel (*Lavandula* 'Hidcote')

Harmonie in allen Bereichen

Schöne Beete zu gestalten ist eine Sache. Beete so zu bepflanzen, damit sie in das bestehende Gartenkonzept passen, ist eine andere. Ich finde es schade, wenn eine gelungene Pflanzidee nicht in den Dienst des Gesamtbildes gestellt wird. Das ist bei Liebhabergärten zwar verzeihlich, aber in modernen Gärten ist es notwendig, auf einen passenden Ausdruck zu achten. Dieser Ausdruck muss nicht immer harmonisch sein. Lassen Sie sich von den viel zitierten Regeln des guten Geschmacks nicht beeinflussen, wenn es um die Durchsetzung einer Idee geht, die an die Stelle der Harmonie einen spannenden Kontrast setzt. Die Beziehungen zwischen den einzelnen Bereichen eines Gartens sind so vielschichtig wie das Miteinander verschiedener gärtnerischer und planerischer Leistungen, die am Entstehen eines neuen Gartens beteiligt sind. So ist auch die

Abstimmung der Bepflanzung auf die Farbe und Struktur der verwendeten Baumaterialien ein wichtiger Gradmesser für die Qualität eines Gartens. Das wird Sie vielleicht weniger interessieren als die Tatsache, dass diese Abstimmung tatsächlich auch die Ausstrahlung des Gartens bestimmt. Ob eine Terrasse einladend oder nur wenig anziehend wirkt, ist nicht alleine eine Frage des Bodenbelages und des Sichtschutzes. Alle Gartenelemente, die an der Raumbildung beteiligt sind, tragen zu dieser Ausstrahlung bei. Dazu gehören auch Beete, die an die Terrasse angrenzen. Im unten abgebildeten Beispiel sehen Sie einen ländlichen Hausgarten, der zwei Punkte verdeutlicht.

PFLANZEN SCHAFFEN RAUM

Zum einen könnte so ein Garten aussehen, dessen Planung aus Budgetgründen schrittweise in die Realität umgesetzt wird. Vielleicht ist es auch in Ihrem Garten so, dass Sie zunächst die Terrasse am Haus und dann weitere Bereiche Stück für Stück bauen. Das ist auf jeden Fall besser, als

Eine der besten Pflanzen, mit denen man eine gute Raumwirkung bei optimaler Transparenz erreichen kann, ist das Hohe Eisenkraut (Verbena bonariensis). Es blüht monatelang.

Ein exotisches Kiesbeet ist in voller Sonne am besten aufgehoben. Hier blüht das saisonale Bärenohr Arctotis 'Flame' in Kupferorange, dazu passt Phormium 'Sundowner' mit riemenförmigen Blättern.

die ganze Fläche zu gestalten und dabei so viele Kompromisse zu machen, dass die Grundidee verwässert wird oder kaum noch erkennbar ist. Zum anderen demonstriert das Bild sehr schön, wie überzeugend Materialien und Pflanzen miteinander kombiniert werden können. Die Terrasse aus Kies wurde durch den Einsatz von strukturierten Klinkerbändern in mehrere Reihen gleich großer Rechtecke aufgeteilt. Einige dieser Rechtecke wurden bepflanzt. So ergibt sich eine Auflockerung des strengen Rahmens. Auf diese Weise öffnet sich der Terrassenbereich zur Rasenfläche ausreichend, um das Gefühl von Weite zu betonen. Andererseits gibt die halbhohe, transparent und leicht wirkende Bepflanzung der Terrasse ausreichend Halt, um gemütlich zu wirken. Die mediterrane Bepflanzung mit Blütenstauden und Gräsern mag auf den ersten Blick der wiesenartigen Struktur ähneln, ist aber nur teilweise so gehalten. Einzelne Beete sind mit dominierenden Arten wie der Roten Witwenblume (*Knautia macedonica*) bepflanzt, um

Akzente zu setzen. Die zweite Beetgruppe, die sich ebenfalls wiederholt, besteht aus einer kontrastierenden, aber in sich farblich sehr dezenten Gesellschaft von Schuppenkopf (*Cephalaria*), der mit der Witwenblume verwandt ist und deren Wuchsform sozusagen eine Nummer größer wieder aufnimmt; dann wachsen dort Edeldisteln (*Eryngium giganteum*), Brandkraut (*Phlomis russeliana*) und das mit seinen Ähren wie ein Vorhang wirkende Riesenfedergras *Stipa gigantea*.

Links: Auf diesem Terrassenbeet harmonieren Pflanzen und Materialien perfekt miteinander. Die Gräser wirken wie ein zarter Vorhang.

Transparente hohe Blütenstauden

Botanischer Name	Deutscher Name	Blütenfarbe	Wuchshöhe
Cephalaria gigantea	Großer Schuppenkopf	Blassgelb	bis 1,8 m
Silberkerze	Cimicifuga ramosa	Weiß	bis 1,6 m
Stipa gigantea	Riesenfedergras	Strohgelb	bis 1,6 m
Verbena bonariensis	Eisenkraut	Violettblau	bis 1,8 m

Ein Beet mit winterharten Kakteen

Pflanzenliebhaber haben manchmal seltsame Leidenschaften. Eine von ihnen ist die Vorliebe für das Unmögliche, blühende Kakteen zum Beispiel, die das ganze Jahr über draußen im Beet verbringen können. Das ist durchaus möglich, wenn Sie überlebenswichtige Vorkehrungen bei der Beetanlage treffen. Für alle winterharten Kakteen ist die Wahl geeigneter Standorte ein wichtiger Faktor, ihren Lebensansprüchen gerecht zu werden. Für die Lage eignen sich besonders Beete vor Hauswänden in Süd- oder Westlage. Unter einem Dachvorsprung im Regenschatten sind Kakteen eine attraktive Lösung, weil dort sonst nur wenige Pflanzen gedeihen. Auch das Platzieren größerer Steine wirkt sich positiv auf das Mikroklima aus. Natürlich eignet sich nicht jeder Kaktus für die Freilandkultur in unseren Breiten. Die härtesten Arten stammen aus Nordamerika. Man findet sie hauptsächlich in den südlichen und westlichen Staaten der USA: Überaus reiche Vorkommen verschiedener winterharter Kakteen und Yucca findet man in Arizona, New Mexico und Utah in Höhenlagen zwischen 1.100 über NN und 3.000 Meter über NN. Beim Kauf in einer Spezialgärtnerei sollten Sie nach den Gattungen *Opuntia* (Feigenkakteen), *Cylindropuntia*, *Echinocereus* und *Escobaria* Ausschau halten.

VOR NÄSSE SCHÜTZEN

Im Gebiet der chilenischen Küstenkordillere, im Süden Argentiniens sowie in Patagonien gibt es auch einige unter unseren Klimabedingungen winterharte Kakteen. Wichtig ist, dass der Boden im Winter möglichst trocken gehalten wird. Da Kakteen nässeempfindlich sind, müssen Sie einige Dinge beim Aufbau eines Kakteenbeetes im Freien beachten. Kakteen brauchen einen vollsonnigen Standort, der möglichst windgeschützt ist und keine Staunässe im Untergrund aufweist.

Mit attraktiven Steinen und Kies können Sie ganze Wüstenlandschaften errichten. Mit den winterharten Feigenkakteen wachsen Bärenfellgras und Hauswurz-Arten.

Mit attraktiven Steinen und Kies können Sie ganze Wüstenlandschaften errichten. Mit den winterharten Feigenkakteen wachsen Bärenfellgras und Hauswurz-Arten.

Auch Sammler nicht winterharter Kakteen können ihre Schätze während des Sommers im Freien unterbringen. Töpfe und Kübel können wirkungsvoll in Hochbeeten in Kies eingesenkt werden.

Vorhandene Gartenerde kann verwendet werden, wenn Sie je nach Schwere des Bodens 50 bis 70 Prozent mineralische Bestandteile (z.B. Sand, Kies, Blähton oder Ziegelsplitt) beimischen. Eine Ausnahme bilden reine Sandböden. Da sie nährstoffarm sind, müssen Sie 1/3 Torf oder gute Gartenerde untermischen und den mineralischen Anteil auf 40 bis 50 Prozent reduzieren. Die oberen 5 bis 10 Zentimeter sollten aus rein mineralischem Gemisch bestehen. Es erwärmt sich schnell und gewährleistet eine bessere Wasserführung. Denn die empfindlichste Stelle eines Kaktus ist der Wurzelhals, der sehr schnell faulen kann.

RECHTZEITIG PFLANZEN

Die beste Pflanzzeit ist übrigens von Mai bis August, es kann aber fast das ganze Jahr über gepflanzt werden, wenn es die Bodenverhältnisse zulassen und die Pflanzen einen Wurzelballen

Links: Ein Kakteenbeet mit Opuntien, Cylindropuntien und Echinocereen – nicht im Mittelmeerraum, sondern in Deutschland. Alle Arten sind winterhart.

haben. Ältere Pflanzen dürfen Sie nur von Mai bis Juli umpflanzen, da es sonst zu Totalausfällen kommen kann. Ältere Triebe wurzeln schlechter und sind anfälliger gegen Fäulnis. Anders als bei Stauden und Gehölzen werden winterharte Kakteen nicht angegossen – auch nicht bei Hitze. Später gießen Sie bei Trockenheit im Sommer einmal pro Woche. Es ist ein verbreiteter Irrtum, dass winterharte Kakteen und die als Begleitpflanzen geeigneten *Yucca* keine Düngung benötigen. Man kann sogar sagen, dass es wenige Pflanzen gibt, die den Boden so auslaugen wie zum Beispiel Opuntien. Düngermangel führt dazu, dass die Pflanzen nach wenigen Jahren eingehen. Düngen Sie die Pflanzen ab Ende April wöchentlich mit einem geeigneten Flüssigdünger, dann im Juni nur noch leicht und danach die ganze Saison nicht mehr, damit die Pflanzen ausreifen können und im Winter nicht eingehen. Alternativ können Sie auch 20 bis 30 Gramm Blaudünger pro Quadratmeter ausstreuen.

Ein exotisches Schaubeet

Üppige Vegetation, Farben, die ins Auge springen, hinter jedem Busch eine neue Überraschung: Das ist keine Szene aus dem tropischen Regenwald, sondern ein Gartentrend aus England und den USA. „Exotic Style" lässt sich glücklicherweise nicht nur in klimatisch milden Regionen verwirklichen. Auch bei uns müssen Sie nicht auf exotische Pflanzungen verzichten. Ganz wichtig ist dabei, dass die Pflanzenkombination insgesamt einen Eindruck von extremer Höhe und Tiefe vermittelt, anders als bei Staudenbeeten üblich! Denn der Betrachter soll sich wie im Urwald fühlen.

Zu diesem Zweck kann auch die von vorne nach hinten gestaffelte Größenanordnung aufgebrochen werden – etwa durch das Einbinden halbhoher Akzentpflanzen in der Mitte (große *Hosta*-Sorten wie 'Sum and Substance' zum Beispiel) oder durch höhere, aufragende Exemplare direkt im Vordergrund. Überschaubarkeit wird zumindest in Teilen zugunsten des Dschungelgefühls aufgegeben. Das gilt auch für die Auswahl der Pflanzen. An einigen Stellen im Beet sollte an sonnigen Standorten Raum für einjäh-

rige Blüten- und Blattschmuckpflanzen gelassen werden, ebenso für Knollenpflanzen: Dahlien und *Canna* in knalligen Farben sorgen optisch für „Hitze". Zu diesem Zweck dürfen etwa Kombinationen von Orange und Blutrot verwendet werden, die anderswo bei zartfühlenden Naturen für echte Schweißausbrüche sorgen würden. Wer nun fürchtet, dass all das nur im klimatisch begünstigten Süden Englands möglich sei, irrt gründlich. Viele Pflanzen, die schon lange in Deutschland bekannt sind, dürfen getrost zu Dschungelschönheiten umgewidmet werden. Rhododendren zum Beispiel, insbesondere Sorten mit großen Blättern, Mahonien, aber auch Großgehölze. Diese allerdings müssen alljährlich einer echten Radikalkur unterzogen werden: Blauglockenbaum (*Paulownia tomentosa*), Trompetenbaum (*Catalpa bignonioides*) und Götterbaum (*Ailanthus altissima*) bilden beim Rückschnitt auf etwa 30 Zentimeter innerhalb eines Jahres neue Triebe mit enormem Längenwachstum und extrem großen Blättern aus. Voraussetzungen sind nahrhafter Boden und eine gelegentliche Extraportion eines stickstoffbetonten Düngers. Der wirkt im Übrigen auch bei allen großblättrigen Stauden wahre Wunder. Das Mammutblatt (*Gunnera*), Schaublatt (*Darmera peltata*) und Rodgersien (*Rodgersia*) sind unempfindliche Großstauden, die mehrere Quadratmeter bedecken können und bei ausreichend feuchtem Boden auch in der Sonne gedeihen. Darüber hinaus lohnt sich angesichts des großen Angebotes mediterraner Gehölze auch manches Experiment. Immergrüne Magnolien (*Magnolia grandiflora*), sogar Hanfpalmen wie *Trachycarpus takil* und Bananen (*Musa basjoo*) können bei entsprechendem Winterschutz in einigen Gegenden Deutschlands überleben.

LEICHT ZU ERGÄNZEN

Highlights schaffen immer wieder nicht winterharte Pflanzen, die entweder wie Dahlien oder *Canna* nach den Eisheiligen direkt ins Beet gepflanzt werden, oder aber Kübelpflanzen wie Schönmalven (*Abutilon*), die mit ihren Töpfen eingesenkt werden. Lücken können Sie ganz einfach mit Einjährigen füllen.

PFLANZPLAN

Beetgröße 5 x 2,5 m

PFLANZLISTE

1	3	Japan-Lattich (*Farfugium japonicum* 'Aureomaculatum')
2	1	Buntnessel (*Solenostemon*-Hybride)
3	3	Montbretie (*Curtonus paniculata*)
4	1	Schönmalve (*Abutilon striatum* 'Thompsonii')
5	1	Faserbanane (*Musa basjoo*)
6	3 x 1	Rizinus (*Ricinus communis*)
7	3	Blumenrohr (*Canna glauca*)
8	1	Zierbanane (*Ensete ventricosum*)
9	1	Papyrus-Sonnenblume (*Helianthus salicifolius*)
10	3	Johanniskraut (*Hypericum frondosum* 'Sunburst')
11	1	Riesenfackellilie (*Kniphofia northiae*)
12	2	Lobelie (*Lobelia fulgens* 'Queen Victoria')
13	2	Blumenrohr (*Canna* 'Striata')

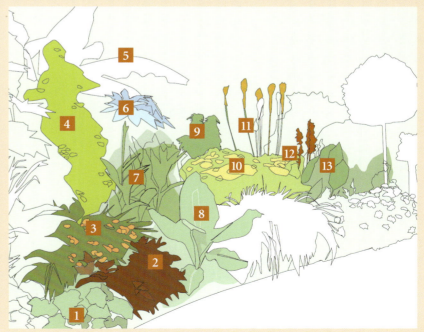

Der Dschungel von nebenan

Berücksichtigt man den Charakter tropischer Gartenbilder, wie die Dominanz großblättriger Pflanzen und intensiver Blütenfarben, ist es leicht, einen Garten mit tropisch-mediterraner Anmutung zu schaffen – und zwar auch auf schwereren Gartenböden, auf denen andere mediterran wirkende und trockenheitsliebende Pflanzen nicht gedeihen würden. Das Gartenbeispiel unten auf dieser Seite zeigt es: Hier wurden winterharte Stauden mit großblättrigen Gehölzen wie einem Blauglockenbaum (*Paulownia tomentosa*) und einer Magnolie (*Magnolia grandiflora*) kombiniert. Der Blauglockenbaum stammt aus China, im Mittelmeerraum wird er häufig als Alleebaum eingesetzt. Vor dem Austrieb der Blätter bezaubert er durch violette Blütenglocken. In milden Lagen ist der Blauglockenbaum

sehr winterhart, in den ersten Jahren benötigt er aber in kalten Gegenden leichten Winterschutz. Immergrüne Magnolien stammen aus Amerika und werden schon seit dem 18. Jahrhundert im Mittelmeerraum als Ziergehölze verwendet. Sie blühen im Sommer über mehrere Wochen mit großen weißen Einzelblüten, die erfrischend nach Zitronen duften. Am häufigsten wird die Sorte 'Gallisonnière' angeboten, aber es gibt in Spezialgärtnereien bedeutend schönere und winterhärtere Sorten. Diese Magnolien können auch gut geschnitten werden, wenn sie zu groß werden sollten. Anders als die meisten aus unseren Gärten bekannten, im Frühling blühenden Magnolien kommen diese auch mit weniger sauren Böden aus und gedeihen sogar auf leicht alkalischen Böden zufriedenstellend.

FARBE MIT BLATT UND BLÜTE

Farbe bringen winterharte Gartenstauden in den schmalen Pflanzstreifen: rote Taglilien (*Hemerocallis*) und Montbretien (*Crocosmia*

Sogar mit Japanischem Fächer-Ahorn kann man in Verbindung mit exotischen Kübelpflanzen spielen.

Winterharte Gartengehölze, Gräser und Stauden wirken mit exotischen Palmen schon dschungelartig.

'Lucifer'). Beide haben schmales elegantes Laub und kontrastieren zu den großblättrigen Pflanzen effektvoll. Ergänzt wird die Pflanzung durch echte Exoten wie Neuseeländer Flachs (*Phormium tenax*) und die Keulenlilie (*Cordyline australis*). Besonders robust und auch leichte Fröste schadlos überstehend ist der Neuseeländer Flachs, von dem es viele neue Sorten gibt, die durch ein buntes Farbenspiel auf den schmalen Blättern bestechen und kaum kniehoch werden. Da die Exoten in unseren Breiten nicht winterhart sind, empfiehlt es sich, sie als Kübelpflanzen zu ziehen und diese im Sommer in den Boden des Beetes einzusenken. Auch wenn der Einsatz von nicht winterharten Kübel- und Knollenpflanzen etwas Arbeitsaufwand bedeutet, verstärkt er auch hier das exotische Flair. Exotische Farbigkeit bringen übrigens auch winterharte Laubgehölze wie die buntlaubigen Holunder (*Sambucus nigra* 'Guincho Purple' und 'Black Beauty' mit auberginefarbenem Laub und *Sambucus nigra* 'Aurea' und *Sambucus racemosa* 'Sutherland Gold' mit gelbem Laub). Auch der Hartriegel *Cornus alb*a 'Spaethii' passt gut.

Links: So kann ein Dschungelbeet aussehen. Winterharte Stauden und Gehölze mit großem Laub wie der Blauglockenbaum (Paulownia) ergänzen sich ideal.

KLIMA DURCH SICHTSCHUTZ

Tropische Beete lassen sich mit ihren hohen Pflanzen gut als Sichtschutz einsetzen. Vorteilhaft ist die abgebildete Kombination mit einem schwarzen Holzzaun: Der Zaun sorgt zusätzlich für eine geschützte Lage, speichert am Tag die Wärme der Sonne und gibt sie abends wieder ab. Wichtiger aber ist der durch Zäune oder Mauern gegebene Windschutz. Besonders etwas empfindlichere Immergrüne wie Magnolien profitieren an kalten Wintertagen von diesem Standortvorteil.

BOTEN DES SÜDENS

Kreative Pflanzenauswahl

Es ist ganz einfach, passende Pflanzen für mediterrane Gärten
zu finden. Denn auch für weniger sonnenverwöhnte Klimazonen
gibt es eine große Auswahl geeigneter Stauden und Gehölze.

Oleander, Agaven, Palmen und Feigenbäume: Sie sind der Inbegriff südländischer Exotik. In den weitgehend frostfreien maritimen Lagen der Mittelmeerländer wachsen sie problemlos. Bei uns sind die meisten Gewächse allerdings nur in Kübelkultur bei frostfreier Überwinterung zu halten. Aber es gibt auch Ausnahmen. Die Experimentierlust zahlreicher Hobbygärtner hat in den letzten Jahren dazu geführt, dass sich ganz neue Perspektiven für Gärtner mit mediterranen Ambitionen ergeben haben. Es gibt inzwischen gesicherte Erkenntnisse über die Kultur von winterharten Palmen, Kakteen und anderen Pflanzen, von denen man in der älteren Literatur nur Angaben über mangelnde Frosthärte findet.

MITEINANDER VON BEKANNTEN GEWÄCHSEN UND EXOTEN

Solche Pflanzen sind in erster Linie etwas für Liebhaber. Einzelne Exemplare bereichern aber auch Gärten mit einer Pflanzenauswahl, die sich weitgehend auf das bei uns bekannte Sortiment stützt. Wir haben das Glück, in einer Region der Erde zu leben, die klimatisch zwar nicht zu den günstigsten zählt, dafür aber eine Riesenanzahl von Gärtnereien aufweist. Besonders bei den Stauden können Sie auf Fachbetriebe vertrauen, die eine Vielzahl von Arten produzieren und ständig auf der Suche nach neuen und verbesserten Formen sind, die sich durch attraktive Blütenformen und -farben auszeichnen. Darum finden Sie hier Pflanzen, die in vielen Gärten wachsen, im Zusammenhang mit einer mediterranen Gestaltung aber eine ganz neue Wirkung entfalten. Bei der Auswahl haben wir uns auch an den Vorbildern in Italien, Südfrankreich und Spanien orientiert. Denn auch dort wächst in den Gärten und Parks eine Vielzahl von Pflanzen, die Sie bereits aus den Gärten Ihrer Heimat kennen werden.

Die meisten Pflanzen dieses Kapitels gedeihen ohne Winterschutz und sind von ihren Dimensionen und Ansprüchen her für einen Hausgarten bestens geeignet. Natürlich gibt es auch Ausnahmen, und ich konnte als Pflanzensammler der Versuchung nicht widerstehen, Ihnen einige seltene Exoten vorzustellen; meine eigenen Erfahrungen mit diesen Gewächsen sollen auch Sie dazu animieren, einmal nach dem Besonderen zu suchen und dabei die Grenzen Ihres eigenen Mikroklimas auszutesten. Das macht den Reiz des Gärtnerns in dieser fremden, exotischen Pflanzenwelt aus. Probieren geht tatsächlich über Studieren. Also nur Mut!

Gleichzeitig sehen Sie an der Auswahl auch, wie sehr die Wirkungen von Pflanzen, Material und Gesamtkonzept voneinander abhängen. Jeder Garten ist im besten Fall ein lebendiges Gesamtkunstwerk, das aus den Zusammenspiel dieser einzelnen Bereiche entsteht.

Sie stammen aus
Südafrika und blühen
monatelang: Elfensporn
(Diascia rigescens).

Grau- und silberlaubige Gehölze

1 Bartblume
Caryopteris x clandonensis (Lamiaceae)

BLÜTE: Spätsommer, blau **HÖHE:** bis 1,5 m

Gute Sorten wie 'Heavenly Blue' mit tiefblauen Blüten und 'Kew Blue' sind sehr winterhart. Locker wachsender kleiner Strauch, der aromatisch duftet. Die mehr oder weniger intensiv blauen Blüten stehen in den Blattachseln der noch nicht verholzten Jahrestriebe. Kann im Frühjahr stark zurückgeschnitten werden und blüht dann reich. Volle Sonne und durchlässiger Boden.

2 Weidenblättrige Birne
Pyrus salicifolia (Rosaceae)

BLÜTE: Frühling, weiß **HÖHE:** bis 5 m

Sehr winterharter, laubabwerfender kleiner Baum oder großer, ausladender Strauch mit zunächst aufrechten, dann malerisch herabhängenden Zweigen. Heimat südöstliches Europa. Im Wuchsbild einer Olive entfernt ähnlich, bester Ersatz für dieses südländische Charaktergehölz. Laub schmal elliptisch und von schöner silbergrauer Farbe. Typische Birnenblüten sind unbedeutend, ebenso die kleinen Früchte. Für alle Gartenböden geeignet. Sonniger Standort.

3 Laubabwerfende Ölweide
Elaeagnus commutata (Elaeagnaceae)

BLÜTE: Frühjahr, unscheinbar, süß duftend **HÖHE:** bis 3 m

Sehr anspruchsloser immergrüner Strauch mit ledrigen Blättern, bis 5 cm lang und je nach Sorte graugrün bis silbrig. Lässt sich hervorragend in Form schneiden. Warmer sonniger Standort in nicht zu schwerem Boden. Einige Sorten wie 'Zempin' bilden Ausläufer und eignen sich gut zur Böschungsbefestigung in mediterranen Hanggärten.

4 Sanddorn
Hippophae rhamnoides (Elaeagnaceae)

BLÜTE: Frühling, unscheinbar HÖHE: bis 4 m

Großer Strauch, der aber auch als kleiner Baum gezogen werden kann. Triebe stachelig und dicht mit linealischen Blättern besetzt, die blaugrau bis graugrün sind. Die sehr vitaminreichen Früchte werden nur an weiblichen Pflanzen gebildet. Für alle Böden geeignet, verträgt auch Lehm. Sonniger Standort ist unerlässlich.

5 Schmalblättrige Ölweide
Elaeagnus angustifolia (Elaeagnaceae)

BLÜTE: Frühsommer, unscheinbar HÖHE: bis 5 m

Großer, dicht verzweigter Strauch oder kleiner Baum mit auffallend silbrigen Blättern, die an das Laub der Silberweide erinnern. Zweige manchmal stachelig. Ideal für trockene und magere Böden. Frei wachsend sehr malerisch, kann gut ausgelichtet werden, um einen mediterran wirkenden, lockeren Habitus zu erzielen. Laubabwerfend. 'Quicksilver' ist eine klein bleibende Sorte, die sich aber durch Schösslinge vermehrt.

6 Palmlilie
Yucca filamentosa, Y. gloriosa (Agavaceae)

BLÜTE: Sommer, weiß HÖHE: bis 1 m, Blüte bis 2,5 m

Diese Gruppe fast stammloser, immergrüner Sträucher wird oft im Staudensortiment angeboten. Die bis 70 cm langen, graugrünen lanzettlichen Blätter sind in Rosetten angeordnet. Blütenstände verzweigt, bis 2,5 m hoch und dicht mit rahmweißen Glockenblüten besetzt. Sehr frosthart, als Solitär oder in Gruppenpflanzung. Buntlaubige Sorten sind weniger robust und schwächer im Wuchs.

Silberlaubige Stauden

1 Wollziest
Stachys lanata (Lamiaceae)

BLÜTE: Sommer, unbedeutend **HÖHE:** 20–30 cm

Einer der besten Bodendecker für mediterrane Gärten. Die durch Ausläufer große Gruppen bildende Staude hat bis zu 20 cm lange, weich silbrig behaarte Blätter, die in Rosetten zusammenstehen. Die bis 60 cm hohen Blütenähren sind attraktiv, sollten bei der Verwendung in modernen Gärten aber entfernt werden, um eine schöne Flächenwirkung zu erzielen. Sonne, jeder Boden. Empfehlenswert ist die Sorte 'Cotton Boll'.

2 Eselsdistel
Onopordon acanthium (Asteraceae)

BLÜTE: Sommer, blassviolett **HÖHE:** bis 3 m

Sehr auffallende Zweijährige mit bis zu 40 cm langen, silberweißen stacheligen Grundblättern. Im 2. Jahr erscheint ein kandelaberartig verzweigter Blütenstand von bis zu 2,5 oder sogar 3 m Höhe. Blütenköpfe rosa. Da die Pflanzen Pfahlwurzeln ausbilden, vertragen sie Verpflanzen nur im Sämlingsalter. Sät sich reichlich selbst aus. Volle Sonne, verträgt auch schwerere Böden.

3 Vexiernelke
Lychnis coronaria (Caryophyllaceae)

BLÜTE: Frühsommer bis Herbst, magenta
HÖHE: bis 60 cm

Kurzlebige Staude mit silbergrauen, fein behaarten Blättern. An den bis 60 cm hohen Blütenstielen erscheinen über mehrere Wochen tief magentafarbene Blüten. Eine reinweiße Sorte 'Alba' ist selten im Handel, aber sehr schön. Sät sich gut selber aus. Ein Muss für mediterrane Gärten und sehr unkompliziert.

4

4 Königskerze
Verbascum olympicum (Scrophulariaceae)

BLÜTE: Sommer, hellgelb HÖHE: bis 2 m

Sehr schöne Solitär- und Gruppenstaude. Aus der imposanten, bis zu 50 cm im Durchmesser erreichenden Blattrosette mit weißgrauen, bis 40 cm langen Blättern erscheint eine bis 2 m hohe Blütenkerze. Die leuchtend gelben Blüten stehen in schönem Kontrast zum weißwolligen Stängel. Nach der Blüte sterben die Pflanzen meistens ab, daher sollten Sie die Samen reifen lassen, um Selbstaussaat zu fördern. Volle Sonne, durchlässiger Boden.

5 Artischocke
Cynara cardunculus (Asteraceae)

BLÜTE: Sommer, violett HÖHE: bis 2,5 m

Eine aufregende Solitär- und Gruppenpflanze. Leicht aus Samen zu ziehen. Artischocken brauchen viel Nahrung, um ihre imposanten Blatthorste mit bis zu 1,2 m langen Blättern zu entwickeln. Sie mögen anhaltende Trockenheit im Sommer nicht gerne, die Pflanzen werden dann schnell unansehnlich. Nach der Blüte sterben die Pflanzen oft ab.

5

6

6 Honigstrauch
Melianthus major (Melianthaceae)

BLÜTE: Sommer, rotbraun HÖHE: bis 1 m

In der Regel über Kübelpflanzengärtnereien zu beziehende Pflanze, die in milden Klimaten als Strauch bis 2,5 m hoch wird, bei uns an geschützten Standorten aber als auffallende Staude gehalten werden kann und niedriger bleibt. Laub graugrün, bis 50 cm lang und gefiedert. Einzelblätter mit gesägtem Rand. Winterschutz durch gute Drainage und dicke Mulchschicht erforderlich.

Pflanzen für Hecken und Einfassungen

1 Buchs

Buxus sempervirens (Buxaceae)

HÖHE: 30 cm–2,5 m

Immergrünes Laubgehölz, das universell eingesetzt werden kann: als niedrige Einfassungspflanze (Sorten: 'Herrenhausen', 'Suffruticosa', 'Blauer Heinz'), Heckenpflanze oder als frei wachsender Strauch. Buchs lässt sich in alle erdenklichen Formen bringen und ist sehr schnittverträglich. Wichtig: In den letzten Jahren breitet sich ein durch den Pilz Cylindrocladium verursachtes Sterben der Bestände aus. Achten Sie beim Kauf auf einwandfreie Ware ohne Schäden.

2 Japanische Stechpalme

Ilex crenata (Aquifoliaceae)

HÖHE: bis 1,5 m

Immergrüner, sehr formenreicher Strauch mit meist eiförmigen Blättchen. Gut für Formschnitt geeignet, wird in Japan seit Jahrtausenden dafür verwendet. Es gibt viele Sorten, die einen guten Ersatz für Buchs liefern. Ilex vertragen anhaltende Trockenheit nur schlecht, deshalb sind sehr magere, trockene Standorte ungeeignet. Teurer in der Anschaffung als Buchs, aber sehr haltbar! Gut wächst 'Convexa'.

3 Eibe

Taxus baccata, T. x media (Taxaceae)

HÖHE: bis 4 m

Das beste Nadelgehölz für den Formschnitt. Dichte und sehr komplizierte Schnittformen sind mit Eiben möglich. Die Länge der Nadeln beträgt je nach Sorte zwischen 0,4 und 4 cm. Auch in der Färbung variieren Eiben stark. Für Formschnitt sind stark verzweigt wachsende Sorten am besten geeignet. Alle Pflanzenteile mit Ausnahme des fleischigen roten Samenmantels sind stark giftig. 'Hillii' und 'Hicksii' sind dicht wachsende Sorten.

4 Graues Heiligenkraut
Santolina chamaecyparissus (Asteraceae)

BLÜTE: Sommer, gelb **HÖHE:** bis 50 cm

Immergrüner Zwergstrauch mit verzweigten Stängeln, die dicht mit weißfilzigen, stark aromatisch duftenden Blättchen besetzt sind. Die bis 4 cm langen Blätter sind aus der Nähe betrachtet kleine Kunstwerke und zeigen an jeder Seite 9 bis 14 Abschnitte, die eingerollt sind. Das verleiht den Pflanzen ein sehr viel duftigeres Aussehen als dem in Habitus und Ansprüchen vergleichbaren Lavendel. Für sehr kalte Gegenden nicht geeignet, sonst auch in der Winterhärte mit Lavendel vergleichbar.

5 Lavendel
Lavandula angustifolia (Lamiaceae)

BLÜTE: Sommer, blau, rosa oder weiß
HÖHE: bis 80 cm

Obwohl er sehr beliebt ist, gehört der Lavendel nicht zu den winterhärtesten Gartenpflanzen. In kalten und nassen Wintern gibt es oft Ausfälle. Je magerer der Boden, desto besser ist die Widerstandsfähigkeit der Pflanzen. Es gibt Dutzende von Sorten, unter denen 'Hidcote' mit kompaktem Wuchs und tiefblauer Blüte über silbergrauem Laub noch immer eine der besten ist. Lavendel kann im Frühjahr entspitzt werden, um dichten Wuchs zu fördern.

6 Portugiesische Lorbeer-Kirsche
Prunus lusitanica (Rosaceae)

BLÜTE: Frühsommer, weiß **HÖHE:** bis 8 m

Stark wachsender, immergrüner großer Strauch oder kleiner Baum. Laub dunkelgrün, ledrig, bis 8 cm lang. Sehr viel dichter verzweigt als Kirschlorbeer und wegen des kleineren Laubes auch besser für Formschnitte und Hecken geeignet. Frei wachsend auch schön als Windschutzgehölz. Recht frosthart, sollte aber in sehr kalten Gegenden nicht gepflanzt werden, da das Laub dann stark leiden kann. Starker Rückschnitt ist jederzeit möglich.

Duftstauden und Kräuter

1 Thymian
Thymus i.S. (Lamiaceae)

BLÜTE: Sommer, rosa bis rosarot oder weiß **HÖHE:** 5 bis 30 cm

Vielseitig verwendbar sind diese kleinen Stauden mit mehr oder weniger stark verholzender Basis. Der Gewürz-Thymian (Thymus vulgaris) ist ein dunkelgrün belaubter, zierlicher Halbstrauch, der bis 30 cm hoch werden kann. Als niedrige Einfassung kann er regelmäßig geschnitten werden. Zwischen Steinen und Fugen machen sich die polsterbildenden Arten wie Thymus citriodorus gut. Alle brauchen volle Sonne und sandigen Boden.

2 Salbei
Salvia officinalis (Lamiaceae)

BLÜTE: Sommer, blauviolett **HÖHE:** bis 50 cm

Der auch als Gewürzpflanze bekannte Salbei liebt als Pflanze des Mittelmeerraumes Wärme und Sonne. Wie alle Kräuter bevorzugt er durchlässige Böden. Das graufilzige Laub ist je nach Sorte ei-förmig bis lanzettlich und wird bis 5 cm lang. In Extremlagen frostgefährdet, aber die verholzte Basis treibt oft wieder aus. Buntlaubige Sorten sind emp-findlicher. Besonders breitblättrig und robust ist die Sorte 'Berggarten'. Schön in Staudenpflanzungen, aber auch als lockere Einfassung.

3 Dost
Origanum i.S. (Lamiaceae)

BLÜTE: Sommer bis Frühherbst, rosa **HÖHE:** 20 bis 60 cm

Der Wilde Majoran (Origanum vulgare) ist eine stark wuchernde, unkomplizierte Staude für den Garten. Er kann Lücken füllen und gedeiht selbst im Halbschatten noch. Schön ist die abgebildete kompakte Sorte 'Thumbles' mit gelbem Laub. Intensiv rosa blüht Origanum laevigatum, eine wunderschöne Blütenstaude mit langer Blütezeit.

4 Katzenminze
Nepeta x faassenii (Lamiaceae)

BLÜTE: Sommer bis Herbst, violettblau bis blassrosa und weiß **HÖHE:** 30 bis 80 cm

Die Sorten der Katzenminze gehören zu den Dauerblühern unter den Stauden. An den je nach Sorte bis zu 80 cm hohen und fast ebenso breiten Büschen erscheinen bis zum Frost immer wieder Blüten. Das aromatische, graugrüne Laub passt gut in mediterrane Gärten. Für jeden Gartenboden geeignet, verträgt schwerere Lehmböden. Exzellente höhere Sorten sind 'Walker's Low' und 'Six Hills Giant'.

5 Bergamotte
Agastache i.S. (Lamiaceae)

BLÜTE: Sommer bis Frühherbst, blau bis rosarot **HÖHE:** bis 1,2 m

Diese herrlichen Blütenstauden mit den drahtigen Stängeln und grazilen Blütenähren sind echte Dauerblüher. Die leuchtenden Farben passen hervorragend zu Lavendel und anderen mediterranen Gewächsen. Am zuverlässigsten sind die Sorten von Agastache foeniculum und Agastache rugosa. Abgebildet ist die Sorte 'Red Fortune'. Nicht wuchernd und schön als Gruppenpflanzung. Volle Sonne, durchlässiger, nicht zu trockener Boden.

Duftende Sträucher

1 Hänge-Schmetterlingsflieder
Buddleja alternifolia (Buddlejaceae)

BLÜTE: Frühsommer, violettblau HÖHE: bis 4 m

Herrlicher Strauch mit schmalem, blassgraugrünem Laub und dünnen, herabhängenden Zweigen, die dicht mit duftenden Blütenständen bedeckt sind. Darf nicht wie andere Schmetterlingsflieder jährlich zurückgeschnitten werden und muss sich erst entwickeln, um zu voller Schönheit zu gelangen. Kann mit etwas Geschick auch als Spalier gezogen werden. Volle Sonne und durchlässiger Boden.

2 Orangenblume
Choisya ternata (Rutaceae)

BLÜTE: Spätfrühling, weiß HÖHE: bis 2,5 m

In den letzten Jahren öfter angeboten wird dieser immergrüne Strauch, der buschig wächst. Die dreiteiligen Blätter glänzen und duften aromatisch bei Berührung. Blüte stark nach Orangenblüten duftend. Auch die Sorte 'Sundance' mit gelbem Austrieb ist recht winterhart. Besonders robust ist die Kreuzung 'Aztec Pearl' mit ganz schmalem Laub und langer Blütezeit. Gut formbar. Sonne bis Halbschatten. Wegen des Duftes schön an Sitzplätzen.

3 Losbaum
Clerodendrum trichotomum var. fargesii (Verbenaceae)

BLÜTE: Spätsommer bis Herbst, weiß HÖHE: bis 4 m

Wegen der späten Blüte, die intensiv aus der Nähe duftet, sehr wertvolles, laubabwerfendes Solitärgehölz. Kann auch als kleiner Baum gezogen werden. Blüten in dichten endständigen kugeligen Rispen mit rotem Kelch. Früchte klein, blaumetallisch glänzend. Laub matt dunkelgrün, eiförmig und bis 15 cm lang. Sehr anspruchslos in Bezug auf Boden. Blüht in der Sonne reicher und früher als im Halbschatten.

4 Duftblüte

Osmanthus x burkwoodii (Oleaceae)

BLÜTE: Frühling, weiß **HÖHE:** bis 2,5 m

Winterharter, immergrüner Strauch mit dichter Verzweigung. Laub dunkelgrün, hart und bis 3 cm lang. Sehr formschnittverträglich. Wegen der frühen Blüte empfiehlt sich dennoch ein geschützter Standort in Hausnähe oder vor einer Mauer. Blüten süß duftend. An Ilex erinnert die im Herbst blühende Art Osmanthus heterophyllus. Weitere Arten können an geschützten Standorten versucht werden. Im Garten des Autors haben sich auch Osmanthus armatus und Osmanthus fragrans bisher als recht hart erwiesen.

5 Echter Jasmin

Jasminum officinale (Oleaceae)

BLÜTE: Sommer, weiß **HÖHE:** bis 3 m

Diese attraktive Schlingpflanze ist leider viel zu wenig bekannt. Das dunkelgrüne gefiederte Laub ist ein schöner Hintergrund für die stark duftenden Blüten. Erstaunlich winterhart, aber schwer erhältlich. Jasmin braucht eine Kletterhilfe und ist wegen der gemäßigten Wuchskraft auch für fragilere Pavillons oder Balustraden geeignet. Volle Sonne, nicht zu schwerer Boden. Empfehlenswert ist auch die gelblaubige Sorte 'Fiona Sunrise'.

6 Fleischbeere

Sarcococca confusa (Buxaceae)

BLÜTE: Winter bis Vorfrühling, unscheinbar **HÖHE:** bis 1,2 m

Immergrüner Strauch mit elliptischen, glänzenden Blättern. Blüten sehr intensiv nach Vanille duftend. Bildet keine Ausläufer und wird höher als die bekannte Sarcococca hookeriana var. humilis, die kaum 30 cm Höhe erreicht und als Bodendecker verwendet werden kann. Im Handel oft als diese bezeichnet. Schattenverträglich. Humoser Boden.

Laubabwerfende Bäume und Sträucher

1 Bitterorange
Poncirus trifoliata (Rutaceae)

BLÜTE: Frühling, weiß **HÖHE:** bis 3 m

Das einzige vollkommen winterharte Zitrusgewächs ist ein Muss für mediterrane Gärten. Der stark bedornte Strauch blüht erst nach einigen Jahren reich. Blüten intensiv duftend. Früchte an kleine Mandarinen erinnernd, sehr hart und ungenießbar. Laub dreifingrig, glänzend dunkelgrün, gelbe Herbstfärbung. Nahrhafter, aber durchlässiger Boden und volle Sonne. Bizarre Wintersilhouette.

2 Blasenbaum
Koelreuteria paniculata (Sapindaceae)

BLÜTE: Sommer, gelb **HÖHE:** bis 5 m

Mit seinem exotisch gefiederten Laub und den bis 30 cm langen Blütenständen ist dieser laubabwerfende ausladende Baum schon ein herrliches Solitärgehölz. Die rötlichen, blasenartig aufgetriebenen Früchte sind eine weitere Zierde. Schön als mehrstämmiger Baum am Sitzplatz, da die Krone einen angenehm lichten Schatten wirft. Sonne und guter Gartenboden sind Voraussetzung für optimales Gedeihen.

3 Judasbaum
Cercis siliquastrum (Fabaceae)

BLÜTE: Frühling, rosa **HÖHE:** bis 5 m

Dekorativer kleiner Baum mit verkehrt herzförmigen, leicht blaugrün bereiften Blättern bis 10 cm Länge. Blüten in kleinen Büscheln an den Trieben, vor dem Laub erscheinend. Braucht viel Sonne und nahrhaften Boden. Bis 3 m hoch wird Cercus chinensis 'Avondale', eine schon in der Jugend sehr reich blühende Sorte mit glänzend grünem Laub. Ideal für kleinere Gärten.

4 Französischer Ahorn

Acer monspessulanum (Sapindaceae)

BLÜTE: Frühling, unbedeutend HÖHE: bis 10 m

Hauptverbreitungsgebiet des Französischen Ahorns ist der Mittelmeerraum. Der locker wachsende Baum mag vollsonnige Plätze in lockerem, nahrhaften Boden. Die goldgelbe Herbstfärbung ist ein Highlight zum Ende des Gartenjahres.

5 Gleditschie

Gleditsia triacanthos (Fabaceae)

BLÜTE: Frühsommer, weiß HÖHE: bis 15 m

Ein in der Jugend rasch wachsender, später sehr gemäßigter Baum mit gefiederten Blättern und stark dornigen Zweigen. Wegen des lockeren Wuchses ideal als leichter Schattenspender. Den leicht duftenden Blüten folgen bis 30 cm lange Fruchthülsen, die lange am Baum haften bleiben. Sehr anspruchslos. Es gibt eine dornenlose Varietät (G. triacanthos var. inermis), Säulenformen und buntlaubige Sorten.

6 Tamariske

Tamarix tetrandra (Tamaricaceae)

BLÜTE: Frühsommer, rosa HÖHE: bis 4 m

Laubabwerfende Ziersträucher mit winzigen, schuppenförmigen graugrünen Blättern. Sie verleihen der Pflanze etwas Bizarres, das an Koniferen oder Ginster erinnert. Blassrosa Blüten geben der sparrig wachsenden Tamariske einen duftigen Ausdruck. Verträgt auch kalkhaltige Böden gut und eignet sich gut für Trockengärten. Ein Rückschnitt wird vertragen, aber Sie sollten den Pflanzen ihren von Natur aus eigenwilligen Wuchs lassen.

Laubabwerfende Bäume und Sträucher

1 Schlafbaum

Albizia julibrissin (Mimosaceae)

BLÜTE: Sommer, rosarot **HÖHE:** bis 5 m

Exotischer Baum mit kuppelförmiger Krone und farnartigem Laub. Erstaunlich winterhart. Junge Pflanzen mit weichem Holz erst im Topf kultivieren und im ersten Jahr Winterschutz geben. Beliebter Straßenbaum im Mittelmeerraum. Puderquastenartige Blütenstände machen den Schlafbaum zu einem exotischen Highlight. Verträgt Verpflanzen schlecht, daher Standort sorgfältig auswählen. Volle Sonne, windgeschützter Platz.

2 Maulbeerbaum

Morus nigra (Moraceae)

BLÜTE: Frühjahr, unscheinbar **HÖHE:** bis 15 m

Typische Bäume des Mittelmeerraumes mit großen, frischgrünen gelappten und an einer Pflanze verschieden geformten Blättern. Die an Brombeeren erinnernden Maulbeeren schmecken reif sehr süß und lassen sich auch trocknen. Gut winterhart, aber wärmeliebend. Jeder gute Gartenboden ist geeignet. Maulbeerbäume vertragen auch starke Rückschnitte.

3 Hibiskus

Hibiscus syriacus (Malvaceae)

BLÜTE: Hochsommer, weiß, rosa, lilablau oder weinrot **HÖHE:** bis 2,5 m

Als Inbegriff der Exotik fand er seinen Weg in unsere Gärten. Die Pflanzen treiben oft erst im Mai aus. Wertvoll wegen der späten Blüte, die nur an warmen Standorten reich ausfällt. Gute Sorten sind 'Blue Bird' (lilablau) und 'Red Heart' (weiß mit rot).

4 Strauch-Päonie

Paeonia suffruticosa (Paeoniaceae)

BLÜTE: Frühjahr, in allen Farben außer reinem Rot und Blau HÖHE: bis 2 m

Die aus China stammenden Sträucher mit den prachtvollen Blüten und fein geschlitztem Laub sind vollkommen winterhart. Im Mittelmeerraum wachsen sie vor allem in den Liebhabergärten alter Herrensitze. Nahrhafter Boden und Sonne bis Halbschatten sind alles, was sie brauchen.

5 Hybrid-Eiche

Quercus x libanerris 'Rotterdam'

BLÜTE: Frühjahr HÖHE: bis 8 m

Diese Kreuzung aus der im Mittelmeerraum heimischen Zerr-Eiche mit der Libanon-Eiche wächst rasch und bildet einen kompakten Baum mit lockerer Krone. Erinnert an Kork-Eichen und Stein-Eichen und passt daher gut in mediterrane Gärten. Anspruchslos in Bezug auf die Bodenqualität, nur staunass sollte der Untergrund nicht sein.

6 Gold-Robinie

Robinia pseudoacacia 'Frisia' *(Fabaceae)*

BLÜTE: Sommer, weiße Rispen, duftend HÖHE: bis 12 m

Wer Farbe in den Garten bringen will und einen anspruchslosen, rasch wachsenden Hausbaum sucht, ist mit dieser Pflanze bestens bedient. Sehr leicht zu pflegen und ideal als Schattenspender. Schnittverträglich.

Immergrüne Gehölze

❶ Echte Zypresse
Cupressus sempervirens (Cupressaceae)

HÖHE: bis 15 m

In Deutschland werden die im Mittelmeerraum so typischen Säulen-Zypressen (zumeist die Sorte 'Stricta') erst seit wenigen Jahren gepflanzt. Sie vertragen Kälte recht gut, sollten aber in sehr kalten Gebieten durch ähnliche Ersatzpflanzen wie schmal geschnittene Lebensbäume der Sorte 'Thuja Smaragd' abgelöst werden. Eine empfehlenswerte, winterharte Art ist die stahlblau benadelte Cupressus glabra, die auch als C. arizonica im Handel ist. Sie wird allerdings deutlich breiter im Wuchs.

❷ Kamelien
Camellia i.S. (Theaceae)

BLÜTE: Frühling und Herbst, weiß, hellgelb, rosa, rot oder mehrfarbig **HÖHE:** bis 3 m

Kamelien stammen eigentlich aus Asien, sind aber im Mittelmeerraum zu beliebten Garten- und Parkpflanzen geworden. Inzwischen sind mehrere Tausend Sorten mit sehr unterschiedlichen Blütenformen und -farben im Handel. Kamelien brauchen sauren, lockeren Boden, ähnlich wie Rhododendren. Sonne vertragen sie bei entsprechender Luft- und Bodenfeuchte durchaus. Besonders winterhart sind alle Sorten der Kreuzung Camellia × williamsii und sehr viele Sorten von Camellia japonica. Es ist unerlässlich, sich vor dem Kauf in der Spezialliteratur über die Sorteneigenschaften zu informieren. Im Herbst blühen Sorten von C. sasanqua.

3 Kiefern
Pinus sp. (Pinaceae)

HÖHE: je nach Art und Sorte bis zu 15 m

Als Ersatz für die im Mittelmeerraum so haufigen Pinien (Pinus pinea), die bei uns nicht winterhart sind, bieten sich verschiedene, auch in Schirmform gezogene Kiefernarten an. Hier variiert die Benadelung je nach Art und Sorte beträchtlich. Locker wachsende Wald-Kiefern (Pinus sylvestris) machen sich sehr gut in mediterranen Gärten, sind aber erstaunlicherweise schwerer zu beschaffen als die vielen Gartenformen. Am besten, Sie informieren sich in einer guten Baumschule über das Angebot.

4 Lorbeer-Schneeball
Viburnum tinus (Adoxaceae)

BLÜTE: Vorfrühling, cremeweiß, duftend
HÖHE: bis 3 m

Immergrüner, an Lorbeer erinnernder Strauch mit dichter Verzweigung. Die Blütendolden duften stark und erscheinen manchmal schon im Herbst. Daher ist ein geschützter Platz vorzuziehen. Pflanzen können in Extremwintern völlig zurückfrieren, regenerieren sich aber aus der Basis schnell. Gut für Formschnitt.

5 Goldorange
Aucuba japonica (Garryaceae)

BLÜTE: Frühling, grünlich **HÖHE:** bis 2 m

Diese immergrünen Sträucher mit lange grün bleibenden Zweigen und bis 15 cm langen, ledrigen Blättern lassen sich gut schneiden und wachsen in den meisten Gegenden Mitteleuropas sehr gut. Sie gedeihen auch im Schatten. Der deutsche Name bezieht sich auf die den Orangenbäumen ähnlichen Blätter und nicht auf die Früchte, die leuchtend rot sind.

Exoten für Liebhaber

1 Immergrüne Magnolie
Magnolia grandiflora (Magnoliaceae)

BLÜTE: Sommer bis Herbst, weiß **HÖHE:** bis 10 m

In den letzten Jahren haben sich diese Exoten mit den tellergroßen, duftenden Blüten auch in Deutschland als erstaunlich hart erwiesen. Laub bis 20 cm lang und glänzend dunkelgrün bis olivgrün, unterseits oft stark rostrot befilzt. Leider sind bessere Sorten mit größerer Winterhärte nur über Spezialgärtnereien zu beziehen. Empfehlenswert sind: 'Samuel Sommer', '24 Below' und 'Edith Bogue'. Nahrhafter Gartenboden. Wie alle immergrünen Gehölze nicht an exponierte, windige und der Wintersonne zugängliche Standorte pflanzen. Exzellent auch als Spalierpflanze.

2 Seidelbast
Daphne odora 'Aureomarginata'

BLÜTE: Vorfrühling, rosa-weiß **HÖHE:** bis 1,5 m

Einige frostempfindlichere immergrüne Seidelbastarten werden in den Mittelmeerländern wegen ihres sehr starken Duftes angepflanzt. Daphne bholua und Daphne odora lohnen an sehr geschützten Plätzen auch bei uns einen Versuch im Freiland. Im Garten des Autors hat sich Daphne bholua als wesentlich robuster erwiesen. Alle Pflanzenteile sind stark giftig.

3 Feigenbaum
Ficus carica (Moraceae)

BLÜTE: Frühjahr, unscheinbar **HÖHE:** bis 3 m

Feigen lassen sich bei uns nur an sehr winterharten Fruchtsorten wie der Bayernfeige ernten. Dennoch kann man auch selbst gezogene Sämlinge der Art als dekorative Gartenpflanzen verwenden. Sie frieren meistens im Winter zurück, treiben aber innerhalb einer Saison bis zu 3 m lange Zweige mit großen gelappten Blättern aus. Feigen sind sehr anspruchslos und gedeihen hervorragend am Fuße einer Mauer, wo die Pflanzenbasis geschützt ist.

4 Faserbanane

Musa basjoo (Musaceae)

HÖHE: bis 4 m

Diese Bananenart ist eine am Naturstandort immergrüne Staude mit 2 m langen Blättern, die über 30 cm breit werden. Der Wurzelstock verträgt Frost, während die Blätter bei wenigen Minusgraden bereits absterben. Den Stamm kann man durch entsprechende Schutzmaßnahmen allerdings oft durch den Winter bringen, was den Austrieb im nächsten Jahr beschleunigt. Solche Pflanzen blühen auch, aber die Früchte reifen wegen der kurzen Vegetationsperiode kaum aus. Bananen brauchen sehr viel Nährstoffe und Wasser, um ihre exotische Wirkung zu entfalten.

5 Erdbeerbaum

Arbutus unedo (Ericaceae)

BLÜTE: Vorfrühling, weiß **HÖHE:** bis 4 m

Erdbeerbäume sind baumförmige Vertreter der Heidekrautgewächse. Die immergrünen Pflanzen haben im Alter eine auffallend glatte, in Streifen abschälende Rinde von schöner rotbrauner oder grauer Farbe. An geschützten Plätzen mit saurem, nicht zu schwerem Gartenboden gedeihen sie gut und wachsen schnell. Sie sind winterhärter als allgemein angenommen, daher lohnt sich ein Versuch auf jeden Fall. Sie vertragen Schnitt und lassen sich den Platzverhältnissen gut anpassen.

6 Edgeworthie

Edgeworthia chrysantha

BLÜTE: Frühjahr, gelb, duftend **HÖHE:** bis 2 m

Aus den Trieben dieser asiatischen Schönheit wird spezielles Kalligrafiepapier hergestellt. Bei uns ist der laubabwerfende, starktriebige Strauch recht winterhart. Er blüht nach heißen Sommern sehr reich, verträgt Trockenheit aber schlecht. Vor einer Mauer kommt er am besten zur Geltung.

Exotische Stauden

1 Bärenklau

Acanthus i.S. (Acanthaceae)

BLÜTE: Sommer, braun-rosa-weiß HÖHE: bis 1 m

Mit seinen je nach Art bis zu 70 cm langen Blättern ist der Bärenklau eine typische Staude des Südens. Als Ornament sind sie in die Antike eingegangen. Die Blütenstände sind aufrecht und bizarr, leicht bedornt und erscheinen gruppenweise. Nahrhafter, nicht zu trockener Boden in Sonne und Halbschatten. Neben Acanthus mollis sind die filigraneren und bewehrteren Arten wie A. spinosus und A. spinosissimus sehr zu empfehlen. In den meisten Gegenden gut winterhart.

2 Schmucklilie

Agapanthus-Hybriden (Agapanthaceae)

BLÜTE: Hochsommer, blau oder weiß
HÖHE: 60–150 cm

Diese schönen Afrikanerinnen sind winterhart, vorausgesetzt, Sie kaufen laubabwerfende Sorten aus der Staudengärtnerei anstatt der immergrünen Kübelpflanzen. Nahrhafter durchlässiger Boden und ein Platz an der vollen Sonne sagen ihnen zu. Da die riemenförmigen Blätter niedriger bleiben als die Blütenstände, machen sich die Pflanzen gut am Beetrand. Die Headbourne-Hybriden sind empfehlenswert.

3 Montbretie

Crocosmia i.S.

BLÜTE: Sommer, orange-rot HÖHE: 50 cm bis 1 m

Diese wahrhaft beeindruckenden Knollenpflanzen mit schilfartigen Blatthorsten wirken filigran und exotisch. Setzen Sie die Pflanzen mindestens 10 cm tief und in Gruppen. Nicht zu trockener Boden und volle Sonne sind Garant für ihr Gedeihen. Einige Sorten brauchen Winterschutz. Hart sind 'Lucifer' und 'Meteor' (Bild).

4 Rote Spornblume
Centranthus ruber (Valerianaceae)

BLÜTE: Spätfrühling bis Herbst, rosarot
HÖHE: bis 80 cm

Diese trockenheitsliebende Staude ist auf schweren Böden oft kurzlebig, sät sich aber reichlich aus. Sie ist ein Dauerblüher, der gut zum Füllen von Lücken in gemischten Pflanzungen verwendet werden kann. Rückschnitt nach der ersten Blüte fördert das Durchtreiben eines neuen Flors.

5 Wolfsmilch
Euphorbia i.S. (Euphorbiaceae)

BLÜTE: Frühjahr bis Sommer, gelb-grün
HÖHE: 20 cm bis 1,2 m

Unter den Wolfsmilcharten eignen sich besonders die trockenheitsliebenden Arten mit ihrem graugrünen bis silbergrauen Laub gut für mediterrane Gärten. Ausgefallen ist die dunkellaubige Euphorbia dulcis 'Chamaeleon'. Alle Pflanzenteile sind giftig und bei Berührung stark hautreizend.

6 Zypressen-Wolfsmilch
Euphorbia cyparissias (Euphorbiaceae)

BLÜTE: Frühjahr bis Sommer, grüngelb **HÖHE:** 20 cm

Diese Wolfsmilch breitet sich in mageren Böden schnell durch unterirdische Ausläufer aus. Damit ist sie ein attraktiver Bodendecker für Kiesgärten und andere trockene Standorte. Es gibt auch eine dunkellaubige Auslese, die als 'Purpurea' im Handel erhältlich ist. Beide sind unempfindlich.

Trockenheitsliebende Stauden

1 **Dachwurz**

Sempervivum i.S.

BLÜTE: Sommer, rosa-weiß
HÖHE: bis 10 cm

Sukkulenten – also Wasser speichernde Pflanzen – sind in unseren Breitengraden eher selten. Dachwurze sind sicher die schönsten unter ihnen. Sie eignen sich für Einfassungen, Töpfe, Kiesgärten und für die Bepflanzung von Trockenmauern und Tuffsteinen. Sie kommen mit denkbar wenig Wasser aus. Es gibt Tausende verschiedener Sorten, darunter auch rotblättrige Formen.

2 **Präriekerze**

Gaura lindheimeri (Onagraceae)

BLÜTE: Sommer bis Herbst, rosa-weiß   **HÖHE:** 50 cm bis 1 m

Diese Staude mit verholzender Basis liebt Sonne und trockene Böden. Dann blüht sie von Sommer bis zum Frost unermüdlich. Die filigranen Stängel wirken bei Gruppenpflanzung besonders schön. Ideal auch mit Verbena bonariensis zusammen. Gaura sät sich reichlich selber aus, wird aber niemals lästig.

3 Riesenfedergras
Stipa gigantea (Poaceae)

BLÜTE: Sommer
HÖHE: 70 cm bis 1,5 m

Das Riesenfedergras ist eines der schönsten Gartengräser überhaupt. Über den bis 40 cm hohen Laubblättern stehen die langen Blütenähren auf anmutig gebogenen Halmen. Sieht monatelang attraktiv aus, daher sollten Sie die Pflanzen erst im Frühjahr zurückschneiden. Volle Sonne und durchlässiger Boden sind ein Muss.

4 Fackellilie
Kniphofia i.S. (Asphodelaceae)

BLÜTE: Sommer, gelblichweiß bis rotorange **HÖHE:** 40 cm bis 1,2 m

Diese aus Südafrika stammenden Stauden fallen durch das gekielte, grasartige Laub und die raketenähnlichen, oft mehrfarbigen Blütenstände auf. Die Blattrosetten sollten vor Nässe geschützt werden. Es gibt mehrere Sorten, die bei uns auf durchlässigen Böden gute Winterhärte beweisen. Schön auch zusammen mit winterharten Formen der Schmucklilie (Agapanthus), die im Garten gleiche Ansprüche haben. Sonniger Standort.

5 Eisenkraut
Verbena bonariensis (Verbenaceae)

BLÜTE: Sommer bis Herbst, lila **HÖHE:** 100–150 cm

Einer der schönsten Dauerblüher für jeden Gartentyp. Die winzigen Blüten stehen in kleinen Gruppen auf den drahtigen Stängeln. Eine sehr gute Strukturpflanze, die kaum Platz beansprucht. Sät sich selber aus, daher ist eventuelles Auswintern älterer Pflanzen schnell wieder wettgemacht. Volle Sonne, durchlässiger Gartenboden. Unkompliziert.

Exotische Kübelpflanzen

1 Beschornerie
Beschorneria yuccoides (Agavaceae)

BLÜTE: Sommer, rot HÖHE: bis 1 m, Blüte bis 2 m

Diese Pflanze erinnert an eine Palmlilie, hat aber weichere, graugrüne Blätter, die bis zu 10 cm breit werden können. Der auffallend gebogene, rote Blütenstand erscheint bei älteren Pflanzen. Wie bei der Yucca sterben die abgeblühten Rosetten ab, während Nebenrosetten für Nachwuchs sorgen.

2 Wunderbaum
Ricinus communis (Euphorbiaceae)

BLÜTE: Hochsommer, verzweigte Rispen, rötlich HÖHE: bis 3 m

Bei uns wächst die Pflanze als Einjährige, während sie in den Tropen bis zu 12 m hohe Bäume bildet. Bei Aussaat im Zimmer ab Februar erreicht sie ausgepflanzt unter idealen Bedingungen innerhalb von drei Monaten eine Höhe von bis zu 3 m. Die rötlichen gelappten Blätter können bis zu 70 cm lang werden. Braucht viel Wasser und gute Ernährung.

3 Puderquastenstrauch
Calliandra tweedii (Mimosaceae)

BLÜTE: Sommer, rot HÖHE: bis 2 m

Die hellgrauen Zweige mit den zarten, doppelt gefiederten Blättern sind biegsam und neigen sich elegant. Das Laub klappt sich am Abend zusammen, bei Wassermangel auch am Tag. Die bizarren Blüten erscheinen den ganzen Sommer über. Braucht einen warmen Platz in einem nicht zu großen Kübel.

4 Edel-Pelargonie

Pelargonium grandiflorum i.S. (Geraniaceae)

BLÜTE: Sommer bis Herbst, alle Farben außer Blau und Gelb HÖHE: 30 bis 70 cm

Diese reich blühenden Topf- und Kübelpflanzen sind regenempfindlich, weshalb die Töpfe während längerer Regenperioden geschützt aufgestellt werden sollten. Regelmäßiges Ausputzen und Düngen fördert den Blütenreichtum. Besonders beliebt sind die geheimnisvollen dunklen Sorten wie 'Lord Bute' oder 'Dark Venus' (Bild).

5 Zitruspflanzen

Citrus i.S. (Rutaceae)

BLÜTE: Frühsommer, weiß HÖHE: bis 2,5 m

Alle Zitrusgewächse brauchen lehmigen Boden mit gutem Waserabzug. In Kübeln ist Blumenerde deshalb ungeeignet. Die Früchte brauchen je nach Sorte bis zu über einem Jahr zur Reife. Auch starker Rückschnitt ist möglich, ohne dass die Pflanzen Schaden nehmen. Volle Sonne und regelmäßige Düngergaben halten die Pflanzen gesund.

6 Blumenrohr

Canna indica i.S. (Cannaceae)

BLÜTE: Sommer HÖHE: 60 cm bis 2,5 m

Diese tropisch wirkenden Stauden haben dicke Rhizome, die sich frostfrei und trocken sogar im Keller überwintern lassen. Sie erreichen je nach Art eine Höhe von bis zu 2,5 m. Die Blüten sind gelb, orange, rosa oder rot in vielen Schattierungen, manchmal auch zweifarbig. Die Blätter können bis zu 1 m lang werden. Abgebildet ist die auffällig gestreifte Sorte 'Durban'.

Kübelpflanzen-Klassiker

1 Neuseeländer Flachs

Phormium tenax (Hemerocallidaceae)

BLÜTE: Sommer, bräunlich-grün HÖHE: 60 cm bis 2 m

Das natürliche Verbreitungsgebiet dieser immergrünen Stauden ist Neuseeland bis zu den Norfolkinseln. Es gibt zahlreiche Kulturformen mit verschiedenfarbig gestreiften Blättern. Die Pflanzen vertragen leichte Fröste, sodass sich an milden Standorten auch ein Auspflanzversuch lohnt. Sehr unempfindlich im Kübel.

2 Oleander

Nerium oleander (Apocynaceae)

BLÜTE: Sommer, rosa, rötlich, gelblich, weiß
HÖHE: bis 2,5 m

Dieser immergrüne Strauch braucht warme Sommer, um reich zu blühen. Er wächst in der Natur an feuchten Standorten und benötigt viel Wasser. Die Überwinterung sollte so hell wie möglich erfolgen, da Lichtmangel zu Laubfall führt und die Pflanzen sich nur nach einem Rückschnitt regenerieren. Alle Pflanzenteile sind giftig. Kaufen Sie Namenssorten, sie bleiben kompakter und blühen reicher.

3 Kapmyrte

Leptospermum scoparium (Myrtaceae)

BLÜTE: Frühsommer, rosa HÖHE: bis 2 m

Dieser immergrüne Strauch aus Neuseeland fühlt sich im Mittelmeeraum sehr wohl. Die winzigen, nadelartigen Blätter lassen die Blütenfülle optimal zur Geltung kommen. Im Kübel nicht zu feucht halten, gute Drainage ist wichtig.

4 Bleiwurz

Plumbago auriculata (Plumbaginaceae)

BLÜTE: Sommer, himmelblau **HÖHE:** bis 2 m

Sehr frostempfindlicher Strauch mit himmelblauen, klebrig-drüsigen Blüten. Sie erscheinen den Sommer über an biegsamen kantigen Trieben. Lässt sich gut an Spalieren oder Bögen ziehen. Als Strauch längere Triebe einkürzen, um dichten Wuchs zu fördern. Sonnenliebend und schnell wachsend.

5 Kreppmyrte

Lagerstroemia indica (Lythraceae)

BLÜTE: Sommer, rosa Trauben, **HÖHE:** bis 4 m

Lagerstroemien sind interessante große Sträucher oder kleine Bäume mit glatter Rinde, die bei sehr geschütztem Stand als ältere Exemplare auch unsere Winter überstehen können. Im Kübel brauchen sie viel Platz, um ihre volle Schönheit zu entfalten. Junge Pflanzen blühen nur spärlich.

6 Myrte

Myrtus communis (Myrtaceae)

BLÜTE: Sommer, weiß **HÖHE:** bis 2 m

Echte Myrten sind sehr frostempfindlich und darum nur als Kübelpflanzen zu halten. Sie eignen sich bestens für Formschnitte und passen in klassischer Terrakotta gut in mediterrane Gärten. Niemals ballentrocken werden lassen, das nehmen die Pflanzen sehr übel. Laubfall und Eintrocknen ganzer Zweige sind die Folge.

Winterharte Kakteen

1 Igelkaktus

Echinocereus triglochidiatus

BLÜTE: Sommer, rot HÖHE: bis 40 cm

Ein gut wachsender Freilandkaktus, der starke Polster bildet. Intensive rote Blütenfarbe und gut blühwillig. Bis -20 Grad Celsius gut winterhart, Regenschutz ist aber überlebenswichtig. Bestens geeignet für Kiesstreifen unter Dachüberständen.

2 Roter Igelkaktus

Echinocereus coccineus var.paucispinus

BLÜTE: Sommer, orange-rot HÖHE: bis 30 cm

Gut wachsende Sorte, 5 bis 30 cm hoch. Bildet ein flaches Polster, das nach 10 Jahren gut 30 cm Durchmesser erreichen kann. Gut blühend, sehr große rote Früchte mit weißem Fruchtfleisch, wohlschmeckend. Bis -20 Grad Celsius gut winterhart, aber Regenschutz ist notwendig.

3 Zylinderopuntie

Cylindropuntia whipplei 'Waiblingen'

BLÜTE: Sommer, grünlich HÖHE: bis 50 cm

Dieser kleine Strauch wächst eher langsam. Er ist bis -20 Grad Celsius gut winterhart, benötigt aber einen Regenschutz im Winter. Nach 3 bis 5 Jahren erscheinen die grünlichen Blüten regelmäßig.

4 Feigenkaktus
Opuntia X polyacantha var. hystricina

BLÜTE: Sommer, lilarosa HÖHE: 30–40 cm

Schwach wachsende Form, die prachtvoll, aber nur mäßig reich blüht. Bis circa -20 Grad Celsius sehr gut winterhart, Regenschutz ist nicht notwendig. Auch ideal als Kübelpflanze, im Kakteengarten und im Kiesstreifen an der Hauswand.

5 Weißer Igelkaktus
Echinocereus reichenbachii ssp. baileyi 'Albispinus'

BLÜTE: Frühsommer, hellrosa HÖHE: bis 30 cm

Gut wachsender Kaktus mit großen Blüten und weißen Stacheln. 5 bis 30 cm hoch, ausgepflanzt polsterbildend. Blüht schon als kleine Pflanze auffallend früh und reich.
Bis -20 Grad Celsius gut winterhart.

6 Feigenkaktus
Opuntia x fragilis

BLÜTE: Sommer, hellgelb HÖHE: 30 cm

Stark wachsender Feigenkaktus, der sehr blühwillig ist. Bis ca. -25 Grad Celsius sehr gut winterhart. Regenschutz ist nicht notwendig. Absolut empfehlenswerte Anfängerpflanze und ein Muss für jedes Kakteenbeet im Freiland.

Winterharte Palmen

1 Blaue Zwergpalme
Camaerops humilis var. sericea

FROSTGRENZE: bis -15 °C **HÖHE:** bis 5 m

Diese wunderschöne Varietät unterscheidet sich durch ihren sehr kompakten Wuchs und die blau-silbernen bis fast weißlich schimmernden Fächer von der bekannten grünblättrigen Chamaerops humilis var. humilis. Die Blaue Zwergpalme wächst meist zu einem kleinen Busch mit reichlich Ausläufern heran. Ein Schmuckstück.

2 Chinesische Hanfpalme
Trachycarpus fortunei

FROSTGRENZE: -12 bis -17 °C **HÖHE:** bis 10 m

Dies ist die bekannteste und am häufigsten gepflanzte Palme im mitteleuropäischen Raum. Sie entwickelt einen schlanken Solitärstamm, der zunächst völlig, im hohen Alter nur noch im oberen Teil mit den zähen, braunen Fasern der Blattbasen bedeckt ist. Ihre rundliche Blattkrone besteht aus 20 bis 40, bei sehr vitalen Exemplaren auch aus bis zu 100 dunkelgrünen Fächerblättern.

3 Nadelpalme
Rhapidophyllum hystrix

FROSTGRENZE: -12 bis -24 °C **HÖHE:** bis 3 m

Bei Rhapidophyllum hystrix handelt es sich um eine gedrungene, langsam wachsende, horstbildende Fächerpalme. Sie ist die frostverträglichste Palmenart überhaupt. Sie entwickelt einen sehr kurzen, von dunklen Fasern bedeckten und dicht mit bis zu 25 cm langen, schwarzen Stacheln bewehrten Stamm. Die ersten Stacheln erscheinen bei 3 bis 4 Jahre alten Pflanzen. Größere Exemplare bilden oft Ausläufer an der Basis.

4 Zwergpalmetto
Sabal minor

FROSTGRENZE: -12 bis -20 °C **HÖHE:** bis 3 m

Sabal minor ist meist als buschartige Palme mit einem unterirdischen Stamm anzutreffen. Nur selten wird ein kurz aufrechter Stamm gebildet, der schlank und von den Narben der Blattbasen gezeichnet oder komplett in Letztere eingehüllt ist. Sie verfügt unter allen Sabal-Arten über die größte Frosthärte und übersteht am Naturstandort im Südosten der USA und in Kultur kurzfristige Temperaturen bis zu -20 Grad Celsius.

5 Wagners Hanfpalme
Trachycarpus wagnerianus

FROSTGRENZE: -12 bis -17 °C **HÖHE:** bis 5 m

Bei dieser hübschen Art handelt es sich möglicherweise um eine Kulturform von Trachycarpus fortunei. Sie ist an ihren kleinen, sehr steifen, fast hartplastikartigen „Miniatur-Fächerblättern", die höchstens 75 cm im Durchmesser erreichen, leicht zu erkennen. Mit den kleineren und sehr harten Fächerblätter hat die Art gegenüber T. fortunei den Vorteil, weniger empfindlich gegen Schäden durch Wind und Nassschnee zu sein.

Glossar

Allgemeine, botanische, pflanzlich-gärtnerische und technische Fachausdrücke und ihre Bedeutung.

Arten: Der Begriff Art ist die eigentliche Bezeichnung einer Pflanze. Echter Lavendel (*Lavandula angustifolia*) und Schopf-Lavendel (*Lavandula stoechas*) sind zwei Arten der Gattung Lavendel (*Lavandula*). Während der erste Begriff die Gattung beschreibt, bezeichnet der klein geschriebene zweite Name die Art.

Barock: Als Zeitalter des Barock wird die durch durch üppige Prachtentfaltung gekennzeichnete Stilepoche zwischen 1575 und 1770 bezeichnet. Kunstgeschichtlich gliedert sich diese Epoche in Frühbarock (1600–1650), Hochbarock (1650–1720) und Spätbarock oder Rokoko (1720–1770). Als Kunstform ist das Barock eng mit dem Zeitalter des Absolutismus und der Gegenreformation verbunden.

Cortenstahl: Bezeichnet eine Stahllegierung, die sich durch eine besonders hohe Witterungsbeständigkeit auszeichnet. Die Oberfläche ist mit einer dichten Eisenoxidschicht überzogen, die für die hohe Rostbeständigkeit verantwortlich ist. Diese Schicht fungiert als Sperrschicht, die einen weiteren Zutritt feuchter Umgebungsluft und damit ein weiteres Rosten verhindert.

Einjährige: Einjährige Pflanzen durchlaufen in einer Vegetationsperiode den gesamten Zyklus vom Auskeimen des Saatkorns über das Ausbilden der Blüte, der Frucht- und Samenbildung bis zum Absterben der Pflanze. Zu den einjährigen Pflanzen zählen neben zahllosen Sommerblumen die meisten Gemüsearten und zahlreiche Kräuter.

Formgehölz: Zahllose schnittverträgliche Gehölze wie Buchs, Eibe, Hainbuchen oder Platanen lassen sich durch einen regelmäßigen Schnitt zu streng formalen Formen wie Hecken, Würfeln, Kegel oder Pyramiden oder auch zu vielfältigen Fantasiegebilden formen. In den Gärten der Renaissance und des Barock wurden Formgehölze zur Einfassung von Beeten und zur Gestaltung von Ornamenten eingesetzt.

Gattung: Die Gattung bezeichnet eine Gruppe von verwandten Pflanzenarten, die durch gemeinsame Merkmale verbunden sind. Im botanischen Namen (z.B. *Lavandula stoechas*) bezeichnet der erste Begriff (*Lavandula*) die Gattung.

Gehölze: Pflanzen, die im Gegensatz zu Stauden in Teilen des Sproßes ausdauerndes Holzgewebe bilden. Die Gruppe der Gehölze wird unterteilt in Bäume und Sträucher.

Halbsträucher: Mehrjährige Pflanzen, die im unteren Teil des Sprosses nach und nach verholzen. Die oberen Teile des Sprosses bleiben krautig (z. B. Himbeere, Lavendel).

Hufeisenbogen: Wie der Name sagt, hat der Hufeisenbogen seinen Namen von seiner hufeisenähnlichen Form. Diese Bogenform ist prägend für die islamische Architektur und wird deshalb auch als maurischer Bogen bezeichnet.

Hybriden: Kreuzungen aus mehreren Pflanzenarten, die Eigenschaften der „Eltern" in sich vereinen und botanisch eine eigene Art darstellen. Derartige Hybriden werden mit einem x im Namen gekennzeichnet (z.B. *Geranium* x *cantabrigiense*).

Immergrüne Pflanzen: Pflanzen, die ihr Laub nie vollständig abwerfen, sondern nach und nach erneuern. Zu den immergrünen Pflanzen zählen neben den meisten Nadelgehölzen auch immergrüne Laubgehölze wie Buchs. Der Laubwechsel erfolgt teilweise im Abstand von mehreren Jahren.

Koniferen: Nadelgehölze mit nadel- oder schuppenförmigem Laub, meist immergrün (Ausnahmen: Lärche, Sumpfzypresse, Mammutbaum).

Kletterpflanzen: Einjährige oder ausdauernde, krautige oder verholzende Pflanzen. Man unterscheidet zwischen selbstklimmenden Pflanzen wie Wildem Wein oder Kletter-Hortensie und anderen kletternden, klimmenden oder schlingenden Kletterpflanzen wie Pfeifenwinde (*Aristolochia*), Geißblatt (*Lonicera*), Winter-Jasmin und Kletterrosen. Während die erste Gruppe mithilfe von Haftwurzeln Wände, Pergolen und Pavillons erklimmt, benötigt die zweite Rankhilfen.

panaschiert: Bezeichnung für mehrfarbige dekorative Laubformen bei Blattschmuckstauden und Gehölzen. Durch unterschiedliche Verteilungen der Blattfarbstoffe erscheinen die Blätter gestreift oder gefleckt.

Pflanzenname: Jede Pflanze hat neben dem Trivialnamen in der jeweiligen Landessprache einen international gültigen wissenschaftlichen (botanischen) Namen. Dieser Name (z.B. *Robinia pseudoacacia* 'Frisia') setzt sich zusammen aus der Bezeichnung der Gattung (*Robinia*), der Art (*pseudoacacia*) und ggf. der Sorte ('Frisia').

pH-Wert: Der pH-Wert benennt den Gehalt an Basen und Säuren im Boden. Die Skala reicht von 1 bis 14. Bei einem pH-Wert von 7 ist die Bodenreaktion neutral, zwischen 8 und 14 basisch oder alkalisch, zwischen 1 und 6 sauer.

Renaissance: Der Begriff der Renaissance (frz. Wiedergeburt, ital. rinascimento) bezeichnet die Epoche des Übergangs vom Mittelalter zur Neuzeit. Diese kulturhistorische Epoche ist gekennzeichnet durch die Wiederbelebung antiker Ideale in Literatur, Philosophie, Wissenschaft, Malerei und Architektur. Ihren Ursprung nimmt die Renaissance in Italien.

Romanik: Der Begriff Romanik beschreibt die kunstgeschichtliche Epoche von 1000 und etwa 1200. Als typische Merkmale romanischer Bauten gelten der Rundbogen, die Betonung der Horizontalen und die massiven Baukörper.

Stauden: Mehrjährige, krautige (nicht verholzende) Pflanzen, deren oberirdischen Pflanzenteile im Winter absterben und im nächsten Frühjahr vom Grund aus neu austreiben.

Solitärpflanzen: Besonders attraktive, einzeln stehende Pflanzen. Die Pflanzen können sich durch den freien Stand optimal entwickeln. Sie können an prominenter Stelle auch anstelle einer Gartenskulptur oder anderer Mobiliargegenstände verwendet werden.

Sommergrüne: Gehölze, die nur während der Vegetationsperiode Laub tragen. Das Laub erscheint mit dem Austrieb im Frühjahr und wird im Herbst abgeworfen.

Sorten: Unter einer Sorte versteht man spezielle Züchtungen innerhalb einer Pflanzenart. Die Namen werden durch die jeweiligen Züchter vergeben. Sie werden in dem Artennamen angehängt und in Anführungszeichen gesetzt (z.B. *Cupressus sempervirens* 'Stricta').

Spalierpflanzen: Meist Obstbäume mit vertikalem Hauptstamm und horizontal gezogenen Seitenästen, die ausschließlich in einer Ebene abzweigen, sodass ein schmaler Habitus entsteht. Auch Fächer- und andere Formen sind möglich.

Steppenpflanzen: Hinter der Gruppe der Steppenpflanzen verbirgt sich eine Gruppe von Pflanzen, die sich an die besonderen Standortbedingungen der Steppe angepasst haben. Zu diesen zählen trockene, flachgründige, nährstoffarme Böden an sonnigen Standorten. Zu den Steppenpflanzen zählen sowohl trockenheitsliebende Stauden wie Kerzenehrenpreis oder Purpur-Sonnenhut als auch Zwergsträucher wie Lavendel und Salbei.

Sträucher: Gehölze, an deren Basis mehrere gleichwertige Äste entspringen. Anders als beim Baum bildet sich kein Hauptstamm aus.

Terrakotta: (nach ital. terra cotta, „gebrannte Erde") bezeichnet das Material für gebrannte, unglasierte Tonobjekte wie Gefäße, Plastiken, Wandreliefs und Baukeramik. Abgeleitet vom Material benennt der Begriff auch einen warmen, erdigen Farbton.

Trockenmauer: Mauer aus Natursteinen, die ohne die Verwendung von Mörtel und Armierung aufgebaut ist. Stabilität erhalten Trockenmauern allein durch die kunstvolle Schichtung der Natursteine. Fugen und Mauerkrone lassen sich mit trockenheitsliebenden Stauden und Kräutern bepflanzen.

Wintergrüne Pflanzen: Wintergrüne Stauden und Gehölze (auch Halbimmergrüne genannt) bilden jährlich neues Laub aus, werfen die vorjährigen Blätter aber meist erst mit oder nach dem Neuaustrieb im Frühjahr ab.

Winterharte Pflanzen: Pflanzen, die ohne besondere Schutzmaßnahmen Frost und Schnee schadlos überdauern.

Zweijährige: Pflanzen, die am Ende des zweiten Jahres und der erfolgten Samenreife absterben. Im ersten Jahr entwickeln viele zweijährige Pflanzen ausschließlich Laub. Erst im zweiten Jahr folgt die Blüte.

Zwergsträucher: Kleinwüchsige Sträucher, die auch nach Jahren selten höher als 50 cm werden.

Bezugsquellen

Nützliche Adressen, die Sie Ihrem Traum von einem mediterran gestalteten Garten näherbringen. Hier finden Sie Pflanzen, Mobiliar und Accessoires.

Gehölze:

Pflanzenhof Schachtschneider
Iserloyer Straße 2
D-27801 Dötlingen-Aschenstedt
www.schachtschneider.com

Baumschule Enneking
Am Schulzentrum (Westring)
D-49401 Damme
www.baumschulgarten-enneking.de

Baumschule Paul Schwieters
Schlee 8
D-48720 Rosendahl-Holtwick
www.schwieters.de

Georg Wilken Baumschulen
Am Nesterhorn 21
D-26655 Westerstede/Hüllstede
www.baumschule-wilken.com

Burncoose Nurseries
Gwennap, Redruth
GB-Cornwall TR16 6BJ
www.burncoose.co.uk

Rein en Mark Bulk
Rijneveld 115
NL-2771 XV Boskoop
www.bulk-boskoop.nl

Stauden und Kräuter:

Für Stauden empfehlen sich die Einzel-
handelsgärtnereien der Staudenprofis.
Einfache Suche über Postleitzahl unter
www.staudenring.de/privatkunden/
suche.php

herb's Bioland
Gärtnerei & Pflanzenversand
Stedinger Weg 16
D-27801 Dötlingen
www.herb-s.de

Staudengärtnerei Gerhild Diamant
Mühlenweg 39
D-47239 Duisburg
Rumeln-Kaldenhausen
www.stauden-diamant.de

Staudengärtnerei Gaissmayer
Jungviehweide 3
D-89257 Illertissen
www.staudengaissmayer.de

Sortiments- und
Versuchsgärtnerei Simon
Staudenweg 2
D-97828 Marktheidenfeld
www.gaertnerei-simon.de

Kübelpflanzen:

Flora Toskana,
Schillerstraße 25,
D-89278 Nersingen OT Straß
www.flora-toskana.de

Oleander, Zitrus, Kamelien:

Flora Mediterranea GbR

Königsgütler 5
D-84072 Au/Hallertau
www.flora-mediterranea.de

Magnolien, auch immergrüne:

Divaplant e.K.
Herzog-Adolph-Str. 2
D-61462 Königstein
www.divaplant.de

Magnoliastore
Horsterdijk 101
NL-5973 PM Lottum
www.magnoliastore.com

Magnolien, Kamelien, Zitrus:

Baumschule Eisenhut
CH-6575 San Nazzaro TI
www.eisenhut.ch

Winterharte Kakteen, Yucca:

Kakteengarten
Lange Mauer Straße 9
D-86732 Oettingen
www.kakteengarten.de

Winterharte Palmen:

Palme Per Paket
Tobias W. Spanner
Tizianstraße 44
D-80638 München
www.palmeperpaket.de

Neuseeländer Flachs:

Thomas Ahrens, Dipl. Ing. Gartenbau
Fasanenweg 23
D-21717 Fredenbeck
www.variegataplants.de

Montbretien:

Kwekerij Davelaar
NL-3931 PS Woudenberg
www.crocosmia.nl

Obstgehölze:

Baumschule Fels
Am Kapellenweg 71
D-49492 Westerkappeln
www.baumschule-fels.de

Krämer Markenbaumschulen
Bielefelder Straße 202-206
D-32758 Detmold
www.baumschule-kraemer.de

Mobiliar und Ausstattung:

Unopiù S.p.A.
I-01038 Soriano nel Cimino
www.unopiu.de

Thomas Gardener GmbH & Co. KG
Quellental 15
D-22609 Hamburg
www.thomasgardener.de

Cane-line A/S
Rynkebyvej 245
DK-5350 Rynkeby (Odense)
www.cane-line.com

Garpa –
Garten & Park Einrichtungen GmbH
Kiehnwiese 1
D-21039 Escheburg bei Hamburg
www.garpa.de

Alexander Rose –
Quality Garden Furnitures

Victoria Road, Burgess Hill
GB-West Sussex RH15 9LE
www.alexander-rose.co.uk

Viteo Outdoors
Murecker Straße 27
A-8472 Straß
www.viteo.com

Campo'Bel GmbH
Elbchaussee 142
D-22763 Hamburg
www.campobel.de

Dedon GmbH
Zeppelinstraße 22
D-21337 Lüneburg
www.dedon.de

design 3000
Robert-Bosch-Straße 14
D-64711 Erbach
www.design-3000.de

Fermob
Parc Actival
F-01140 Thoissey
www.fermob.com

GarVida GmbH
Fortunastraße 8
D-42489 Wülfrath
www.garvida.de

Heinz Kettler GmbH & Co. KG
Hauptstraße 28
D-59469 Ense-Parsit
www.kettler.net

Lizzy Heinen Design
Schörlinger Straße 17
D-45731 Waltrop
www.edles-aus-edelstahl.de

MBM Münchener Boulevard Möbel
GmbH
D-83539 Forsting
www.mbm-moebel.de

Teak & Garden Deutschland GmbH
Lübecker Straße 29
D-46485 Wesel
www.teakandgarden.de

LuzArt Leuchten
LuzTrain S.L.
Elsaßstraße 36
D-45259 Essen
www.luzart.de

Arte Toskana
Eglinger Straße 18
D-82544 Moosham
www.arte-toskana.de

Palatina Keramik und Restaurierung
Hauptstraße 51
D-67229 Großkarlbach
www.palatina-keramik.de

Ornamentum
Axel Veit Gartenornamente
Zillibillerstraße 2
D-83229 Aschau im Chiemgau
www.ornamentum.com

Renate Weber – Exklusive Architektur-
und Gartenornamente
Liszthof 10
D-49076 Osnabrück
www.renate-weber.de

Arten- und Sachregister

DER AUTOR

Oliver Kipp ist Chefredakteur des Magazins GartenEden und Autor mehrerer Gartenbücher. Sein Buch über Magnolien wurde 2008 mit dem deutschen Gartenbuchpreis ausgezeichnet. Oliver Kipp beschäftigt sich intensiv mit neuen Gartentrends und deren Umsetzung in die Praxis. Vor seiner Tätigkeit als Journalist war er als selbstständiger Gartenberater tätig. Sein besonderes Interesse gilt der Pflanzenverwendung.

DANKSAGUNGEN

Der Autor dankt allen, die an diesem Buch mitgearbeitet haben; vor allem Dr. Michael Eppinger vom Verlag für seine wertvollen Anregungen und den konstruktiven Austausch; Tania Schmidt für die nicht immer einfachen, aber wie immer erfolgreichen Auseinandersetzungen über Bildsprache und Bildauswahl; Martina Löber für die anregende Diskussion um Gartengeschichte und ihre breitenwirksame Übertragung auf den Privatgarten; schließlich gilt der Dank jenen Gartenbesitzern, die darüber Auskunft gegeben haben, wie sie sich einen mediterranen Garten vorstellen.

BILDNACHWEIS

Jens-Olaf Broksche/medienfabrik: S. 72, 130, 131, 141, 198, 214 u.l., 225 o.l., 225 M., 226 M.l., Jonathan Buckley/The Garden Collection: S. 58, Torie Chugg/The Garden Collection: S. 10, 11, Liz Eddison/The Garden Collection: S. 38 l., 39 u.l., 41 r., 42, 44, 50 o., 53, Heather Edwards: S. 50 u., 51 o.r., Polly Farquharson/RedCover S. 61 l., Flora Toskana: S. 212 o.r., 214 M.l., 216 o.r., GAP Photos Ltd: S. 26, 41 l., 49 r., 51 o.l., Michael Gottschalk: S. 218 o.r., Anne Green-Armytage: S. 55, 57 r., Derek Harris/The Garden Collection: S. 17 u., Sunniva Harte/RedCover: S. 102, Andrea Jones: S. 8, 13, 15-16, 17 o., 19 o.r., 21 o., 21 M., 24-25, 28, 38 r., 40, 43, 49 l., 54, 225 u.l., Kakteengarten/www.kakteengarten.de: S. 228-229, Oliver Kipp: S. 167 M.r., 201, 205 M.r., 224 o.l., 224 M.r., Andreas Kühlken/medienfabrik: S. 12, 202 o.l., 202 u.l., 204 o.l., 206 M.l., 207 o.r., 209 o.r., 213 o.r., 213 M.l., 215 o.l., 215 M.r., 217 o.l., 217 M.r., 218 M.l., 219 u.r., 220 u.l., 223 M.l., 226 u., Andrew Lawson/The Garden Collection: S.20 o.r., 29, Marianne Majerus Garden Images: S.39 o., 63, 64-65, 66 o., 67 u., 68-71, 73, 74, 75, 76, 78-80, 82, 84-90, 91 u., 92-101, 103-116, 117, 118-129, 132-140, 141 l., 143-160, 161 u., 163-165, 166 o.l., 166 u.l., 167 u.l., 168-191, 192, 193, 195-197, 200, 202 M.r., 203 o.l., 203 u.l., 204 M.r., 205 u.l., 208, 210 o.r., 210 M.l., 211 o., 211 M., 213 u.r., 215 u.l., 217 u.l., 218 u.r., 219 o.r., 219 M.l., 221 o.l., 223 u.r., 227, Medemia Verlag: S. 59, 230-231, Jerry Pavia/RedCover: S. 36, 47, 57 l. Practical Pictures/RedCover: S. 83, Gary Rogers/The Garden Collection: S.14, 21 u., 33 u., 39 u.r., 60, Jörg Sänger/medienfabrik: S. 18, 20 o.l., 20 u., S. 23, 216 u.l., Olaf Schachtschneider: S .203 M.r., 207 u.r., 210 u.r., 211 u., 212 M.l., 212 u.r., 214 o.l., Thorsten Scherz/medienfabrik: S. 161, 166 r., 167 o.l., 206 o.r., 206 u.r., 207 M.l., 208 u.l., 209 u.l., 220 M.r., 222 o.l., 226 o.r., Jürgen Siegmann: S. 208 M.r., 224 u.l., Philip Smith/GardenWorld Images: S.32, StaudenRing: S. 204 u.l., 205 o.l., 220 o.l., 221 M.r., 221 u.l., 222 u.l., 223 o.r., Nicola Stocken Tomkins/The Garden Collection: S. 34, 55, Derek St.Romaine/The Garden Collection: S. 61 r., Jo Whitworth: S. 19 o.l., 37, 67, M.r., Rob Whitworth: S. 27, 51 u., 67 o., 67 M.l., Steven Wooster/The Garden Collection: S. 48, Nick Johnson: S. 31, 56, Tania Schmidt/medienfabrik: S.33 o., 35 r., Charles Hawes: S. 66 u., Jeff Eden: S. 91 o., Unopiú, www.unopiu.de: S. 142

Pflanzillustrationen: Claudia Lieb

IMPRESSUM

Programmleitung: Christof Klocker
Leitende Redaktion: Anita Zellner
Idee und Konzept: Dr. Michael Eppinger
Lektorat: Karin Hirschmann
Umschlaggestaltung und Layout: independent Medien-Design, München
Produktion: Susanne Mühldorfer
Grafik: Tania Schmidt, medienfabrik Gütersloh GmbH, www.medienfabrik.de
Reproduktion: Longo AG, Bozen
Druck: aprinta, Wemding
Bindung: Conzella, Pfarrkirchen
ISBN 978-3-8338-1537-9
1. Auflage 2009